행복한 줄다리기

행복한 줄다리기

초판 1쇄 인쇄 | 2013년 11월 11일
초판 1쇄 발행 | 2013년 11월 21일

지은이 | 이장규
펴낸이 | 최병윤
펴낸곳 | 행복한마음
출판등록 | 제10-2415호(2002. 7. 10)

주소 | 서울시 마포구 잔다리로 33, 4층
전화 | 02) 334-9107
팩스 | 02) 334-9108
이메일 | bookmind@naver.com

ⓒ이장규, 2013

ISBN 978-89-91705-28-9 (03230)

※ 잘못 만들어진 책은 구입처에서 교환해 드립니다.
※ 책값은 뒤표지에 표기되어 있습니다.

행복한 줄타리기

낮아지고 / 섬기고 / 베푸는 인생

이장균 지음

행복한 마음

추천사

지기 위해 하는 줄다리기

어린 시절 누구나 한 번쯤은 줄다리기를 해보았을 것입니다. 서로의 힘을 겨루어 승패를 가르는 줄다리기는 서로를 이기기 위해 안간힘을 쓰면서 살아가는 우리네 인생의 모습을 떠올리게 합니다.

그런데 인생이라는 줄다리기에서 이기기 위한 것이 아니라 지기 위해 줄다리기를 하는 사람들이 있습니다. 성경을 보면, 비옥한 땅을 양보한 아브라함과 조카 롯의 줄다리기, 우물을 양보한 이삭과 아비멜렉의 줄다리기, 복수할 수 있는 절호의 기회를 포기한 다윗과 사울의 줄다리기 등 많은 믿음의 선진들이 낮아지고 섬기고 베푸는 인생의 줄다리기를 우리에게 보여줍니다.

이 땅의 모든 그리스도인들은 아브라함과 이삭과 다윗과 같이 낮아지고 섬기고 베푸는 삶을 살아야 합니다. 그러할 때 하나님께서 주시는 구원과 행복을 다른 사람들에게 전하는 삶을 살아갈 수 있으며, 이러한 인생이야말로 행복한 줄다리기라고 할 수 있습니다.

나의 사랑하는 제자인 이장균 목사가 『행복한 줄다리기』라는 책을 출간하게 된 것을 매우 기쁘게 생각합니다. 이 책은 우리 시대의 모든 그리스도인들, 특히 리더들이 꼭 읽어야 할 책이라고 생각합니다.

이 책을 읽는 모든 분들이 행복한 줄다리기를 통하여 영혼이 잘 됨같이 범사에 잘 되고 강건한 삶을 살아가시기를 바랍니다.

2013년 9월
여의도순복음교회
원로목사 조용기

추천사

긍정과 감사와 믿음으로

진정한 행복의 비결은 예수님께 있습니다. 우리는 예수님을 삶의 주인으로 모시고, 예수님과 인격적인 교제를 나눌 때 참된 행복을 얻을 수 있습니다. 세상 사람들은 학력, 명예, 지위, 권세, 물질 심지어 쾌락에서 행복을 찾습니다. 그러나 이러한 것들이 우리의 궁극적인 행복을 보장해주지는 않습니다.

 사마리아 여인은 삶의 행복을 얻기 위해 결혼을 수차례 했지만, 그녀의 결혼 생활은 매번 절망으로 끝이 났습니다. 그녀는 자신의 무너진 삶을 부끄러워하며 고립된 삶을 살아야 했고, 그녀의 영혼은 마치 오랜 가뭄을 겪은 들녘처럼 메마르게 되었습니다. 이처럼 인간적인 수단과 방법으로 행복을 추구하면 할수록 영혼은 더욱 목마르게 됩니다. 이는 마치 바다 위를 표류하는 사람이 다는 목마름 끝에 바닷물을 마시는 것과 같습니다. 마시면 마실수록 더욱 목이 마르게 되고, 결국에는 생명까지 잃게 됩니다.

 우리의 영혼을 만족시켜주실 수 있는 분은 오직 예수님뿐입니다. 사마리아 여인이 영혼의 목마름에서 벗어나 새로운 삶을 시작할 수 있었던 것도 예수님을 만났기 때문입니다. 이장균 목사님의 책 『행복한 줄다리기』를 통해서도 우리가 확인할 수 있는 것은 참된 행복은 예수님께만 있다는 사실입니다. 우리가 어떠한 절망과 고통 속에 있다 할지라도 절대 긍정과 절대 감사, 넘치는 감사, 한평생 감사의 믿음으로 예수님께 나아가면 고통과 절망을 넉넉히 이겨내고 영원히 마르지 않는 기쁨과 찬송이 우리 삶에 흘러넘치게 됩니다.

이장균 목사님은 여의도순복음교회에서 그리고 하와이에서, 지금은 안산에서 사역하면서 하나님과 많은 성도들에게 사랑을 받고 있는 목사님입니다. 이 책에는 받은 사랑에 보답하기를 원하는 목사님의 따뜻한 마음과 섬김이 고스란히 담겨져 있습니다.

『행복한 줄다리기』를 읽는 모든 독자들이 행복의 푸른 풀밭, 기쁨의 시냇가로 인도하시는 예수님을 만날 수 있기를 바라며 즐겁고 기쁜 마음으로 추천합니다.

2013년 9월
여의도순복음교회
당회장 목사 이영훈

추천사

하나님 나라의 행복 원리를 찾는 이들에게

　세상에는 끝없는 경쟁들이 인생의 순간들마다 우리에게 다가오고 있으며, 이러한 경쟁들에서 우리는 수많은 승패를 체험하게 됩니다. 그러면서 우리는 경쟁과 시합에서 승자가 되기 위해 더욱 몸부림치는 삶을 살아가게 됩니다. 우리가 어릴 적에 하던 줄다리기 놀이는 어떤 면에서 그런 경쟁 사회에서 이기고 성취하기 위한 하나의 목표를 위해 의욕을 가지고 노력하는 우리 인생의 한 단면을 반영하는 놀이라고 말할 수 있습니다.

　줄다리기에서 이긴 편은 승리의 기쁨과 성취감을 얻을 수 있지만, 진 편은 패배의 아쉬움과 실망감에 빠지기도 합니다. 그것은 우리 사회의 현실이고 이치입니다. 그런데 하나님의 나라는 세상의 경쟁 원리만이 지배하는 곳은 아닙니다. 하나님의 나라는 승리한 사람들만이 기쁨을 누리는 곳이 아니라, 패배한 사람들도 최선을 다했다면 함께 기쁨을 누릴 수 있는 곳입니다. 하나님의 나라는 최선을 다한 사람들에게 그에 상응하는 보상이 주어지는 곳이지만, 실패했다고 할지라도 노력한 사람들에게는 실망과 좌절만이 아니라, 하나님의 위로와 행복이 또한 변함없이 주어지는 곳이기 때문입니다. 예수 그리스도께서 우리에게 가르쳐주시고 십자가의 죽으심을 통해 열어주신 하나님의 나라는 세상에서의 원리에 따른 승패를 막론하고 우리 모두가 희망과 성취와 행복을 누릴 수 있는 곳입니다.

　이번에 『행복한 줄다리기』라는 책을 출간하게 된 이장균 목사님은 이러한 하나님의 나라의 원리에 따라 모든 사람들에게 충만한 복음과 행복을 전하기 위해 지금까지 성실히 사역해왔으며, 지금도 여의도순복음안산교회에서 하나님의 나라의 확장을 위해서 담임목사로 충실히 사역하고 있는 제가 사랑하는 후배 동역자입니다.

　이장균 목사님의 『행복한 줄다리기』는 인생에서 승패만을 가르는 우리 사회의 냉혹한 원리와 생존 방법을 설명해주는 수많은 책들과 달리, 하나님 나라의 원리에 따라 승자와 패자의 구분을 넘어서서 모두가 함께 행복해질 수 있는 세상을 만들기 위한 방법에 대해 설명해주는 귀중한 안내서입니다. 이러한 하나님의 나라의 행복 원리를 담고 있는 본서가 많은 독자들에게 읽혀져서 세상에 행복이 더욱 풍성해지기를 소망하는 바입니다.

2013년 9월
여의도순복음분당교회
당회장 목사　이태근

책을 펴내며

행복한 줄다리기를 꿈꾸며

줄다리기 경험을 누구나 가지고 있습니다. 줄다리기는 자기 쪽으로 줄을 힘껏 당겨야 이기는 시합입니다. 이기기 위해서는 줄을 당겨야 합니다. 줄을 끌어와야 합니다. 줄에 끌려가면 이길 수 없습니다. 줄다리기에서 이기기 위해서는 힘이 좋아야 합니다. 자신의 힘이 좋지 않으면 힘 좋은 사람들과 같은 편이 되어야 합니다. 줄다리기는 결국 힘의 싸움이기 때문입니다.

줄다리기에서 우리 인생을 봅니다. 인생의 줄다리기라는 시합에서 이기기 위하여 사람들은 먼저 자신이 가지고 있는 모든 힘을 다하여 줄을 잡아당기기 시작합니다. 줄을 아무리 당겨도 이길 가능성이 없다는 것이 확인되면 그때부터라도 스펙이라는 힘을 빌려야 하고 물질이라는 힘을 빌려야 하고 권력이라는 힘을 빌려와야 합니다. 사람들이 스펙을 쌓고 물질을 쌓고 권력을 가까이하려고 하는 이유는 인생의 줄다리기에서 이기기 위함입니다.

사람 관계도 마찬가지입니다. 사람 관계에서 지지 않기 위하여 자기 쪽으로 사람들을 당기기 시작합니다. 남편은 아내를 당기고 아내는 남편을 당기고 부모는 자식을 당기고 어떻게든 상대방에게 끌려가지 않기 위하여 줄을 당기기 시작합니다. 이기기 위하여 줄을 당기다 보면 얼굴은 붉어지고 온몸에 힘은 들어가고 그러다 보면 기력이 빠지게 됩니다. 그래도 악착같이 줄을 잡아당겨 이기려고 합니다.

그렇게 살아가면서 이 줄 저 줄 온갖 줄을 잡아당기다 보면 때로는 이기고 있다는 착각에 빠질 때가 있습니다. 그러나 누구도 인생의 줄다리기에서 이기는 사람은 없습니다. 나이가 들고 세월이 흘러가면 누구나 줄을 놓아야 할 때가 오기 때문입니다. 당기고 싶어도 더 당길 수 없는 때가 오게 됩니다. 그때는 이기고 있던 모든 것들이 자신의 손에서 빠져나갑니다. 그래도 사람들은 마지막 힘이 다 빠져나갈 때까지 줄을 놓지 않은 채 이기고 있다는 착각에서 벗어나지 못하고 있습니다.

그 같은 인생의 줄다리기는 행복한 줄다리기가 아닙니다. 불행한 줄다리기입니다. 착각의 줄다리기입니다. 행복한 줄다리기를 생각해 봅니다. 행복한 줄다리기는 이기기 위한 줄다리기가 아닙니다. 지기 위한 줄다리기입니다. 높아지기 위한 줄다리기가 아니라 낮아지기 위한 줄다리기입니다. 섬김을 받기 위한 줄다리기가 아니라 섬기기 위한 줄다리기입니다.

이 책은 인생의 행복한 줄다리기를 위한 책입니다. 세상을 이기기 위한 책이 아닙니다. 낮아지고 섬기고 베풀기 위한 책입니다. 이 책을 읽는 분마다 인생의 행복한 줄다리기를 통하여 낮아지고 섬기고 베푸는 삶을 살아가시게 되기를 바랍니다.

이 책이 나오기까지 많은 도움을 주신 분들께 깊은 감사를 드립니다. 특별히 이 책의 추천사를 써 주신 여의도순복음교회 조용기 원로목사님과 이영훈 당회장 목사님, 여의도순복음분당교회 이태근

목사님께서 베풀어주신 사랑과 격려를 잊지 못합니다. 이분들이 아니었다면 이 책은 세상에 나오지 못했을 것입니다.

또한 신학생 시절부터 지금까지 저를 이끌어 주시고 계시는, 전호서대학교 명예교수이신 청아 서용원 박사님께 감사를 드립니다. 지금도 쉬지 않고 농어촌을 다니시며 복음을 전하시고 세상을 위하여 헌신하시고 봉사하시는 은사님의 모습은 저에게 언제나 깊은 울림을 주고 있습니다.

2013년 여름
뜨거운 태양을 벗 삼으며

차례

추천사 _ 여의도순복음교회 원로목사 조용기
　　　_ 여의도순복음교회 당회장 목사 이영훈
　　　_ 여의도순복음분당교회 당회장 목사 이태근

책을 펴내며

CHAPTER 1
내 인생 최고의 만남

열리는 인생을 살려면　19
녹슨 것들을 제거하라　30
새 사람이 되기 위해서는　39
필요한 것을 준비하라　47
상어에게서 살아남기　56
이런 친구 있으신지요　65
하나님이 우리에게 주신 것은　74

CHAPTER 2
오직 믿음으로

우리가 깨버려야 할 것들　87
오직 믿음으로　95
우리가 보여줘야 할 것은　106
이 세상에 하나뿐인 것은　115
우리가 가져야 할 세 가지 믿음　124
다만 말씀으로만 하옵소서　133
실수와 실패를 딛고 일어서자　142

CHAPTER 3

먹고 일하고 간절히 기도하라

지금은 어느 때인가 153
숨길 수 없는 것들 162
참 자유와 해방을 얻으려면 171
살아남으려면 어떻게 해야 하는가 179
무엇을 분별하며 살아야 할까 189
오로지 해야 할 것은 무엇인가 197
네가 낫고자 하느냐 206

CHAPTER 4

받는 사람이 복이 있는가, 주는 사람이 복이 있는가

잊지 말아야 할 것들 217
은혜 받는 성도의 마음 자세 228
지금 가장 중요한 것은 235
마침내 하나님이 주시는 것 243
먼저 해야 할 것은 무엇인가 250
구하라 그리하면 받으리니 258
통해야 산다 267

CHAPTER 5

감사합니다, 고맙습니다

고난당할 때 279
다시 시작하라 287
내 마음을 지키려면 295
견디는 자는 구원을 얻으리라 304
깨끗이 해야 할 것들 313
만일 내가 감사하면 323
돈으로 살 수 없는 것들은 무엇일까 332

CHAPTER 1

내 인생 최고의 만남

열리는 인생을 살려면

20 12년 9월, 미국 뉴욕 주 롱아일랜드의 재향군인병원. 중증 치매를 앓고 있는 앤저림이라는 노병이 어느 날부터 새로 입원한 프랭크 다이벨러의 병실을 드나들기 시작했다. 두 80대 노인은 외부 세계와는 의사소통을 할 수 없을 정도로 심한 치매를 앓고 있었다. 앤저림은 수시로 드나들면서 다이벨러의 안부를 살피고 다정하게 등을 두드려 준 뒤 자기 병실로 돌아가곤 했다. 다이벨러는 그럴 때마다 편안한 표정을 짓곤 했다. 간호사와 가족들이 두 노인의 그런 행동을 알게 됐다. 무언가 특별한 인연이 있는 것이 틀림없었다.

앤저림의 아들이 왜 아버지가 다이벨러에게 각별한 애정을 보이는지 알아보기 시작했다. 그러다가 다이벨러의 옛날 사진 속에서 아버지 사진과 똑같은 배경을 찾아냈다. 다름 아닌 한국이었다. 61

년 전 한국전쟁 때 두 사람은 같은 포병부대에서 함께 근무했던 것이다. 옛 전우를 만난 것이다.

치매에 걸리기 전에 앤저림은 같은 부대에 근무했다는 다이벨러라는 사람에 대해 자주 이야기했었다. 아버지는 위생병이었고 다이벨러는 최전방에서 근무하는 병사들로부터 칭송을 받았던 취사병이었다. 취사병은 일선 부대까지 갈 필요가 없었지만 다이벨러 병사는 자신이 직접 부식을 싣고 전선으로 날랐다. 그러다가 폭탄 폭발로 부상을 입었고 위생병이었던 앤저림 병사의 치료와 간호를 받게 됐던 것이다. 두 사람은 중증 치매 노인이 돼 61년 만에 우연히 다시 만난 것이다.

앤저림은 무의식중에도 다이벨러를 간호하러 그의 병실을 찾았고, 다이벨러는 그 구원의 손길에 안도감을 느꼈다. 사연을 전해 들은 병원 측은 즉시 같은 병실을 쓸 수 있도록 했다. 이 소식을 전한 미국의 한 언론사에서는 "한국전쟁을 잊혀진 전쟁이라고들 하지만 이 두 노병 앞에서 누가 감히 그런 말을 할 수 있을까?"라고 했다.*

하나님은 결코 우리 한 사람 한 사람을 잊지 않고 계신다. 언제나 우리를 기억하시고 사랑하시고 우리와 함께하신다. 그 하나님은 또한 우리가 열리는 인생을 살아가기를 원하고 계신다. 모든 문이 닫힌 세대에서 하나님은 우리가 응답과 축복과 건강하고 형통한 삶의 문을 열며 살아가기를 원하고 계신다.

* 2012. 9.《조선일보》

천국 열쇠를 소유하면 열린다

"내가 천국 열쇠를 네게 주리니 네가 땅에서 무엇이든지 매면 하늘에서도 매일 것이요 네가 땅에서 무엇이든지 풀면 하늘에서도 풀리리라 하시고" 마태복음 16:19

예수님께서 베드로에게 천국 열쇠를 주셨다. 그 천국 열쇠를 가지고 있으면 무엇이든지 이 땅에서 매면 하늘에서도 매이고, 이 땅에서 풀면 하늘에서도 풀린다고 말씀하셨다. 하늘을 열고 닫는 열쇠가 있다면 얼마나 큰 축복이고 기적인가? 우리 인생이 풀리고 열리는 것은 금으로 만든 행운의 열쇠를 소유하고 있기 때문이 아니다. 이 땅의 아무리 많은 열쇠를 소유하고 있다 해도 하늘의 문을 열고 닫을 수는 없다.

자동차 키를 가지고는 자동차밖에 열 수 없다. 아파트 키는 아파트 현관문밖에는 열 수 없다. 하늘의 문은 오직 천국 열쇠만이 열고 닫을 수 있다. 그러나 사람들은 천국 열쇠에 대한 관심이 없다. 당장 재산 가치가 있는 열쇠에만 관심을 기울이고 있을 뿐이다.

천국 열쇠를 어떻게 소유할 수 있는가? 베드로와 같이 예수님을 그리스도 · 메시아 · 구세주로 고백하고 예수님을 하나님의 아들로 고백할 때 받을 수 있는 것이다. 예수님께서 베드로에게 천국 열쇠를 주신 이유가 어디에 있는가? 그것은 베드로의 고백에 있었다.

예수님께서 제자들에게 물으셨다.

"사람들이 인자를 누구라 하느냐?"

제자들이 대답했다.

"사람들이 말하기를 일부 사람들은 세례 요한이라고 하고 또 다른 사람들은 엘리야라고도 하며 또 다른 어떤 이들은 예레미야나 선지자 중에 하나라 합니다."

다시 물으셨다.

"너희는 나를 누구라 하느냐?"

그러자 베드로가 제일 먼저 이렇게 대답하였다.

"시몬 베드로가 대답하여 이르되 주는 그리스도시요 살아 계신 하나님의 아들이시니이다" 마태복음 16:16

이 고백은 제자들 사이에 나온 최초의 메시아 고백이었다. 그 고백을 베드로가 제일 먼저 한 것이다. 이 고백을 들으시고 예수님께서 베드로에게 천국 열쇠를 주셨다. 이후로 베드로는 유럽에서 항상 어떠한 그림이나 조각에서 열쇠를 들고 등장한다.

인생의 고비마다 중요한 것이 있다. 바로 고백이다. 내 입술의 고백이 중요하다. 내가 누구를 어떻게 고백하느냐에 따라서 나의 인생이 결정되기 때문이다. 사실 고백이 쉽지 않다. 가수 송창식의 노래 중에 〈맨 처음 고백〉이라는 노래가 있다.

> 말을 해도 좋을까 사랑하고 있다고 / 마음 한번 먹는데 하루 이틀 사흘
> 돌아서서 말할까 마주서서 말할까 / 이런 저런 생각에 일주일 이주일
> 맨 처음 고백은 몹시도 힘이 들어라 / 땀만 흘리며 우물쭈물 바보 같으니

고백은 힘들다. 그러나 그 고백이 인생을 결정짓는다. 외국 사람들은 프러포즈를 굉장히 중요하게 생각한다. 프러포즈에는 고백이 들어 있기 때문이다. 진실한 고백은 사람을 움직이고 감동시킨다. 진실한 고백에는 기쁨이 있다. 고백에는 힘이 있기 때문이다. 일생을 살면서 했던 기억나는 고백은 무엇인가?

어르신들은 고마운 것도 잘 표현하지 못하신다. 표현을 해도 에둘러 하신다. 할아버지가 어렵게 전구를 교체했다. 밑에서 의자를 붙들어 주던 할머니가 불이 밝게 들어오자 한마디 하신다. "서방 없는 년은 어떻게 산대?" 할아버지에게 고맙다는 인사가 그렇다.

베드로의 고백은 인류 역사상 가장 위대한 고백이었다. 그것이 곧 우리들의 고백이 되어야 하고 그 고백을 통하여 우리는 천국 열쇠를 소유하게 되는 것이다.

두드리면 열린다

"두드리면 열린다"는 말은 만고의 진리다. 세계 어디서나 두드리면 열린다.

2008년 12월 1일 새벽 1시 45분. 제주도 인근해상에서 화물선과 갈치잡이 배가 충돌하여 69톤 되는 갈치잡이 동화호가 전복되었다. 충돌과 동시에 배는 전복되었고 순식간에 조타실과 선원들의 침실이 물에 잠기기 시작했다. 상황은 끔찍했다. 깜깜한 밤, 죽음보다 차가운 겨울바다 한가운데 뒤집어진 배에서 선원들은 탈출할 수 있는 기회를 놓쳤고 죽음을 기다릴 수밖에 없는 상황이었다.

　이때 신고를 받고 출동한 해양경찰들은 전복된 동화호 주변을 살피면서 생존자를 찾는 수색작업을 실시하였다. 상황은 최악이었다. 이런 경우 생존자가 있을 가능성은 희박했다. 그럼에도 불구하고 해양경찰은 해 뜨기 전, 겨울바다 한가운데서 뒤집어진 배 밑바닥을 두들기기 시작했다. 생존자가 있으면 소리를 듣고 반응하기를 기다렸던 것이다. 같은 시각, 뒤집어진 배 밑바닥에 있던 선원들이 그 소리를 들었다. 그리고 미친 듯이 아무거나 손에 잡히는 대로 집어 들고 배를 두드리기 시작했다.

　생존자가 있음을 확인한 해양경찰은 곧바로 어두운 새벽 바닷속 뒤집어진 배 안으로 구조대를 투입하였다. 그리고 조타실에 있던 선장과 침실에서 벗어났던 선원을 제외한 9명의 선원 중에 7명을 구조하였다. 구조된 선원은 해양경찰 구조대의 손을 붙잡고 울면서 "당신 때문에 살았습니다. 정말 감사합니다"라고 했다.

　신문에 흥미로운 헤드라인이 실린 적이 있다.

　" '나'를 알고 두드리면 '나'를 알아보는 '문'이 열린다."

　두드리면 길이 보인다. 어떤 사람이 두드리는가? 열릴 것을 믿는 사람이 두드린다. 열릴 것을 믿지 않는 사람은 두드리지 않는다. 주저하지 말고 두려워하지 말고 두드리자.

　"구하라 그리하면 너희에게 주실 것이요 찾으라 그리하면 찾아낼 것이요 문을 두드리라 그리하면 너희에게 열릴 것이니" 마태복음 7:7

초등학교 운동장과 담장 하나를 사이에 둔 집이 있었다. 그 집 마당에는 운동장에서 날아온 공이 자주 떨어진다. 그러면 아이들이 마당으로 넘어간 공을 달라고 매일같이 소리를 지른다. 얼마나 귀찮겠는가? 지친 집주인은 철저히 무응답으로 일관했다. 집요하게 공을 달라고 요구하면 바가지에 물을 퍼서 뿌렸다. 아이들은 집주인을 향하여 욕을 하기도 했다. 그래도 집주인은 공을 넘겨주지 않았다. 점차 아이들도 그 집으로 공이 넘어가면 포기해야 했다.

어느 날 또다시 그 집으로 공이 넘어갔다. 아이들은 '이젠 끝이다' 하고 포기했는데, 한 아이가 용감하게 그 집 담벼락에 올라가 "아저씨, 공 넘어갔어요!"라고 소리치기 시작했다. 대답이 없었다. 그래도 끈질기게 소리 질렀다. 그러자 주인아저씨가 나오더니 "야, 이놈아! 공 여깄다" 하시며 던져 주는데 그 동안 그 집으로 넘어간 모든 공을 한꺼번에 넘겨주기 시작했다.

축구공 하나 넘어갔는데 축구공 세 개를 포함하여 온갖 공이 넘어왔다. 배구공, 농구공, 정구공 등등 한 마디로 공 벼락을 맞은 거다. 아이들이 몰려들었다. 논란이 벌어졌다. "아저씨 집에서 넘어온 공은 누구의 것인가?" 결론이 내려졌다. 소리친 아이의 것으로.

왜 두드리지 않을까? 왜 시도하지 않을까? 원하는 것이 있으면 어떻게 해야 하는가? 주저하지 말고 두드려야 한다. 결과를 미리 예측하지 말자. 믿음으로 두드리면 열리지 않는 것이 없으니 일단 두드리자. 성공의 문을, 축복의 문을, 형통의 문을, 긍정의 문을, 희

망의 문을, 건강의 문을 두드리자. 두드리는 대로 열린다.

1959년 모스크바에서 열린 엑스포 개막식. 당시 소련 수상이었던 흐루시초프가 엑스포장에 들어서자 장내는 일순 긴장했다. 모두가 말이 없던 조용한 순간, 한 남자가 뚜벅뚜벅 걸어나왔다. 그는 수상에게 서슴없이 말을 건넸다. "펩시 한 잔 하시겠습니까?" 그는 컵에 든 콜라를 권했다. 사회주의 종주국 수장이 자본주의의 상징인 펩시를 마실 것인가 아니면 무례하다고 할 것인가? 사람들은 순간 숨을 들이켰다.

결과는 놀라웠다. 수상은 선뜻 잔을 받았을 뿐 아니라, 참석한 미국의 대통령 닉슨과 건배까지 했다. 이 사진은 전파를 타고 전 세계로 퍼졌다. 모스크바 한복판에서 소련의 수상이 펩시를 들고 있는 사진은 수천만 불의 선전보다 효과가 컸다. 이 남자는 이에 그치지 않고 소련 땅에 펩시 공장을 건설할 것을 제안했다. 이 제안도 그대로 이루어졌다.

수상에게 펩시를 권한 사람은 펩시콜라 세일즈맨 '캔들'이라는 사람이었다. 그가 두드리지 않았더라면 소련 땅에 펩시 공장은 세워지지 않았을 것이다. 그가 두드린 결과 펩시는 미국 기업이 소련에 세운 최초의 공장이 되었다.

믿음으로 선포하면 열린다

2008년 8월 어느 날 새벽 4시. 전화벨 소리가 페기의 단잠을 깨웠다. '못 들은 척하고 있으면 저러다 끊기겠지'라고 생각했지만 벨소리는 멈추지 않았다. 짜증 섞인 목소리로 "여보세요!"라고 고함을 질렀다. "축하합니다! 당신이 오투암의 새로운 왕으로 추대됐습니다." 상대방으로부터 돌아온 말은 꿈에도 생각하지 못한 내용이었다.

전화를 건 이는 아프리카 가나에 사는 페기의 사촌. 아프리카 서부 해안가에 위치한 아름다운 오투암 부족의 왕이었던 페기의 외삼촌 조지프 왕이 세상을 떠났고, 신성한 의식을 거행한 결과 페기가 후계자로 지목됐다는 것이다. 워싱턴 DC에서 비서로 일하던 여인이 어느 날 갑자기 아프리카의 어느 부족 왕이 된단 말인가?

『여왕 페기』(페기린 바텔스 · 엘리스 허먼 공저, 세종서적)는 워싱턴 주재 가나 대사관에서 비서로 일하던 페기가 주민 7,000명이 사는 가나 오투암의 왕이 되기까지의 범상찮은 여정을 담은 기록이다. 오투암의 왕 페기린 바텔스가 왕위에 오른 처음 두 해 동안 벌어진 실화가 바탕이다.

왕으로 추대됐다는 뜬금없는 전화 한 통을 받고 몹시 당혹스러웠던 페기는 왕이 되는 것을 운명으로 받아들이고, 아프리카 가나로 떠난다. 하지만 취임식을 치르려고 오투암에 도착한 순간 페기를 기다리고 있던 것은 장밋빛 미래가 아닌 초라하기 그지없는 현실뿐이었다. 왕궁은 허물어지기 일보 직전이었고, 아이들은 매일 몇 시간씩 걸어 연못에서 누런 물을 길어다 마시고, 병원은 침대가 부서질 정도로 낙후된 데다 의사는 전무했다. 게다가 왕실 원로들은 부패하고 무능력했다.

여왕이 된 페기는 전통적인 아프리카의 남성우월주의라는 벽을 만났지만 포기하지 않고 개혁을 실천해 나갔다. 반발은 작지 않았다. 그래도 포기하지 않았다. 여왕 페기의 이런 행보는 《워싱턴 포스트》에 소개됐고, 이후 페기를 돕는 후원자들이 나타나기 시작했다. 후원자들과 척박한 땅에 학교를 짓고, 지하수를 뚫고, 구급차를 들여오며 아프리카에 개혁의 씨앗을 뿌렸다.

페기가 일으킨 혁신의 바람은 주민들의 지지와 사랑은 물론, 가나 정부의 마음도 움직였다. 가나 정부도 페기의 행보를 보고 오투암에 도로를 건설하기로 계획했다. 지금도 여왕 페기는 미국과 오투암을 오가며 여왕 직을 충실히 감당하고 있다. 크리스천이었던 페기는 취임식에서 이렇게 외쳤다.

"저를 왕으로 택하신 이유가 있을 것입니다. 제게 힘을 주시고 길을 보여 주세요. 매 순간 저와 함께해 주시고 인도해 주시고 저를 위로해 주세요."

선포에는 힘이 있다. 예수님은 하나님의 나라를 선포하셨다. 귀신들의 세력을 쫓아내실 때 "떠나가라!"고 선포하셨다. 성경은 우리에게 선포하라고 말씀하고 있다. "온 땅이여 야훼께 노래하며 그의 구원을 날마다 선포할지어다 그의 영광을 모든 민족 중에, 그의 기이한 행적을 만민 중에 선포할지어다" 역대상 16:23-24

어떤 사람이 복이 있는가? 하나님의 나라를 선포하고 복음을 선포하고 하나님의 구원하심을 선포하는 사람에게 복이 있다. 선포는 속삭임이 아니다. 선포는 세상을 향한 거룩한 외침이다. 주눅들지 말고 선포하자. 자신의 꿈을 선포하고 자신의 희망을 선포하고 자신의 미래를 선포하자.

우리의 믿음의 선포는 반드시 응답받는다. 된 다음에 선포하지 말고 되기 전에 선포하자. 선포한 대로 이루어진다. 우리가 선포하면 사람들의 귀가 열린다.

세상에 무엇을 선포하고 살아가는가? 살면서 한 마디도 선포하지 못하고 주눅들어 살아가고 있는 것은 아닌가? 악을 쓰고 살아가기는 한다. 그러나 악을 쓰고 살아가도 마음에 평안은 없고 기쁨도 없다.

하나님 나라를 선포하며, 예수님을 선포하며, 구원의 소식을 선포하며 살아가자. 그것이 세상에서 형통한 삶을 살아가는 가장 큰 축복된 삶이다.

여는 인생을 살아야 한다.
하늘 문을 열고, 응답의 문을 열고,
건강하고 형통한 인생의 문을 열려면
천국 열쇠를 소유해야 한다.
포기하지 않고 두드리는 인생을 살아야 한다.
담대하게 믿음으로 선포하는 인생을 살아야 한다.

녹슨 것들을 제거하라

18세기 영국의 존 웨슬리와 감리교 운동을 시작한 신학자이며 설교자였던 조지 휘필드가 있다. 존 웨슬리는 '앞으로 죽어서 하나님 나라에 가면 주님 곁에 가까이 있을 사람'이라고 할 정도로 그를 존경하였다고 한다. 조지 휘필드가 남긴 말 중에 이런 말이 있다.

"내 몸이 썩어서 땅에 묻혀지기보다 닳아서 사라지는 인생을 살고 싶다. 내 혀가 복음을 전하다가 닳아 없어지고, 내 발이 복음을 전하러 다니다가 닳아서 없어지고, 내 손이 예수님의 사랑을 실천하다가 닳아서 없어지고 싶다."

지금 어떠한 인생을 살아가고 있는가? 하나님이 주신 은혜와 은사와 달란트를 사용하지 않아 녹슬어 없어지는 인생을 살아가고 있는가 아니면 잘 사용하여 닳아 없어지는 인생을 살아가고 있는가?

우리는 이 세상에서 녹슬어 사라지는 인생을 살아갈 것이 아니라 하나님의 영광을 위하여 사용되다가 닳아 없어지는 인생을 살아가야 한다. 천국은 녹슨 인생을 살다 가는 곳이 아니라 닳아 없어지는 인생을 살다가 가는 곳이다.

들어야 한다

현대 사회의 특징이 있다. 무엇일까? 듣지 않는다는 것이다. 왜 안 들을까? 믿지 못하기 때문이다. 말은 많은데 들을 만한 소리는 없다. 말은 많은데 믿을 만한 말은 없다.

《도망자》라는 영화가 있다. 해리슨 포드와 토미 리 존스가 주연을 맡았던 영화다. 아내를 살해한 누명을 쓰고 도망을 치는 해리슨 포드와 집요한 추격을 펼치는 FBI 요원 토미 리 존스. 해리슨 포드는 자신을 잡으러 오는 토미 리 존스를 향하여 "나는 아내를 죽이지 않았다"고 부르짖는다. 토미 리 존스는 이렇게 대답한다. "그런 것은 알고 싶지 않아, 나는 너만 잡으면 돼!"

이런 경우보다 더 큰 문제는 들어야 할 말은 듣지 않고, 듣지 않아도 될 말은 듣는다는 것에 있다. 인생에 있어서 중요한 것은 무엇을 듣느냐는 것이다.

유대인들의 신앙을 지탱해 주는 말씀이 있다. "이스라엘아 들으라 우리 하나님 야훼는 오직 유일한 야훼시니 너는 마음을 다하고 뜻을 다하고 힘을 다하여 네 하나님 야훼를 사랑하라 오늘 내가 네게 명하는 이 말씀을 너는 마음에 새기고 네 자녀에게 부지런히 가르치며 집에 앉았을 때에든지 길을 갈 때에든지 누워 있을 때에든지 일어날 때에든지 이 말씀을 강론할 것이며 너는 또 그것을 네 손목에 매어 기호를 삼으며 네 미간에 붙여 표로 삼고 또 네 집 문설주와 바깥 문에 기록할지니라" 신명기 6:4-9

이 말씀을 듣고 붙잡고 또 실천하여 오늘날까지도 이스라엘 사람들은 생존해 있는 것은 물론 그 영향력을 펼쳐 나가고 있다. "그러므로 믿음은 들음에서 나며 들음은 그리스도의 말씀으로 말미암았느니라" 로마서 10:17

하나님의 말씀을 듣는 가장 빠른 방법은 성경을 읽는 것이다. 우리가 잘 아는 유명한(?) 사람들은 어디서 성경책을 많이 읽을까? 공통적으로 교도소에서 성경을 읽는다. 인생이 잘 나갈 때는 하나님의 말씀을 가까이하지 않는다. 그러다가 잘 안 풀리거나 교도소라도 들어가게 되면 그제야 성경책을 읽는다.

들어야 역사가 일어난다. 그럼에도 사람들은 왜 하나님이 말씀을 안 들을까? 마음이 상하고 노역이 가혹했던 기억 때문에 이스라엘 백성들은 모세를 통한 하나님의 말씀을 듣지 않았다. 세상에서 생활하다가 마음에 상처가 나고 생활이 힘들어지면 마음이 완악해지고 마음 문이 닫히게 된다. 그러나 그런 때일수록 더욱 하나님의 말씀을 들어야 마음의 상처가 씻어지고 회복이 이루어진다.

제목이 매우 자극적인 『입 다물고 들어라 Shut Up & Listen』(시오 시어벌드 · 캐리 쿠퍼 공저, 소담출판사)라는 책이 있다. 하나님의 말씀을 듣지 않으면 우리의 영이 녹슨다. 우리의 영이 녹슬면 몸이 녹슬고 생활도 녹이 슨다. 수도에서 녹물이 나오면 그 물을 마시지 못하듯 하나님의 말씀을 듣지 않으면 우리 인생도 녹이 슬어 성공적인 인생을 살 수 없다.

아브라함은 본토 친척 아비 집을 떠나라는 하나님의 말씀을 들었다. 그 말씀을 듣고 갈 바를 알지 못하고 미지의 세계로 떠났다. 모세도 하나님의 음성을 들은 이후에 이스라엘 백성들을 애굽에서 구해낼 수 있었다. 하나님의 말씀을 듣는 것이 중요하다. 잘못된 정보, 잘못된 이야기, 세상에서 유혹하는 소리를 듣지 말고 하나님 말씀을 듣는 삶을 살자.

반응해야 한다

믿음은 반응하는 것이다. 어떻게 반응하느냐에 따라 인생이 달라진다. 하나님의 부르심에 반응하지 않으면 우리 인생은 녹슬어버리는 인생으로 끝나고 만다. 그러나 하나님의 부르심에 우리가 반응하면 하나님은 우리를 택하여 하나님의 거룩한 사역에 사용하신다.

자녀들이 반응하지 않을 때 부모는 답답해한다. 사춘기가 되면 자녀들은 부모 말에 반응하지 않는다. 나름 컸다는 거다. 크면 더 잘 반응해야 하는데 반응하지 않는다. 그래서 젊은이들은 버릇이 없다는 말을 듣는다.

철학자 소크라테스는 이렇게 말했다. "오늘의 청소년들은 사치를 좋아한다. 그들은 버릇이 나쁘고 권위를 비난하고 어른을 공경하지 않는다. 오늘의 아이들은 폭군이다. 그들은 어른이 방에 들어와도 일어나지도 않는다. 그들은 부모들과 너무 다르며, 여러 사람들 앞에서 재잘거리고, 음식을 쩝쩝거리며 먹고, 선생님들을 괴롭힌다." 심지어 소크라테스는 "젊은 세대를 보면 나는 문명의 미래에 대하여 절망에 빠진다"고 한탄하기까지 했다고 한다.

반응만 잘해도 성공적인 인생을 살아갈 수 있다. 반응이라는 말, 다른 말로 하면 맞장구다. 좋은 친구는 맞장구를 잘 쳐 주는 친구다. 효자는 누가 효자냐? 부모님 말씀에 잘 반응하고 적극적으로 맞장구를 치는 자녀가 효자다. 엄마가 무슨 말만 하려고 하면, "엄마, 이제 그만좀 하세요"라고 말하면 안 된다. 듣고 또 들었던 이야기라 할지라도 생전 처음 듣는 말씀처럼 반응해야 한다. 남편들은 "니네 엄마 또 시작이다"라는 말을 자녀들에게 해서는 안 된다.

신앙은 육으로 반응하는 것이 아니라 영으로 반응하는 것이다. 육으로 반응하면 어려움을 당한다. 아브라함이 하나님의 음성을 듣고 반응하지 않았다면 아브라함의 이름을 우리는 알 수 없었을 것이다. 모세가 하나님의 부르심에 반응하지 않았다면 출애굽은 모세가 아닌 다른 사람을 통하여 이루어졌을 것이다.

신앙생활을 하다 보면 마음속 깊은 곳에서 성령의 감동을 느낄 때가 있다. 그때를 무시하지 말아야 한다. '회개해야 하는데' 하는 마음이 들 때가 있다. 성령의 감동하심이다. 그러면 즉시 회개해야 한다.

세상 사람들의 반응은 조건반응이다. 파블로프의 실험에 등장하는 개처럼 종을 치면 먹이를 줄 것이라는 조건반응이다. 만약 우리의 반응이 이처럼 조건에만 반응한다면 우리는 개와 같은 레벨이 되는 것이다.

좋은 조건에는 누구나 반응한다. 그러나 하나님을 향한 우리의 반응은 조건반응이 아니라 무조건적인 반응이며 세상 사람들이 이해 가능한 반응이 아니라 이해 불가능한 반응이다.

하나님이 사용하시는 사람은 영적으로 반응하는 사람이다. 세상의 눈으로 보면 무조건적인 반응, 이해 불가능한 반응을 보이는 사람들이다. 이해 가능한 반응을 하려고 기다리다가는 우리 인생 자체가 녹슬어버린다. 이해하고 반응하려다가는 모든 것이 지나가 버린다. 이해한 후에 반응하려고 하지 말고 믿은 후에 반응하자. 일하기 전에 먼저 생각하는 사람이 있고, 일하면서 생각하는 사람이 있으며, 일한 후에 생각하는 사람이 있다.

『증언』(김길 저, 규장) 이라는 책에 나오는 이야기다.

"군인이 외출을 나왔다가 부대로 복귀하기 직전, 유일한 즐거움이 짜장면을 사 먹는 일이다. 그날도 짜장면을 사 먹을 생각에 마음이 부풀어 있는데 길가에 앉아 있는 거지에게 가진 돈을 모두 주라는 감동이 몰려왔다. 싫었다. 그래서 기도했다. '하나님, 저 거지는 군인인 저의 월급보다 더 수입이 많을 수 있습니다. 그런데 꼭 제가 가진 이 돈을 다 주어야 하나요?' 하나님께서 '그렇다'는 마음을 주셨다. 그래서 '하나님, 꼭 그렇게까지 하셔야 되겠습니까?' 라고 했지만 결국 짜장면 사 먹을 돈과 동전까지 다 털어 거지에게 주었다.

그러자 마음속에서 '네가 점심 값을 준 것은 너의 생명을 준 것이나 다름없다. 나는 네가 자랑스럽다'는 감동이 밀려왔다고 한다."

크리스천은 돈에 민감하게 반응하지 말고 사람들 말에 민감하게 반응하지 말고 오직 하나님의 뜻에 민감하게 반응하는 삶을 살아야 한다.

움직여야 한다

자동차 사고로 죽은 세 사람이 하늘나라로 가는 길에 똑같은 질문을 받았다.

"장례식을 치르면서 당신이 관 속에 들어가기 직전에, 친구나 가족들이 당신에 대해 뭐라고 말하는 것을 듣고 싶소?"

첫 번째 사람은 이렇게 말했다.

"저는 아주 유능한 의사였으며 훌륭한 가장이었다는 이야기를 듣고 싶습니다."

두 번째 사람이 말했다.

"저는 아주 좋은 남편이었으며 아이들의 미래를 바꾸어 놓은 훌륭한 교사였다는 말을 듣고 싶습니다."

마지막 사람이 말했다.

"저는 이런 이야기를 듣고 싶습니다. 앗! 저 사람이 움직인다."

손을 움직이고 발을 움직여라. 움직이지 않으면 녹슬어 없어진다. 성공하는 사람의 특징은 움직이는 사람이다.

1980년대 영국의 고질병을 해결한 인물이 있다. 마거릿 대처(Margaret Thatcher, 1925~2013) 수상이다. 사람들은 그녀를 '철의 여인'이라고 부른다. 영국 최초의 여성 수상으로서 그녀는 다음과 같은 말을 남겼다.

"바쁘게 움직여라. 가장 만족스러웠던 날을 생각해보라. 그날은 아무것도 하지 않고 편히 쉬기만 한 날이 아니라, 할 일이 태산이었는데도 결국은 그것을 모두 해낸 날이다. 정신없이 바쁜 나날 속에서 아무것도 할 일이 없는 날을 상상해보라. 아마 천국이 따로 없을 것이다. 해가 중천에 뜰 때까지 침대에 누워 있고, 아무런 방해도 받지 않고 책을 읽으며, 몇 시간 동안 계속 텔레비전만 보고, 뒤뜰에 해먹을 달아 놓고 여유를 즐길 수 있기 때문이다. 하지만 너무 오랫동안 침대에 누워 있거나 텔레비전을 보면 머리가 멍해질 뿐이다. 또한 아무 일도 하지 않으면 괜히 바보가 된 느낌도 들고 하루를 헛되게 보낸 것만 같아 속이 쓰리다."

인생의 변화를 원하는가? 성공을 원하는가? 녹슬지 않는 인생이 되기를 원하는가? 그렇다면 움직여야 한다. 우리의 생활도 신앙도 마찬가지다. 부지런히 손을 움직여야 한다. "손을 게으르게 놀리는 자는 가난하게 되고 손이 부지런한 자는 부하게 되느니라" 잠언 10:4

복음은 쉼 없이 움직인다. 성령님도 쉼 없이 운행하신다. 하나님은 한 곳에 고정되어 계시는 하나님이 아니다. 언제나 역사 속에서 인간을 주관하시는 역동적인 하나님이시다. 바쁘게 움직여라! 우리 손이 놀아서는 안 된다. 우리 손은 일하는 손인 동시에 기도하는 손이 되어야 한다. "그러므로 각처에서 남자들이 분노와 다툼이 없이 거룩한 손을 들어 기도하기를 원하노라"디모데전서 2:8

일하고 기도하고, 기도하고 일하는 움직이는 손이 되어야 한다. 건강도 움직여야 좋아진다. 피부가 좋아지려면 많이 움직여야 한다. 살을 빼려면 덜 먹기보다 몸을 많이 움직여야 한다. 다이어트를 위해서는 굶는 것보다 움직이는 것이 훨씬 효과적이다. 움직여야 하나님께서도 우리를 위하여 움직이신다. 가만히 있으면 아무런 역사도 일어나지 않는다.

움직이는 것이 하나님의 뜻이요, 예수님께서 우리에게 주신 말씀이다. 구하고 찾고 두드린다는 것이 결국 무엇인가? 구하기 위하여 움직이고, 찾기 위하여 움직이고, 두드리기 위하여 움직일 때 역사가 일어난다는 것이다. 움직일 때 우리 인생이 녹슬지 않고 하나님께 쓰임 받아 닳아 없어지는 인생을 살아가게 되는 것이다.

여는 인생을 살아야 한다.
녹슬어 없어지는 인생을 살아가고 있는가,
닳아 없어지는 인생을 살아가고 있는가?
하나님께서 사용하여 닳아 없어지는 인생을 살자.
그러기 위해서는 하나님의 말씀을 듣고
반응하고 움직여야 한다.

새 사람이 되기 위해서는

새사람이 되기를 원하는가? 그러기 위해선 먼저 바꾸어야 할 것이 있다. 심리학자 칼 메닝거Karl Augustus Menninger 박사는 "사실보다 더 중요한 것은 태도"라고 했다. 사람들은 'fact'(사실)를 매우 중요하게 여긴다. 그러나 팩트보다 중요한 것은 그 팩트를 바라보는 태도다.

예수님은 팩트와 태도 중에 어느 것을 더 중요하게 여겼을까? 간음하다 현장에서 붙잡힌 여인을 사람들이 예수님께 데리고 왔다. 현장에서 붙잡혔다는 것은 움직일 수 없는 팩트다. 율법에 따르면 그같은 행위를 저지른 여인은 돌로 쳐서 죽이라고 했다. 예수님은 어떻게 하셨는가? "너희 중에 죄 없는 자가 먼저 돌로 치라"고 하셨다. 무엇을 중요하게 여기신 것인가? 팩트보다 팩트를 대하는 태도를 중요하게 여기신 것이다.

예수님이 산상수훈을 통하여 말씀하신 여덟 가지 복이 있다. 이것을 팔복Beatitude이라 한다. Be와 Attitude가 합쳐진 단어가 팔복이다. 복을 받으려면 복 받을 태도를 갖추고 있어야 한다는 말이다. 태도가 바뀌면 방향이 바뀌고 방향이 바뀌면 인생이 바뀐다.

옛 사람을 벗어 버리자

2012년 부활 주일, 미국에서 PGA 메이저 대회 중 가장 권위 있는 마스터스 남자 골프대회가 있었다. 우승자는 버바 왓슨. 생소하고 여러 가지로 독특한 선수다.

당일 경기를 중계하던 CBS 해설자는 흥분한 목소리로 "단 한번도 레슨을 받지 않고, 비디오로 남의 스윙을 따라 해본 적도 없는 자연스러운 스윙의 소유자가 최고의 무대인 마스터스를 정복했다. 골프의 새로운 시대가 열리고 있다"고 했다.

왓슨은 우승 후에 여러 사람들을 끌어안으며 계속 울었다. 잠시 눈물을 보이기는 하지만 계속해서 우는 경우는 흔치 않다. 게다가 당연히 옆에 있어야 할 부인이 보이지 않았다. 우승하는 순간 끌어안고 울었던 사람은 어머니였다. 그날의 숨겨진 사연이 알려지자 많은 사람들이 감동을 받았다.

농구선수 출신인 왓슨 선수의 부인은 결혼 전 뇌하수체에 이상이 있어 임신하면 위험한 상황에 빠질 수 있다고 했다. 그러자 신실한 크리스천인 왓슨은 "하나님이 우리에게 입양하라고 하시는 것"이라며 결혼을 하였다. 마스터스 경기 6주 전에 왓슨 부부는 아이를 입양했다. 왓슨 선수의 부인은 입양한 아이를 돌보기 위하여 대회에 참석하지 못한 것이다. 왓슨 선수는 우승 후 어머니를 안고 아이처럼 울며 "빨리 돌아가 아기 기저귀를 갈아주고 싶다"고 말했다. 사람들은 변한다. 변하는 것이 정상이다. 중요한 것은 어떻게 변하느냐는 것이다. 호감 있게, 좋게, 은혜롭게 변해야 한다.

새 사람이 되기를 원하는가? 자신을 사로잡고 있는 유혹의 욕심을 따라 썩어져 가는 모든 구습을 내던져라.

거짓을 버리고 참된 것을 말하자

사람들이 평생 잘하는 말 두 가지가 있다. 하나는 참말이고 다른 하나는 거짓말이다. 사람들은 평생 참말과 거짓말 사이를 왔다갔다하며 살아간다. 문제는 참말보다는 거짓말을 더 많이 하며 살아가고 있다는 것이다.

1997년 캘리포니아 대학의 심리학자 제럴드 제리슨 박사는 사람들이 하루 평균 8분에 한 번꼴로 거짓말을 하며 살아가고 있다고 발표한 적이 있다. 가장 많이 거짓말을 하는 사람들은 놀랍게도 정치인, 언론인, 변호사, 세일즈맨, 심리학자였다고 한다.

또 다른 심리학자 벨라 드폴로가 147명을 대상으로 한 실험 결과에 따르면 사람들은 하루 평균 1.5회씩 거짓말을 한다고 한다. 또 다른 연구자 로버트 펠드먼에 따르면 사람들은 첫 만남에서 10분

만에 거짓말을 세 번이나 한다고 한다. 영향력이 큰 거짓말과 일상의 사소한 거짓말이 같을 수는 없으나 결론은 우리 모두 거짓말쟁이라는 것이다.

《거짓말의 발명》이라는 영화가 있다. 그곳에서는 누구도 거짓말하지 않는다는 내용의 영화다. 지구와 똑같은 행성이 있다. 지구와 다른 점이 있다면 거짓말이 없다는 것이다. 거짓말이 없으면 어떻게 될까? 살맛 나지 않는 세상이 된다고 영화는 말하는 듯하다.

누군가가 "살 의욕이 없어. 죽고 싶어!"라고 하면 "무슨 소리야, 아직 세상은 살 만해!"라고 해야 하는데, 영화에서는 "맞아, 네가 너라도 살 의욕이 없겠다. 죽는 게 낫다"라고 말한다. 이곳에서는 광고도 솔직하다. C콜라 광고에는 "캔의 디자인만 달라졌지 성분은 그대로인 것은 아시지요? 갈색 설탕물이기 때문에 누구나 먹으면 살이 찌지만 그래도 계속 사 드시기 바랍니다."

거짓이 없기 때문에 P콜라 광고는 더 솔직하다. 'C콜라가 없을 때' 사 먹으라는 것이 광고 문구이다. 그러다가 주인공이 거짓말을 발명하게 된다.

해고를 당하고 집세가 없는 상태에서 은행에 갔더니 전산 오류가 발생했다며 통장에 얼마가 있었느냐고 묻는다. 순간, 300달러인데 800달러라고 말한다. 거짓말이 발명되는 순간이다. 은행 직원은 당연히 800달러를 지불한다. 거짓이 없는 세상이기 때문이다. 주인공은 거짓말을 통하여 부자가 되기 시작한다. 자신이 거짓말하는 대로 이루어지기 때문이다. 그러나 영화는 자신이 사랑하는 사람 앞에서는 결코 거짓말을 할 수 없다는 것으로 끝이 난다.

왜 거짓말을 하는 것일까? 우리가 죄를 가지고 태어났기 때문이다. 거짓말은 사단과 마귀에게 속해 있는 것이다. 예수님은 마귀를 거짓의 아비라고 말씀하셨다. 거짓말은 가르쳐 주지 않아도 한다. 타고나는 것 중의 하나가 거짓말이다.

세상에서 가장 큰 거짓말은 무엇일까? 성경에 나와 있다. "만일 우리가 죄가 없다고 말하면 스스로 속이고 또 진리가 우리 속에 있지 아니할 것이요" 요한1서 1:8 자신이 죄인이라고 말할 사람이 어디에 있는가? 죄가 없다고 말하는 것은 스스로를 속이는 것이다.

자신이 거짓말을 하고 있다고 말할 사람은 또 어디에 있는가? 모든 사람들이 거짓말을 하는데 자신만 거짓말을 고백하고 자백하면 바보가 되는 것 같다. 그렇다고 감추고 숨긴다고 해결되지 않는다.

죄와 거짓말은 회개하고 자백해야 하는데 그렇게 하지 않는다. 두렵기 때문이다. 죄가 드러나는 것이 두렵고 거짓말이 탄로 나는 것이 두렵다. 죄를 회개하고 거짓을 자백하면 모든 불의로부터 우리를 깨끗하게 하신다. "만일 우리가 우리 죄를 자백하면 그는 미쁘시고 의로우사 우리 죄를 사하시며 우리를 모든 불의에서 깨끗하게 하실 것이요" 요한1서 1:9

마귀에게 틈을 주지 말자

구체적으로 어떻게 하는 것이 마귀에게 틈을 주지 않는 것일까? 분을 내어도 죄를 짓지 말아야 한다. "분을 내어도 죄를 짓지 말며 해가 지도록 분을 품지 말며" 에베소서 4:26

화가 나는 것과 화를 내는 것은 달라도 엄청나게 다르다. 살다 보면 화가 나는 일을 당한다. 그러나 화난다고 그 화를 겉으로 드러내는 것은 다르다. 화가 나서 그 화를 내게 되면 죄를 짓게 된다.

누구에게나 "성질 좀 죽이세요" 하면 공감한다. 누구나 성질이 있다고 생각하기 때문이다. 그러나 성질난다고 성질대로 하다가는 인생 망친다. 분노의 화신이 되어서는 안 된다. 분노의 지배를 받아서는 안 된다. 참자. 참아도 안 되면 기도하자. 원수를 갚으려고 달려들지 말자. 성경은 원수 갚는 것이 하나님께 있다고 말씀하고 있다. "원수 갚는 것이 내게 있으니 내가 갚으리라 하시고 또다시 주께서 그의 백성을 심판하리라 말씀하신 것을 우리가 아노니" 히브리서 10:30

우리가 품어야 할 것은 희망과 꿈과 사랑이다. 절망과 좌절과 분노를 품고 살아서는 안 된다. 화를 품고 있으면 그 화가 독이 되어 자신도 죽이고 남도 죽인다. 미움을 품고 원한을 품고 두고 보자면서 살지 마라. 두고 보는 날들이 쌓이면 원수가 죽기 전에 내가 먼저 죽는다. 지금 품고 있는 것이 무엇인가? 화를 품고 있다면 그 화를 풀어 버려라.

마귀는 우리가 새 사람이 되는 것을, 하나님의 자녀가 되는 것을, 성령의 사람이 되는 것을, 기도의 사람이 되는 것을, 헌신하고 봉사하는 사람이 되는 것을, 믿음으로 긍정적인 사람이 되는 것을, 원망과 불평을 버리고 새 사람이 되는 것을 결사적으로 막는다. 마귀는 우리가 옛 사람이 되어 살아가기를 원하고 있다.

우리에게는 사실(팩트)을 바꿀 수 있는 능력이 없고, 벌어지는 일을 되돌릴 수 있는 능력도 없다. 그러나 한 가지 할 수 있는 일이 있다. 벌어진 일에 대한 태도는 얼마든지 바꿀 수 있다. 우리가 어떠한 태도를 갖느냐에 따라 결과는 180도 달라진다.

우리의 태도에 따라 원망과 불평이 감사와 기쁨으로 바뀔 수 있으며 가난이 변하여 부요가 되고 질병이 변하여 건강이 된다. 우리의 태도에 따라 미움이 사랑이 되고 지옥 같은 가정이 천국으로 변화된다.

어떤 곳에서 어떤 사람으로 살아가기를 바라는가? 아직도 옛 사람으로 살아가기를 원하는가? 말씀과 기도와 성령 안에서 날마다 새 사람이 되어 살아가기를 결단하자.

새 사람이 되기 위해서는
옛 사람을 벗어 버리자.
거짓을 버리고 참된 것을 말하자.
마귀에게 틈을 주지 말자.
화를 내어 죄 짓지 말고 화를 품고 살지 말자.

필요한 것을 준비하라

93세의 빌리 그레이엄 목사님은 『새로운 도전』(빌리 그레이엄 저, 두란노서원)을 통하여 "나를 향한 하나님의 꿈은 끝나지 않았습니다"라고 말씀하고 있다. 그 책에 이런 글이 등장한다.

"병상에 눕기 오래 전에 아내는 고속도로에서 운전하다가 건설현장을 지나게 되었다. 경고 표지판이 일정한 거리마다 놓여 있는 구불구불한 길을 한참 지나가자 마지막 표지판이 나타났다. '공사 현장 끝. 참아 주셔서 감사합니다.' 아내는 깔깔거리며 집으로 돌아와 가족들에게 그 이야기를 했다. '내가 죽으면 그 글귀를 묘비에 새겨 줘요.' 그 말이 잊혀지지 않는다."

시간은 누구도 막을 수 없는 것이어서 한 해가 가고 한 해를 맞이한다. 중요한 것은 지나온 시간만큼이나 앞으로 맞이할 새로운 시간이다. 어떤 마음과 믿음을 가지고 맞이해야 하는가?

뒤돌아보지 않는 사람

하나님이 모든 사람에게 공평하게 주신 것이 있다. 시간이다. 하나님은 모든 사람에게 1년 365일. 8,760시간. 525,600분. 31,536,000초를 주셨다. 누구도 1년 365일 중 1초라도 늘리거나 줄이지 못한다.

인생의 열매는 결국 시간의 열매다. 인생의 열매가 있다는 것은 결국 시간의 열매가 있다는 것이다. 인생의 열매라는 것은 누가 하루 24시간을 제대로 사용하였느냐의 문제다.

열매 없는 사람의 특징이 있다. 현재와 미래를 바라보지 못하고 반복하여 과거를 돌아보는 사람이다. 물론 과거에서 배울 수 있는 것이 있다. 역사에서 배울 수 있는 것이 있다. 그러나 지나간 시간, 역사에서 배운다는 것은 현재와 미래에 열매를 맺기 위한 것임을 잊지 말아야 한다.

크리스천은 어제를 사는 존재가 아니고 오늘을 사는 존재다. 하나님은 죽은 자의 하나님이 아니라 살아 있는 자의 하나님이시다. 하나님은 죽은 자들이 묻혀 있는 무덤가에서 역사하시는 하나님이 아니다. 오늘 역사의 한복판에서 살아 있는 사람들을 위하여 역사하시는 하나님이시다. 산 자의 눈물을 닦아 주시는 하나님이신 것이다.

필요한 것을 준비하는 이유는 열매 없는 자가 되지 않기 위해서다. 열매 맺는 생활을 하기 위해서는 지나간 것을 돌아보지 말고 필요한 것을 준비하는 생활을 해야 한다.

예수님은 이렇게 말씀하셨다. "너희가 열매를 많이 맺으면 내 아버지께서 영광을 받으실 것이요 너희는 내 제자가 되리라"요한복음 15:8 누가 예수님의 제자가 될 수 있는가? 열매를 많이 맺는 사람이 예수님의 제자가 되는 것이다.

열매를 맺는 사람은 뒤돌아보지 않는다. 지금 우리에게 필요한 것은 지나간 시간에 발목 잡히지 않고 미래를 바라보고 미래를 준비하는 것이다.

어떠한 일이 있어도 깨지지 않는 사람

준비 없이 맺어지는 열매는 없다. 누구나 준비하는 과정을 거쳐야 한다. 준비는 언제 하는가? 나중에 하는가? 아니다. 준비는 지금 하는 것이다. 필요한 것을 준비하는 사람의 특징은 어떠한 일이 있어도 부러지거나 부서지지 않는 사람이다.

『언브로큰』(Laura Hillenbrand 저, Random House Large Print Publishing)이라는 책은 제2차 세계대전 참전용사인 루이스 잠페르니가 실제로 겪은 경험을 소재로 쓴 소설이다. 루이스 잠페르니는 1936년 독일 베를린올림픽 경기에서 미국 육상 대표로 활약하기도 했다.

그는 제2차 세계대전이 발발하자 미 공군에 입대하여 B-24 폭격수로 참전한다. 여러 번의 성공적인 출격을 했지만 1943년 5월 일본군에 격추당해 태평양 한가운데로 추락하게 된다. 생존자는 11명 중에 단 3명. 그는 47일간 2명의 병사와 상어떼가 출몰하는 태평양 한가운데서 표류한다. 그러다가 극적으로 한 섬을 발견하고

상륙하게 된다. 미군 당국은 실종된 잠페르니를 공식적으로 사망 처리했다.

간신히 상륙한 섬은 이미 일본군이 점령한 섬이었다. 졸지에 포로가 된 잠페르니는 전쟁이 끝나는 시점까지 27개월간 지옥과 같은 포로생활을 체험하게 된다. 잠페르니는 매일 인사불성이 되도록 무자비한 구타와 고문을 당한다. 자신을 구타하고 고문하던 일본군 중에는 '새'라고 불리던 사람이 있었다. 지독하기가 이루 말할 수 없었다. 섬에서 간신히 살아난 잠페르니는 종전 후 고향으로 돌아간다.

그 후 결혼도 했지만 고문 후유증으로 알코올 중독에 빠진다. 일본군 '새'에 대한 복수를 꿈꾸던 그는 매일 밤 악몽을 꾼다. 그러던 어느 날, 일본군 '새'의 목을 조르는 꿈을 꾸었는데 놀라서 깨어보니 잠자는 부인의 목을 조르고 있었다. 그러한 남편과의 삶이 괴로웠던 잠페르니의 부인은 이혼을 결심한다. 그러던 차에 누군가 그의 부인에게 빌리 그레이엄 목사님의 집회에 참석할 것을 권한다.

1949년 부인이 그레이엄 목사님의 집회에 참석하여 회심을 하고 남편에게 권하여 집회에 참석시킨다. 첫날 잠페르니는 예수님을 받아들이지 못했지만 둘째 날 성령께서 강력하게 역사하신다. 그가 태평양 한가운데서 하나님께 간절히 바랐던 기도를 떠올리게 된 것이다. "하나님 살려주세요. 살려만 주시면 하나님을 받아들이겠습니다."

그 기억을 떠올리고 예수님을 영접한 잠페르니는 그날부터 악몽을 그치게 된다. 일본으로 건너가 '새'를 찾아 복수하겠다는 생각도 멈추게 된다. 후에 그는 실제로 일본으로 건너간다. 그리고 자신을 구타하고 고문하고 괴롭혔던 사람들을 만나 그들을 용서하고 그들에게 복음을 전한다.

그는 '언브로큰', 깨지거나 부러지지 않았던 것이다. 소설의 주인공인 잠페르니는 1917년생으로 올해 나이 95세다. 생존해 있는 것은 물론 현재까지도 여러 사람에게 감동을 주는 연설가로 활동하고 있다.

신앙생활은 부러지거나 깨지지 않는 것이다. 우리 인생에 깨지지 말아야 할 것은 무엇인가? 깨지지 않는 인생을 살려면 무엇을 준비해야 하는가? 그것은 믿음이다. 자기 인생에 필요한 것을 미리 준비해 놓지 않으면 언젠가는 어려움을 겪게 된다. 필요한 것을 준비하는 사람은 어떠한 일이 있어도 깨지거나 부러지지 않는다. 믿음이 깨졌다면 그 믿음은 온전치 않은 믿음이다.

자기 인생에서 가장 중요한 준비는 믿음이다. 믿음을 가장 나중에 준비하려고 하는 사람들이 있다. 이런 사람들은 믿음으로 살지 않는다. 자기 성질대로 살려고 하고 자기 능력대로 살려고 한다. 그러나 능력은 자기 성질대로, 자기 능력대로 되지 않는 것이다. 언젠가는 자기 성질도 깨지고 자기 능력도 깨진다. 그렇기 때문에 살면서 가장 먼저 준비해야 하는 것은 믿음이다.

"믿음이 없이는 하나님을 기쁘시게 하지 못하나니 하나님께 나아가는 자는 반드시 그가 계신 것과 또한 그가 자기를 찾는 자들에게 상 주시는 이심을 믿어야 할지니라" 히브리서 11:6

믿음의 사람들은 믿음이 깨지지 않았던 사람들이다. 사단과 마귀가 깨려고 하는 것이 있다. 우리의 믿음이다. 사단과 마귀는 온갖 추측과 의혹과 의심으로 우리의 믿음을 깨려고 한다. 그럼에도 불구하고 믿음이 깨져서는 안 된다.

우리가 믿음을 깨지 않고 살아가면 어떠한 일이 일어나는가? 성경은 이렇게 말씀하고 있다. "그러나 내가 가는 길을 그가 아시나니 그가 나를 단련하신 후에는 내가 순금같이 되어 나오리라" 욥기 23:10

순금이 되기까지는 단련이라는 과정을 거쳐야 한다. 단련의 과정에 필요한 것이 무엇인가? 믿음이다. 내가 가는 길을 하나님이 아시고 내가 가는 길에 모든 온갖 연단과 단련이 있다 할지라도 그것이 지나간 후에는 순금같이 된다.

좋은 일에 힘쓰기를 배우는 사람

누구나 자신에게 좋은 일이 일어나기를 기대한다. 이제는 한 걸음

더 나가서 좋은 일에 힘쓰기를 배워 좋은 일을 하는 사람이 되어야 한다.

역곡역에 눈이 내린 어느 날이었다. 역곡역장과 함께 일하는 세 명이 눈을 치우고 있는데 역곡역에서 노숙 생활을 하는 사람이 다가와 도와주겠다며 같이 눈을 치웠다고 한다. "시민들에게 조금이라도 보답하고자 하는 마음으로 눈을 치우게 됐다"는 노숙인의 말을 듣고 역장은 감동을 받았다면서 눈 치우는 장면을 사진 찍어 블로그에 올렸다.

어디서나 누구나 좋은 일을 하면 싫어하는 사람은 없다. 불편해하거나 거부감을 갖는 사람도 없다. 성경은 우리에게 선한 일을 할 것을 강조하고 있다. "선한 일을 행한 자는 생명의 부활로, 악한 일을 행한 자는 심판의 부활로 나오리라" 요한복음 5:29

구원은 하나님의 은혜와 인간의 믿음으로 받는다. 구원받은 하나님의 자녀들은 선한 일을 하며 살아야 한다.

미국의 한 대형 마트에서 30년 전에 도둑질을 한 60대 남성이 사과 편지와 함께 수표를 보내왔다는 보도가 있었다. 신시내티 지역 익명의 68세 남성에게서 온 이 편지 안에는 미국 오하이오 주 섀론빌 지역 대형 마트 지점에서 30여 년 전 자신이 도둑질을 했다는 내용이 적혀 있었다. 당시 이 남성은 돈도 지불하지 않고 140~270달러 상당의 옷을 집어왔다고 고백하면서 '그 전까지는 도둑질을 한 적이 없다'고 적었다.

하나님 앞에서 자신을 다시 돌아보면서 잘못을 바로 잡고 싶었다는 그는 '하나님이 내 마음에 당신의 마트에서 내가 한 짓을 생각나게 하셨다'며 '깊이 사과하니 용서해 주길 바란다'고 적었다. 이어 '당신의 용서에 무척 감사할 것'이라며 '난 이제 하나님의 자녀'라고 편지에 덧붙였다. 편지 안에는 수표 1천 달러가 함께 들어 있었다.

흔쾌히 사과를 받아들인 대형 마트 대표 론 보이어는 이 돈을 다른 고객들을 위해 사용할 예정이라고 밝혔다. 해외 누리꾼들은 '속죄는 아름답다', '양심 있는 사람이다', '배상은 속죄를 보여주는 좋은 방법이다', '세상 사람이 모두 악당은 아니다', '아직도 유명 인사니 범죄 소식이 아닌 좋은 소식이 있구나, 멋지다' 등등 댓글을 달았다. 이런 소식을 들으면 우리나라 이야기가 아니어도 기분이 좋아진다.

착한 일을 할 수 있는 기회는 얼마든지 있다. 착한 일을 할 수 있을 때 기회를 놓치지 말고 해야 한다. 돈 버는 기회를 잡는 것보다 이것이 더욱 중요하다.

우리의 필요는 다른 사람들의 필요를 채워 주는 필요가 되어야 한다. 다른 사람들의 필요를 채워 주는 사람이 되도록 하자. 하나님이 우리의 필요를 채워 주시는 이유는 다른 사람들의 필요를 채워 주시기 위해서임을 잊지 말자.

필요한 것을 준비하는 사람은 어떤 사람인가?
지나간 것을 뒤돌아보지 않는 사람이다.
어떠한 일이 있어도 깨지지 않는 사람이다.
좋은 일에 힘쓰기를 배우는 사람이다.

상어에게서 살아남기

바다에서 수영을 하다가 혹시 상어를 만난 적이 있는가?《죠스》라는 영화가 있다. 스티븐 스필버그 감독의 대표적인 최초 상업 영화였는데, 식인상어에 관한 내용이었다. 죠스의 특징이 있다. 예고 없이, 느닷없이 찾아온다는 것이다. 물리면 치명상을 입는다.

『상어에게서 살아남기 -내 인생의 장애물을 제거하라』(J. H. Hyun 지, 시드페이퍼)라는 책이 있다. 저자는 우리 인생에 예기치 않게 불쑥불쑥 찾아오는 반갑지 않은 손님을 '상어'라고 지칭한다. 이 상어는 한번 오고 마는 상어가 아니라 언제 다시 찾아올지 모르는 상어이기 때문에 극복해야 하는 인생의 장애물을 의미한다.

인생의 온갖 장애물들은 우리의 사정을 봐주지 않는다. '어느 날 갑자기, 불쑥' 우리 인생에 찾아온다. 상어와 같은 인생의 상어를 만나면 어떻게 반응해야 하는가?

걱정하지 말자

"너희 염려를 다 주께 맡기라 이는 그가 너희를 돌보심이라" 베드로전서 5:7

상어, 즉 인생의 장애물을 만나면 걱정부터 하는 사람이 있다. 우리가 하고 있는 걱정 중에 대부분은 쓸데없는 걱정이라고 한다. 믿음이 없는 사람은 걱정한다. 성령 충만하고, 믿음 충만하고, 은혜 충만하고, 예수 충만한 사람은 기도한다. 지금 걱정하고 있는가, 기도하고 있는가? 하나님이 우리에게 원하시는 것은 걱정이 아니다. 하나님은 우리를 걱정 없이 살게 하신다.

인생의 장애물을 만나도 걱정하지 말아야 한다. 하나님을 사랑하는 사람은 걱정할 이유가 없다. 장애물을 만났다고 걱정하거나 어떡하냐며 울고불고 하지 말자. 살다 보면 누구나 장애물을 만난다. 장애물을 만날 때마다 걱정하면 영적인 장애자로 살아가게 된다. 하나님은 우리가 영적인 장애자로 살아가기를 원치 않으신다. 장애를 넘어서고 극복하고 이기는 삶을 원하고 계신다.

아파트 한가운데 있는 돔 모양의 저 건물은 무슨 건물일까? 핀란드의 수도 헬싱키에 있는 반석교회다. 1950년대 말, 핀란드의 수도 헬싱키에서 교회를 건축하려고 땅을 파다가 제법 큰 바위를 만났다. 처음에는 포클레인으로 깨려고 했는데 그러기에는 너무 컸다. 그래서 바위 주변을 파 보았더니 그냥 바위가 아니라 땅 자체가 엄

청나게 큰 바윗덩어리였다. 교회를 건축하려다가 땅속에 숨어 있는 거대한 돌산을 만난 것이다. 어떻게 할 것인가? 교회 관계자들이 모여 회의를 했다. 회의해 보나마나 건축을 포기하고 교회 터를 옮기는 방법밖에 없었다.

모두가 그것이 가장 최선의 방법이라고 했다. 그런데 어떤 사람이 이렇게 말했다. "하나님께서 우리로 하여금 거대한 돌산이라는 장애물을 주신 것에는 분명히 하나님의 뜻이 있을 것이다. 포기하지 말고 저 거대한 바위를 파서 그 속에 교회를 건축하자."

처음에는 모두가 미친 짓이라고 했다. 그러니 어차피 처음부터 예수를 믿는다는 것 자체가 미친 짓이라고 믿었던 이 사람은 신문에 광고를 내어 바위를 파서 교회를 건축할 설계사를 찾았다.

그러자 핀란드 건축가인 수오말라이넨이라는 사람이 1961년 설계도를 들고 찾아왔다. 이렇게 하여 교회가 세워졌으니 이름하여 '템펠리아우키오 교회' 일명 'The Church of Rock'가 되었다. 이 교회의 좌석 수는 940개, 콘서트홀로도 활용할 수 있도록 설계되었다.

1969년 완성된 이후, 이 교회는 세계적인 관광명소로 자리 잡았다. 장애물이 등장하였지만 그 장애물을 극복하고 하나님께 아름다운 교회를 봉헌하여 전 세계 많은 사람들에게는 신앙적인 교훈을 주는 교회로 자리 잡고 있다. "너희는 마음에 근심하지 말라 하나님을 믿으니 또 나를 믿으라"요한복음 14:1

피하지 말자

상어가 나타나면 도망갈 것이 아니라 제거해야 한다. 요즘 자살을 하는 청소년들의 주된 이유는 학업과 집단 따돌림이다. 왕따를 당하면 그 고통의 수준이 스스로 감당할 수 없는 정도라고 한다.

그런데 14세 때에 학교에서 왕따를 당해 왕따 방지 프로그램에도 참가한 적이 있던 10대 소녀가 2012년 '미스 틴 USA'에 뽑혀 화제가 된 적이 있다. 18세 소녀의 이름은 로건 웨스트. 그녀는 "왕따를 당한 이후 따돌림을 연구하는 사람들과 많은 이야기를 나누고, 온라인을 통해 공부하다 보니 왕따를 극복하는 데 많은 도움이 되었다"고 밝혔다.

따돌림을 극복하는 과정에서 자신감을 회복한 웨스트는 미인대회에 참가해 1위를 차지한 것이다. 왕따라는 상어가 나타났지만 웨스트는 그것을 극복해 냈다. 그리하여 자신감을 되찾았고 그것을 증명했다.

인생이란 장애물을 치워 나가는 과정이다. 사단과 마귀는 자신을 피해 도망가는 사람을 끝까지 쫓아가 괴롭힌다. 그러나 대적하는 사람에게는 사단과 마귀가 도망을 간다. "마귀를 대적하라 그리하면 너희를 피하리라"야고보서 4:7 상어가 나타나면 누군가는 그 상어를 제거해야 한다. 상어를 제거하지 않으면 인생 전체가 상어에 둘러싸이게 된다. 두려워 말고 인생의 장애물 상어를 제거하자.

『예수님과 함께 떠나는 행복한 여행』(백금산 저, 부흥과개혁사)이라는 책에 실린 글이다.

플로리다 주에 사는 '제리'라는 사람이 친구 두 사람과 함께 고무 구명보트를 타고 5일 동안 대서양에서 표류했던 일이 있었다. 그들은 닷새 동안이나 추운 바다에서 표류하던 참이라 세 사람 모두 기진맥진해 몽롱한 상태가 되었다.

이때 상어가 나타나서 세 사람이 누워 있던 구명보트를 들이박기 시작했다. 이대로 두면 구명보트에 구멍이 날 것이고, 구명보트를 잃는다는 것은 곧 죽음을 의미했다. 그들은 상어와 필사적으로 싸워야 했다. 그들이 가진 무기는 주머니칼 하나뿐이었다.

세 사람은 죽지 않으려고 안간힘을 다해 주머니칼로 상어와 싸웠다. 그 무렵에 화물선 한 척이 근처를 지나가다가 멀리서 무언가 움직이는 것을 발견했고, 결국 그들은 구출되었다.

만약 세 사람이 모두 구명보트 속에서 잠들어 있었다면 지나가던 화물선은 이들을 발견하지 못했을 것이다. 그들이 상어와 열심히 싸우고 있었기 때문에 화물선에서 그들을 볼 수 있었던 것이다.

우리가 이 땅에서 하나님의 뜻을 이루는 삶을 산다는 것은 매우 힘들고 어려워 보인다. 하지만 악한 세상과 타협하지 않고 죄의 세력과 싸우는 것은 곧 하나님의 뜻을 이루어 가는 것이다. 죄와 싸우는 곳에 하나님이 함께하시기 때문이다.

축복의 기회로 삼자

흔들리지 않는 신앙생활을 하는 사람, 성공적인 삶을 살아가는 사람의 특징이 있다. 인생의 장애물을 성공과 축복의 기회로 삼는 것이다. 시련 없는 성공은 없다.

23세의 대학생 알렉산드라 에이브러햄은 레스토랑에서 아르바이트를 하다가 바닥에 미끄러졌다. 씻은 그릇을 옮길 때 바닥에 흘린 물방울 때문이었다. 그는 화를 내는 대신 물방울을 흡수하는 그릇받침대를 고안해 냈다.

미국 레스토랑 업계는 바닥에 미끄러져 다친 손님들이 제기한 소송으로 인해 연간 20억 달러에 이르는 비용을 지출한다고 추산하고 있다. 에이브러햄은 올 한 해 100만 달러 이상의 매출을 올릴 것으로 예상하고 있다. 그는 아르바이트 할 때 바닥에 미끄러졌던 것이 상처와 아픔과 좌절로 남은 것이 아니라 성공과 축복의 계기가 된 것이다.

신앙생활하면서 크고 작은 어려움을 누구나 겪는다. 상어는 대상을 가리지 않는다. 자기 인생에 찾아오는 상어를 괴물로 보지 말고 성공과 축복으로 가는 장애물로 받아들이고 반응하도록 하자.

"사랑하는 자들아 너희를 연단하려고 오는 불 시험을 이상한 일 당하는 것 같이 이상히 여기지 말고 오히려 너희가 그리스도의 고난에 참여하는 것으로 즐거워하라 이는 그의 영광을 나타내실 때에 너희로 즐거워하고 기뻐하게 하려 함이라" 베드로전서 4:12-13

상어는 인생의 고난을 의미한다. 고난당할 때, 믿음의 사람은 무엇을 생각하고 어떻게 반응하는가? 고난은 고통스럽다. 누가 고난당하기를 원하겠는가? 그러나 고통을 느낄 수 있다는 것은 우리가 아직 살아 있다는 것이고, 살아 있다는 것은 소망이 있다는 것이며, 소망이 있다는 것은 반드시 우리가 고난을 통하여 더 깊은 하나님의 은혜와 축복과 인생의 성공을 누릴 수 있게 된다는 것이다. "의인은 고난이 많으나 야훼께서 그의 모든 고난에서 건지시는도다" 시편 34:19

기독교 작가 중에 필립 얀시라는 유명한 사람이 있다. 이 사람의 평소 관심사는 그리스도인이 당하는 고통에 있었다. 왜 인간이 고통을 당하며, 왜 그리스도인들이 고통을 겪어야만 하는지에 대한 관심이 많아서 그 방면의 책을 여러 권 집필하였다.

어느 날 그는 차를 타고 이동을 하다가 교통사고를 당했다. 인적이 드문 곳에서의 사고라 걱정이 되었고 구급차가 오기까지 차 안에서 오랜 시간을 부상을 입은 채로 있어야 했다. 움직이면 고통이 뒤따랐고 어디를 어느 정도 다쳤는지 알지 못해 함부로 움직일 수도 없었다.

구급차에 실려 병원으로 옮겨졌다. 담당의사가 다가와 자기의 몸이곳저곳을 누른다. 그때마다 입에서는 비명이 터져 나왔는데 의사가 이렇게 묻는다. "통증을 느끼시나요?"

비명을 참으며 간신히 "그렇다"고 하면 필립 얀시의 아프다는 소리에 의사는 "오호, 그러세요?" 하며 웃음을 짓는다. 그렇게 온 몸을 누르고 만져대며 "이곳도 통증을 느끼시나요? 여기는요?" 하고 묻는다. "그렇다"고 할 때마다 의사는 얼굴에 웃음을 짓더니 다 끝내고는 이렇게 말했다고 한다. "이제 되었습니다. 걱정할 일이 없습니다." 그래서 "이렇게 아픈데도요?" 했더니, "아프다는 것은 신경이 끊어지지 않았다는 것입니다. 척추도 목도 당신의 하반신에도 문제가 없습니다. 통증은 시간이 지나면 사라집니다. 축하합니다."

통증이 있다는 것은 마비가 없다는 것이다. 통증을 수반하는 인생의 고난은 독이 되는 것이 아니라 오히려 우리에게 복이 된다.

상처 없는 영광은 없다. 인생의 상어를 몇 마리 겪었느냐에 따라 성공과 축복의 척도가 결정되는 것이다. 많은 인생의 상어(장애물)를 겪으면 겪을수록 우리는 더욱 강해지고 성공과 축복은 우리에게 성큼 다가오는 것이다.

찾아오는 인생의 장애물과 원치 않는 상어들이 입을 벌리고 달려든다 할지라도 그 상어를 딛고 일어나자.

예고 없이, 느닷없이 찾아오는
인생의 위협적인 상어를 걱정하지 말자.
피하지 말자.
인생의 장애물, 상어가 나타나면
그것을 성공과 축복의 발판으로 삼고 살아가자.

이런 친구 있으신지요

누구나 친구가 있다. 친구는 소중하다. 자녀들은 부모님 말은 잘 듣지 않아도 친구 말은 잘 듣는다. 또한 고민이 있거나 문제가 생기면 부모님보다는 친구에게 먼저 이야기한다. 그러나 그것도 잠시, 시간이 지나면서 친구들은 하나둘씩 떠나가고 사라진다. 나이가 들면 진정한 친구 하나 옆에 있는 경우가 거의 없다. 그래서 인간은 살면 살수록 풍요로운 인생을 살아가는 것이 아니라 외로운 인생을 살아가게 된다.

"자기가 가진 모든 것을 나누는 사람이 있다. 친구다." 위대한 철학자 플라톤이 한 말이다. 그러나 요즘 시대에 이런 친구는 별로 없다. 세상을 살면서 친구가 없었던 사람은 한 사람도 없다. 그러나 우리가 살고 있는 이 시대는 자신이 가진 모든 것을 나누는 진정한 친구가 없는 시대다. 진정한 친구는 어떤 사람인가?

영국의 어느 출판사에서 '친구'라는 단어의 정의를 공모한 적이 있었다. 여기에 응모한 내용 중에는 다음과 같은 글들이 있었다.

- 친구란, 기쁨은 곱해 주고 고통은 나눠 주는 사람
- 나의 침묵을 이해하는 사람
- 언제나 정확한 시간을 가리키고 멈추지 않는 시계

1등은 '친구란 온 세상이 다 내 곁을 떠났을 때 나를 찾아오는 사람'이 차지했다.

친구는 영어로 FRIEND다. 풀이하면 F는 Free, 언제나 자유로울 수 있는 사람. R은 Remember, 언제나 기억나는 사람. I는 Idea, 언제나 생각나는 사람. E는 Enjoy, 언제나 같이 있으면 즐거운 사람. N은 Need, 필요할 때 언제나 같이 있어 주는 사람. D는 Depend, 힘들 때면 언제나 의지하고 기댈 수 있는 사람.

죄인의 친구가 되셨던 예수님

"인자는 와서 먹고 마시매 너희 말이 보라 먹기를 탐하고 포도주를 즐기는 사람이요 세리와 죄인의 친구로다 하니" 누가복음 7:34

예수님을 가리켜 사람들이 한 말이 있다. "세리와 죄인의 친구로다." 유대인들은 율법을 지키지 않는 사람들은 모두 죄인 취급을 하거나 부정한 사람 취급을 하였다.

병든 사람들은 부정한 사람이었기 때문에 병이 온전히 낫기 전까지 하나님 앞에 제사를 드릴 수조차 없었다. 성전의 출입 자체를 금지시켰기 때문이다. 그래서 유대인들은 부정한 사람과 죄인이라고 생각하는 사람들과는 가까이하지 않았다. 유대인들은 그것을 철저하게 지켰다.

그러나 예수님은 소외된 사람들과 율법을 지키고 싶었으나 제대로 지킬 수 없었던 사람들을 멀리하지 않으시고 그들과 함께 먹고 마셨다. 말 그대로 낮은 곳에 임하셨던 것이다. 예수님은 생색내기 위하여 한두 번 세리와 죄인들과 먹고 마시는 것을 연출했던 것이 아니다. 모두가 죄인이라고 손가락질 받던 사람들과 친구처럼 어울리셨다.

유대인들은 이것을 이해하지 못했다. 한두 번이 아니라 일상이 그러했기 때문에 유대인들은 예수님을 가리켜 세리와 죄인의 친구라고 하였다.

생각해 보면 이 세상에 죄인 아닌 사람이 없다. 다만 죄인이 아닌 척하고 있을 뿐이다. 하나님의 은혜가 아니면 의롭다고 인정받을 수 있는 사람은 하나도 없다. 이 세상에 완전한 사람은 없다. 의인도 없다.

무엇이 은혜인가? 죄인이었던 나를 찾아오셔서 나를 친구 삼아 주신 것이 은혜다. 만약 예수님께서 "너희가 완전하여져서 나를 찾으라"고 하셨다면 우리는 누구도 예수님 앞에 나갈 수 없었을 것이다.

정말 죄인이 되어 감옥에 갇히면 있던 친구도 다 사라진다. 세상의 인심이 그렇다. 누가 기꺼이 감옥에 있는 죄인을 찾아가겠는가? 그런데 신기하게도 믿지 않던 사람들이 아무도 찾아오지 않는 감옥에 갇혀 지내다가 예수님을 만나 변화되어 나오는 경우가 있다. 밖에서는 예수님을 만나지 못했지만 감옥에서 예수님을 만나는 경우를 우리는 어떻게 설명할 수 있을까?

세상 사람들을 구분하자면 담 안에 있는 죄인과 담 밖에 있는 죄인으로 구분할 수 있다. 이들 모두에게 필요한 사람은 진정한 친구다. 누구도 죄인의 친구가 되기를 원치 않는다. 그러나 예수님은 죄인들과 친구가 되기 위하여 이 땅에 오셨다.

"예수께서 대답하여 이르시되 건강한 자에게는 의사가 쓸 데 없고 병든 자에게라야 쓸 데 있나니 내가 의인을 부르러 온 것이 아니요 죄인을 불러 회개시키러 왔노라" 누가복음 5:31-32

우리를 친구 삼으신 예수님

친구 잘못 만나면 인생 망친다. 세상 친구의 특징이 있다. 어제까지 원수였다가도 나쁜 일에는 의기투합해서 친구가 되는 특징이다.

성경에 등장하는 헤롯과 빌라도는 서로 원수였다. 그러나 예수님을 핍박하고 고난에 빠지게 하고 결국 죽음에 이르게 하는 데에는 친구가 되었다. 유대의 권력자들이 예수님을 잡아 빌라도에게 사형에 처해 달라고 넘겨주니 빌라도는 빠져나갈 방도를 생각하다가 유대 분봉왕 헤롯에게 넘겨준다. 이 일로 그들은 서로 친구가 된다.
"헤롯과 빌라도가 전에는 원수였으나 당일에 서로 친구가 되니라"
누가복음 23:12

《친구》라는 영화가 유명세를 탄 적이 있었다. 유명한 대사가 있었다. "우리는 친구 아이가?" 그 친구들 지금 다 어디 갔는가? 영화에서마저도 그 친구들은 서로 죽이고 교도소에 가고 뿔뿔이 흩어졌다.

친구가 인생을 망칠 수도 있고 살릴 수도 있다. 우리들이 살아가고 있는 시대는 어제의 적이 오늘의 친구가 되고, 어제의 친구가 오늘의 적이 되는 시대다. 진정한 친구를 찾아볼 수 없는 시대를 살아가고 있다. 친구와 견원지간이 되지 말아야 한다.

우리는 자녀들이 학교나 학원에서 좋은 친구들을 많이 만나기를 원한다. 하지만 그보다 더 중요한 것은 우리의 자녀들이 다른 아이들에게 정말 좋은 친구가 될 수 있도록 하는 것이다. 좋은 친구를 만나는 것보다 중요한 것은 내가 상대방에게 좋은 친구가 되는 것이다.

지금도 많은 사람들에게 울림을 주고 있는, 함석헌 선생의 「그대 그런 사람을 가졌는가」라는 시가 있다.

> 만리 길 나서는 길
> 처자를 내맡기고
> 맘 놓고 갈 만한 사람
> 그 사람을 그대는 가졌는가
>
> 온 세상이 다 나를 버려
> 마음이 외로울 때에도
> '저 마음이야' 하고 믿어지는
> 그 사람을 그대는 가졌는가
>
> 탔던 배 꺼지는 시간
> 구명대 서로 사양하며
> '너만은 제발 살아다오' 할

그 사람을 그대는 가졌는가

불의의 사형장에서
'다 죽어도 너희 세상 빛을 위해
저만은 살려주거라' 일러 줄
그 사람을 그대는 가졌는가

잊지 못할 이 세상을 놓고 떠나려 할 때
'저 하나 있으니' 하며
빙긋이 웃고 눈을 감을
그 사람을 그대는 가졌는가

온 세상의 찬성보다도
"아니" 하고 머리 흔들 그 한 얼굴 생각에
알뜰한 유혹을 물리치게 하는
그 사람을 그대는 가졌는가

상위 1%의 생활을 하는 사람과 하위 1%의 생활을 하는 사람이 친구가 될 수 있을까? 이런 일이 실제로 프랑스에서 일어나 화제가 되었다. 어떤 사람이 운동을 하다 다쳐서 도우미 없이는 아무것도 할 수 없는 전신불구가 되는 사고를 당했다. 게다가 그는 홀로 생활하고 있었다. 그런데 그에게는 재산이 좀 있었다. 좀 있는 정도가 아니라 프랑스 상위 1%에 속할 정도의 억만장자였다. 그는 자신을 도와줄 도우미를 직접 면접하고 뽑기를 원했다.

도우미를 신청한 사람 중에 한 흑인 청년이 있었다. 그 청년은 프랑스에서 하위 1%에 속하는 빈민의 삶을 살고 있었다. 억만장자는 흑인 청년의 자유분방함이 마음에 들지만 그를 시험해 보기 위하여 도우미를 시작함과 동시에 2주 안에 짐을 싸서 돌아갈 것이라며 내기를 하자며 자극한다. 성격 급하고 다혈질이었던 청년은 문제 없다며 2주일간 수발 드는 내기에 덜컥 응한다.

우여곡절과 좌충우돌이 있었지만 시간이 지날수록 두 사람은 억만장자와 도우미로서가 아니라 마음을 나누는 친구로서 가까워지기 시작한다. 두 사람의 이야기는 2011년 프랑스에서《언터처블 : 1%의 우정》이라는 제목의 영화로 상영되어 프랑스 박스 오피스 10주 연속 1위를 차지하였다.

달라도 너무 다른 두 남자의 특별한 우정 이야기. 이 영화에서의 대사 하나가 가슴을 친다. "그 친구에 대하여 얼마나 알고 있나?"

친구를 위하여 목숨을 버리신 예수님

아주 오래전《가이드 포스트》지에 실렸던 이야기다. 베트남 전쟁이 한창일 때 한 부락의 고아원에 박격포탄이 떨어졌다. 몇몇은 죽고 몇 사람은 부상을 당했다. 급히 도착한 미국인 의사와 간호사들은 여덟 살 소녀를 먼저 치료하기로 했다. 부상이 심각했기 때문이다. 당장 수혈이 필요한 이 소녀와 혈액형이 맞는 사람은 부상당하지 않은 고아 몇 명뿐이었다.

베트남어를 모르는 의사는 그 아이들에게 필사적으로 손짓 발짓을 섞어가며 다친 이 소녀에게 누군가 피를 나누어 주지 않으면 틀림없이 죽게 될 거라는 사실을 설명해 주려고 애썼다.

한참 후 '헹'이라는 이름표를 단 아이 하나가 머뭇거리며 손을 들었다가 도로 내렸다. 그러다가 짐짓 확신에 찬 얼굴로 다시 손을 들었다. 간호사는 즉시 헹의 팔을 걷어붙이고 피를 뽑기 시작했다. 그러고 있기를 얼마 후 헹은 나머지 한쪽 손을 들어 얼굴을 가리더니 작은 몸을 떨며 흐느꼈다. 당황한 의사와 간호사들이 어쩔 줄 모르고 있었다. 때마침 베트남 간호사가 도착했다.

헹과 몇 마디 나누던 그녀는 싱긋 웃으며 이렇게 말했다.

"헹은 당신들의 말을 잘못 알아들었습니다. 당신들이 이 어린 소녀를 살리기 위해 자기 피를 전부 뽑아 주겠냐고 물은 줄 알았던 거예요. 자기는 죽는 거고요."

"그렇다면 왜 이 아이는 자진해서 피를 뽑아 주려고 했을까요?"

베트남 간호사가 헹에게 똑같은 질문을 하자 울음을 그친 헹은 너무나 맑은 얼굴로 이렇게 말했다.

"그 아이는 내 친구니까요."

예수님은 이렇게 말씀하셨다. "사람이 친구를 위하여 자기 목숨을 버리면 이보다 더 큰 사랑이 없나니"요한복음 15:13 나를 대신해서 죽어 줄 수 있는 친구가 있을까? 나는 친구를 위하여 목숨을 버릴 수 있을까? 돌발적인 상황이 아니라 맘먹고 그럴 수 있을까? 누구도 선뜻 대답할 수 없다.

세상에는 기쁨을 주는 친구도 있고 감동을 주는 친구도 있다. 자기 것을 나누어 주는 친구도 있다. 그러나 자기 목숨을 주는 친구는 어디 있을까? 예수님이 명하신 것은 무엇인가? "서기관 중 한 사람이 그들이 변론하는 것을 듣고 예수께서 잘 대답하신 줄을 알고 나아와 묻되 모든 계명 중에 첫째가 무엇이니이까 예수께서 대답하시되 첫째는 이것이니 이스라엘아 들으라 주 곧 우리 하나님은 유일한 주시라 네 마음을 다하고 목숨을 다하고 뜻을 다하고 힘을 다하여 주 너의 하나님을 사랑하라 하신 것이요 둘째는 이것이니 네 이웃을 네 자신과 같이 사랑하라 하신 것이라 이보다 더 큰 계명이 없느니라" 마가복음 12:28-31

하나님을 사랑하고 이웃을 자신과 같이 사랑하라는 것이다. 그리하면 친구를 위하여 자기 목숨을 버리지 않아도 된다. 목숨을 버릴 수는 없지만 사랑할 수는 있다. 목숨을 버릴 것인가? 사랑할 것인가? 이 중에서 무엇을 선택하겠는가?

예수님은 말씀하셨다.
"이제부터는 너희를 종이라 하지 아니하리니"
그리고 우리를 친구 삼으셨다. 친구 되신 예수님은 친구가 되는 우리를 위하여 목숨을 주셨다.
이 세상의 소외되고 죄인의 친구 되셨던 예수님.
지금도 변함없이 우리의 진정한 친구가 되시는 예수님,
그 예수님과 함께 평생을 동행하는 삶을 살아가도록 하자.

하나님이 우리에게 주신 것은

2005년 봄, 서울 건국대 후문 앞 '미가'라는 식당에 코끼리 세 마리가 주인의 허락도 없이 들어왔다. 인근 어린이대공원 행사에 동원됐던 코끼리가 식당에 쳐들어와 식당을 엎어 놓은 것이다. 가게 주인으로서는 상상도 못할 일이 벌어진 것이다.

주인은 혼비백산했다. 이렇게 되면 가게는 망한 거다. 하지만 주인은 낙심하지 않고 즉시 리모델링에 들어갔고, 한 달 뒤 다시 식당 문을 열었다. 그리고 가게 이름을 바꾸었다.

'코끼리 들어온 집, 미가.'

간판에 코끼리 세 마리를 그려 넣고 식당 안에는 코끼리 피습 당시의 사진 넉 장을 구해 걸었다. 메뉴에 '코끼리 정식'을 추가했다. 식당 주인은 "요즘도 코끼리 정식 덕에 산다"고 말한다.

당신의 인생이 혹시 코끼리 세 마리가 찾아와 난장판을 만들어 놓은 것같이 엉망인 상태는 아닌가? 그래도 낙심하지 마라. 그 난장판을 새롭게 딛고 일어서면 이전보다 놀라운 인생을 살아갈 수 있다.

능력을 주시는 하나님

하나님은 우리에게 능력을 주신다. 우리에게 두려워하는 마음을 주시지는 않는다. 예수님은 우리에게 두려워하지 말라고 말씀하셨다. 그러나 믿음 없이 사는 사람들에게는 사는 게 다 근심이고 염려고 세상 천지에 보이는 것들이 다 두려운 것들뿐이다.

실제로 세상은 갈수록 두려워진다. 갈수록 묻지마 범죄가 늘어가고 있다. 이제는 길을 가다가 다른 사람과 눈을 마주치는 것도 두려운 시대다. 그냥 쳐다보면 쳐다본다고 시비를 붙고, 웃으면서 쳐다보면 변태 취급을 받는다. 그러니까 요즘에는 제일 편한 게 스마트폰 들여다보고 있는 건지 누구나 스마트폰만 들여다보고 있다.

최근 5년 사이에 공황장애를 앓는 사람의 수가 연평균 10.7%나 증가했다고 한다. 우리를 공황에 빠뜨리는 일들이 많다. 멘탈을 붕괴시키는 일들이 많다. 그렇다고 두려움에 빠져 살지 말아야 한다. 두려움에 속지 말아야 한다. 하나님은 우리가 두려움에 빠져 살아가기를 원치 않으신다.

차범근 해설위원은 현역으로 활동할 때, 페널티킥으로 득점을 올린 적이 거의 없었다고 한다. 한 번 페널티킥을 실축한 이후 실축에 대한 두려움 때문에 기회가 와도 차지 않았다고 한다. 누구나 두려움으로부터 자유로울 수 없다.

살다 보면 두려움과 맞부딪히게 된다. 그렇다면 어떻게 두려움을 극복할 수 있는가? 하나님이 주시는 능력으로 극복할 수 있다. 우리가 이 세상을 살아가는 능력은 내 능력으로 살아가는 것이 아니다. 하나님이 주시는 은혜와 능력으로 살아가는 것이다.

사람들이 자기 자신의 힘만으로는 할 수 없다고 하는 고백은 틀린 말이 아니다. 그러나 우리는 하나님이 주시는 능력으로 무엇이든 할 수 있다.

믿는 사람이 할 수 없다고 하는 말은 자신에게 믿음이 없다는 말과 같다. 믿음 없는 소리하지 말자. 우리는 할 수 있다. 주저하지 마라. 하지 않기 때문에 할 수 없는 것이다. 믿고 하면 하나님이 주신 능력을 체험하게 된다.

《컨빅션conviction》이란 영화가 있다. 미국 매사추세츠 주의 베티 워터스라는 여성이 자신의 오빠를 구하는 실화를 배경으로 한 영화다. 오빠가 살인 누명을 쓰고 감옥에 갇히게 된다. 결혼하여 어린 자녀를 두고 있던 여동생 베티는 오빠의 무죄를 확신한다. 그러나 가정주부로서 오빠를 도울 길이 없었다. 정말 오빠를 도울 능력을 하나도 갖고 있지 못했다. 그러나 포기하지도 자기의 무능력을 탓하지도 않았다.

여동생 베티는 오빠를 구하기 위해 한 가지를 결심한다. 그것은 변호사가 되는 것이다. 변호사가 되기 위하여 법학을 공부한다. 이 문제로 남편과 다투다 이혼까지 하게 되고 어린 두 아들을 키워야 했지만 결국 변호사 시험에 합격하게 된다. 그리고 집요한 추적 끝에 마침내 오빠의 누명을 벗기는 데 성공한다. 여동생 베티가 오빠의 결백을 밝히기까지 시간은 18년이나 걸렸다. 평범한 가정주부였고 법률적인 지식이 없었지만, 그 모든 것을 극복하고 오빠의 누명을 벗겨 석방시킨다.

하나님은 우리에게 십자가의 구원의 복음을 통하여 이 세상을 살아갈 능력을 주셨다. 십자가는 하나님의 능력이다. 바울은 이를 두고 "십자가의 도가 멸망하는 자들에게는 미련한 것이요 구원을 받는 우리에게는 하나님의 능력이라"고린도전서 1:18 하였다.

하나님이 주시는 성령의 능력을 거부하거나 제한하거나 부인하지 말아야 한다. 하나님은 우리에게 성령을 부어 주시고 성령의 충만함을 사모하는 성도들에게 성령의 충만함과 더불어 각양 은사를 선물로 주신다. 하나님이 주시는 능력으로 살아가야 한다.

사랑을 주시는 하나님

『이름 없는 선교사들의 마을, 블랙 마운틴을 찾아서』(한병선 저, 홍성사)라는 책에 나오는 이야기다. 미국 동부 애팔래치아산맥 끝자락에 자리 잡고 있는 산골마을 블랙마운틴. 이곳에 미국 남 장로회 선교사들의 은퇴 마을이 있다.

블랙마운틴에는 한때, 40여 명의 은퇴 선교사들이 살았지만 한두 명씩 세상을 떠나 최근에는 20여 명만 살고 있다. 그중에서 9명이 한국에서 선교활동을 했었다. 한국전쟁 이후 어렵고 힘든 시절에 한국에 와서 선교활동을 하다가 은퇴하여 그곳에서 생활하고 있는 사람들이다.

올해 90세가 넘은 라이스 선교사는 여성으로 1953년 의학공부를 하고 세브란스병원에서 선교사역을 담당하셨다. 그 선교사의 이야기 중 한 부분이다.

"제가 한국에서 처음 했던 수술은 허리 수술이었는데 수술 도중 조명이 꺼져 손전등을 켜고서 수술을 마쳐야 했습니다. 한국의 1956년은 여러 면에서 낙후되어 있었습니다. 저는 종종 그 시절에 대해 '사람들의 얼굴에 전쟁의 흙더미들이 묻어 있었다'고 말합니다. 다들 경제적으로 어려운 시기였죠. 서울엔 하꼬방이 넘쳐났습니다. 사람들이 살아남으려고 몸부림쳤습니다. 우리의 큰 기쁨 중 하나가 사람들이 사업을 하도록 도와주는 것이었습니다. 사과를 몇 바구니 사 줘서 길거리에서 팔 수 있게 해 주었습니다. 별의별 작은 사업들을 하도록 도와주었습니다."

선교사들이 전쟁 후 피폐했던 한국에 와서 사역을 한 이유는 무엇일까? 사랑 때문이다. 하나님을 사랑하고 예수님을 사랑하고 십자가와 복음을 사랑하고 무엇보다도 영혼을 사랑하는 마음이 있었기 때문에 열악한 한국에서 복음을 전하고 어려운 처지에 놓여 있던 한국 사람들을 섬겼던 것이다.

비록 현재는 은퇴하여 한국을 떠나 미국 애팔래치아산맥 끝자락의 산골마을에서 생활하고 있지만 지금도 한국을 위하여 기도하고 북한 사람들을 돕기 위하여 일하고 있다고 한다. 그리고 현재 한국 교회는 그때 받은 사랑의 빚을 제3세계 사람들에게 갚고 있다.

사도 바울은 디모데에게 하나님께서 주신 것이 사랑임을 잊지 말라고 강조하고 있다. 사랑으로 시작했다가 증오로 끝내는 사람들이 있다. 내가 너를 사랑하는데 너는 나를 왜 사랑하지 않느냐며 살인을 저지르기도 한다.

대신 죽는 것이 사랑일 수는 있어도 대신 죽으라고 죽이는 것은 사랑이 아니다. 난 너를 '사랑해' 하면서 죽인다면 그건 사랑이 아니다. 하나님은 우리를 사랑하시기 때문에 예수님을 이 땅에 보내셔서 구원을 이루셨다. "하나님의 사랑이 우리에게 이렇게 나타난 바 되었으니 하나님이 자기의 독생자를 세상에 보내심은 그로 말미암아 우리를 살리려 하심이라" 요한1서 4:9
우리를 사랑하셨기 때문에 예수님이 십자가에서 죽으신 것이다. 우리를 죽이신 것이 아니다. 죽이는 것은 사랑이 아니고 살리는 것이 사랑이다. 사랑하면 살아난다. 우리가 살아가고 있는 것은 하나님이 우리를 사랑하시기 때문이다.

10년 동안 종합격투기 선수로 활동했고 체육관을 운영하면서 지금도 선수로 활동하고 있는 사람이 최근 공개 오디션 프로그램에 참가하여 노래를 불렀다. 참가한 사연이 가슴을 찡하게 했다.

아이를 낳았는데 아이가 기도협착을 안고 태어났다. 음식물을 제대로 삼키지 못하는 것은 물론 지금까지 말을 하지 못한다. 아빠, 엄마라는 말을 하지 못하는 것이다. 이 아빠가 아이에게 가장 듣고 싶어 하는 말은 '아빠'다. 아이가 그 말을 못하는 것이다. 힘으로 치면 남에게 뒤지지 않을 종합격투기 선수지만 자기가 낳은 아이가 말 한마디라도 할 수 있게 해줄 수가 없는 것이다.

아이가 말을 할 수 없다는 것을 알았을 때, 그 아이를 기르기가 너무 힘들어서 받아들이기 어려워 도망가고 싶었단다. 얼마나 괴롭고 힘들었을까? 그러나 아빠는 도망치지 않았다. 그리고 지금은 말하지 못하는 아들을 위하여 아빠인 자신이 아들의 소리까지 합하여 큰 목소리로 노래 부르고 싶어 한다. 그렇게 노래를 부르고 그 아빠는 자신의 아들에게 이렇게 말한다. "아들아, 사랑한다!"

절제하는 마음을 주시는 하나님

'공간 속의 새bird in space'라는 작품이 있다. 루마니아의 조각가 콘스탄틴 브랑쿠시가 1928년 청동으로 제작한 작품이다. 그런데 이 작품에서 제목과 같이 새를 표현하는 깃털이나 날개나 부리 등은 찾아볼 수 없다. 제목은 '공간 속의 새'인데 공중을 나는 새의 '비상', 그 날아간 흔적만을 형상화한 작품이기 때문이다. 새의 추상적인 이미지는 어디에도 없다. 사람들은 이 작품의 제목을 생각하면서

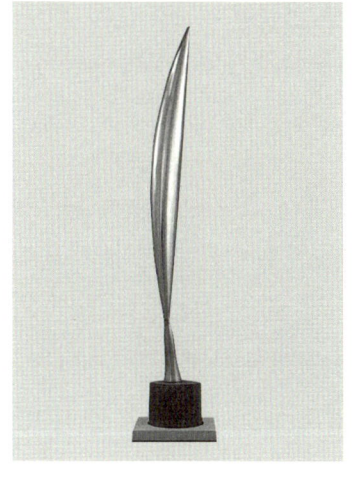
공간으로 날아가는 새를 연상한다. 2005년 뉴욕 크리스티 경매에서 조각 작품으로는 사상 최고액인 275억 원에 거래되었다.

절제하지 못하면 누구나 망한다. 시장이나 마트에 가 보았는가? 21세기의 시장은 필요를 구하는 시장이 아니라 욕망을 구하는 시장이다.

시장에 가서 사는 것이 무엇인가? 필요한 것을 구하는가, 원하는 것을 구하는가? 옛날에는 필요한 것을 구했다. 쌀을 사려면 쌀의 종류를 가리지 않고 쌀을 샀다. 종류를 굳이 따지자면 정부미 아니면 일반미였다. 요즘처럼 생산한 지역이라든지 유기농, 청정미를 가리지 않았다.

볼펜이나 치약을 사려고 해도 한 종류였기 때문에 선택을 고민할 이유가 없었다. 요즘에는 기능이나 디자인, 제조사 등을 따지느라 선택이 어렵다. 욕망을 구입하는 시대에 절제하지 못하면 큰 어려움을 당한다. 욕망을 절제하지 못하면 어떻게 되는가? 파멸의 구렁텅이로 빠져버리고 만다. 마치 브레이크가 파열된 욕망의 폭주 기관차에 올라타 달려가고 있는 것과 같다.

무엇을 절제해야 하는가? 건강을 위해서는 음식을 절제해야 한다. 몸에서 비워야 할 곳이 있다. 위胃를 비워야 건강해진다. 한방이나 양방, 어디를 가도 의사나 한의사들이 이구동성으로 하는 말이 있다. 비우라는 것이다. 위를 비워야 하는 것은 사람만이 아니다. 모기도 절제하지 못하면 결국 죽는다.

독방에 갇힌 사람이 있었다. 한여름에 잠을 자는데 모기가 얼마나 극성인지 잠을 잘 수가 없었다. 그러나 너나 나나 다 같은 독방에 있는 처지인데 먹어야 얼마나 먹겠나 싶어서 가만 두었단다.

그런데 이 모기가 도무지 절제를 하지 못하고 밤새 피를 빨아 먹더란다. 새벽까지 참다 참다 일어나서 모기를 찾으니 얼마나 피를 많이 빨아 먹었는지 날지도 못하고 손바닥으로 딱 치기 좋은 위치에 붙어 있더란다. 그래서 손바닥으로 탁 치니 피바다. 적당히 빨아 먹었으면 살았을 터인데…….

음식과 더불어 말을 절제해야 한다. 품격이라는 말이 있다. 말에도 격이 있다. 군대 가면 군인들이 쓰는 용어가 있고, 야구장에 가면 응원할 때 많이 사용하는 용어가 있다. 국가 간에는 외교를 위한 용어가 따로 있다.

상황에 따라, 환경에 따라 용어를 잘 선택해서 사용해야 한다. 나의 품격은 내가 사용하는 말에 따라 결정된다. 스스로 자신의 품격을 떨어뜨리는 말을 하지 말아야 한다. 정치인들이 말을 절제하지 못하면 어려움을 당한다. 일반인도 마찬가지다.

왜 절제해야 하는가? 자신을 위해서가 아니라 하나님의 영광을 위하여, 또한 다른 사람의 유익을 위하여 절제해야 한다. "모든 것이 가하나 모든 것이 유익한 것은 아니요 모든 것이 가하나 모든 것이 덕을 세우는 것은 아니니 누구든지 자기의 유익을 구하지 말고 남의 유익을 구하라" 고린도전서 10:23-24

 누구나 먹고 싶은 것 다 사 먹고, 입고 싶은 것 다 사 입고, 하고 싶은 말 다 하고 살아가지 못한다. 절제할 수 있을 때 절제해야 한다. 절제할 수 있는 기회가 오면 그 순간이 건강해지고 행복해질 수 있는, 축복의 길로 들어가는 순간임을 잊지 말자.

하나님이 지금도 끊임없이 우리에게 주시는 것이 무엇인가?
오직 능력과 사랑과 절제하는 마음이다.
이것을 잊지 말도록 하자.

CHAPTER 2

오직 믿음으로

우리가 깨버려야 할 것들

피카소의 작품 중에 '황소 머리'라는 작품이 있다. 산책길에 버려진 자전거를 발견한 피카소는 그 자전거에서 안장과 핸들을 떼어낸 다음, 안장에다가 핸들을 거꾸로 달았다. 그리고 제목을 '황소 머리'라고 붙였다.

마르셀 뒤샹은 남성용 소변기를 구입해서 거꾸로 세운 후에 서명을 하고 '샘'이라는 제목을 달았다. 그리고 그것을 전시회에 출품하였다.

2004년 12월 1일, 영국의 미술가 500명이 투표를 했다. "지난 20세기 100년 동안 가장 영향력을 크게 미친 작품이 무엇인가?"

'팝 아트의 선구자' 앤디 워홀의 '마릴린 먼로 2면화'(1962)가 3위. 피카소의 '아비뇽의 처녀들'(1907)은 2위. 1위는 '마르셀 뒤샹'의 '샘'(1917)이라는 작품이었다.

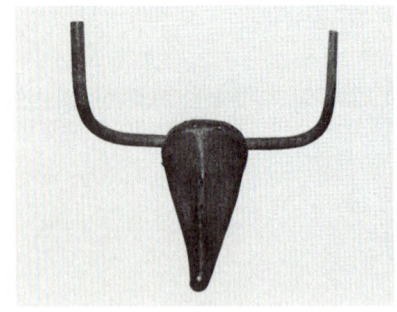 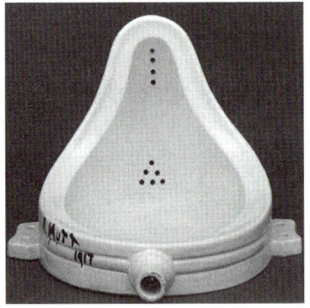

(황소 머리, 파블로 피카소)　　　(샘, 마르셀 뒤샹)

누구나 피카소와 같이 자전거 핸들과 안장을 떼어 '황소 머리'라는 작품을 만들 수 있다. 누구나 남성용 소변기를 떼어 내 '샘'이라는 작품을 만들 수 있다. 그러나 피카소나 뒤샹과 같이 주목받지는 못한다. 이미 피카소와 뒤샹이 해 버렸기 때문이다. 무엇을 한 것인가? 그때까지의 금기와 관습과 벽을 깬 것이다. 피카소와 뒤샹은 미술사에 그때까지의 어떤 금기를 깬 사람으로 영원히 기억될 것이다.

살면서 깨버려야 할 것들이 많다. 깨버려야 할 것들을 깨버리지 못하고 살아가는 사람들이 많다. 병아리의 생명은 달걀껍질을 깨고 나올 때 시작된다. 달걀말이를 만들기 위해서는 제일 먼저 달걀을 깨야 한다. 날달걀을 먹으려면 달걀 끝을 깨고 먹어야 한다. 우리의 신앙생활에도 깨버려야 할 것들이 있다.

'그것이 가능할까?' 라는 벽을 깨버려야 한다

우상이란 무엇인가? 언터처블을 의미한다. 건드리면 안 된다고 믿는 심리적 장벽을 의미한다. 죄를 지은 인간은 언제나 불안했다. 그런 불안한 인간이 의지하고자 만든 것이 바로 우상이다. 그들은 우상을 만들어 놓고 그 앞에 절하고 빎으로써 죄로 인해 생긴 불안을 해결하려고 했다. 그리고 만들어 놓은 우상을 신격화하여 섬기기 시작했다.

우상은 터부시되었고 건드리면 안 되는 것이었다. 우상을 건드리면 부정을 탄다고 사람들 마음에 불안 심리를 심어 놓았다. 『마담 보바리』 책에 이런 글이 등장한다. "우상에는 손을 대는 것이 아니다. 거기에 칠해 놓은 금박이 손에 묻어나는 것이다." 우상에 손을 대었더니 금박이 묻어났다. 우상의 정체가 드러난 것이다. 우상의 정체가 드러나지 않게 하기 위하여 사람들은 우상에 손을 대지 못하게 한다.

'우상에 손을 대는 것이 가능할까?' 우상은 두려움의 대상이 아니라 깨버려야 하는 대상이다. 우상을 깨버리면 우상은 더 이상 나를 지배하지 못하게 된다. "오직 너희가 그들에게 행할 것은 이러하니 그들의 제단을 헐며 주상을 깨뜨리며 아세라 목상을 찍으며 조각한 우상들을 불사를 것이니라"신명기 7:5

아브라함이 본토, 친척, 아비의 집을 떠난다. 고대사회에서 이러한 행동은 그때까지 자신을 보호해 주던 모든 것이 사라진다는 것을 의미하는 일이었으며, 더 이상 자신의 안전을 보장받지 못하는 상황으로 내몰리는 것이었다.

당시의 모든 사람들은 '과연 그것이 가능할까' 라는 생각에 누구도 떠나지 못하고 있었다. 그것은 자기 안에 있던 '과연 그것이 가능할까'라는 심리적 우상을 깨버리는 일이었다. 아브라함이 아브라함이 될 수 있었던 첫걸음은 본토, 친척, 아비 집을 떠나기 위하여 첫발을 내딛었을 때이다.

자신을 지배하고 있는 우상은 무엇인가? 시대마다 우상이 있다. 그러나 그 우상은 영원하지 않다. 우상은 끊임없이 만들어지고 있다. 그리고 만들어졌던 우상들은 끊임없이 사라지고 있다. 우상의 지배를 받아서는 안 된다.

믿음을 가로막고 있는 것이 있다. '그것이 가능할까?'라는 심리적 우상이다. 그 두려움과 의심의 우상을 깨버려야 한다. 불안과 염려의 우상을 깨버려야 한다. '그것이 가능할까'라는 마음속 심리적 우상을 깨버릴 때, 우리는 예수님 안에서 무엇이든 할 수 있게 된다. 오직 자신 안에 있는 부정적인 마인드를 깨버려야 한다.

'이 정도면 되었다'는 매너리즘을 깨버려야 한다

살면서 경계해야 할 것들이 있다. 매너리즘이다. 매너리즘은 '틀에 박힌 태도나 방식', '예술의 표현법이 늘 같은 방식으로 되풀이 되어 독창성이나 신선미를 잃는 일'을 의미하는 말이다.

매너리즘에 빠지면 생기를 잃고 탄력을 잃게 된다. 요리사가 매너리즘에 빠지면 음식 맛이 나지 않으며, 디자이너가 매너리즘에 빠지면 옷의 맵시가 사라지고, 운동선수가 매너리즘에 빠지면 더 이상 경기력이 향상되지 않는다. 하루하루 반복되는 일을 하다 보면 매너리즘에 빠지게 된다. 그 매너리즘을 깨야 한다. 매너리즘에 빠지면 소중한 것을 잃어버리게 된다.

어떤 사람이 바닷가 자갈밭에 있다는 최고의 보석을 찾기 위하여 왔다. 1년 365일 바닷가를 거닐며 자갈 하나하나를 일일이 주워 확인하기 시작했다. 자갈을 집어 들고 눈으로 확인해 보고는 '이게 아니야' 하면서 바닷속으로 자갈을 집어 던지기를 5년 동안 했다.

그날도 아침에 일어나 바닷가에 나가 자갈을 집어 들고 눈으로 확인한 후 '이게 아니야' 하며 바닷속으로 자갈을 던졌다. 그렇게 자갈 하나를 어깨 너머로 집어 던졌는데……. 던지고 나서 보니 5년간 그토록 찾고 찾던 그 보석이었다. '아차!' 하는 순간 보석은 바닷물 속에 들어가 5년 동안 어깨 너머로 집어 던졌던 자갈 사이로 사라지고 그 사람은 지금도 그 일을 계속하고 있다고 한다.

모든 생활이 한결같아야 한다. 처음과 나중이 다르지 않고 같아야 한다. 무엇이 명품인가? 시간이 지나도 한결같은 것이 명품이다. 우리 하나님은 한결같으신 하나님이시다. 하나님은 한결같은 사람을 사랑하시고 축복하신다. "한결같지 않은 저울추와 한결같지 않은 되는 다 야훼께서 미워하시느니라" 잠언 20:10

우리의 믿음 또한 한결같아야 한다. 믿음이 두 결, 세 결이 돼서는 안 된다. 신앙의 매너리즘에 빠지면 한결같던 신앙이 한순간에 무너진다. 이것을 경계해야 하고 우리 신앙을 시험에 빠지게 하는 매너리즘을 깨야 한다.

'이 정도 하면 된 것 아닌가?' 하는 마음이 들면 '이 정도 했으면 다한 것이 아니라 이제 막 시작한 것'이라고 생각해야 한다. 모든 일을 대충하지 말고 살자. 건성건성 하지 말고 살자. 화재가 났는데 소방관이 불을 대충 건성건성 끄고 돌아가는가? 의사가 환자를 수술하는데 대충 하고 건성건성 하는가? 그렇지 않다. 어떻게 살아가고 있고 어떻게 하고 살아가기를 원하는가?

한 번은 기도에 목숨을 걸고, 한 번은 예배에 목숨을 걸고, 한 번은 전도에 목숨을 걸고, 한 번은 구제와 선교에 목숨을 걸어봐야 한다. 그러면 모든 것이 달라진다. 한 번 제대로 목숨을 걸고 일해 본 사람은 그 이후부터는 대충 하거나 건성건성 하는 일이 사라진다.

예수님이 십자가에서 대충 죽으신 것이 아니다. 우리를 위하여 온몸의 물과 피를 다 쏟으시고 우리의 구원을 이루셨던 것이다. 이것을 잊지 말고 무엇을 하든지 대충 하거나 건성건성 하는 일이 없도록 하고 생활과 신앙의 매너리즘을 깨버리며 살아가도록 하자.

'이것만은' 이라는 옥합을 깨버려야 한다

깨기 어려운 것이 있다. 살다 보면 누구나 '이것만은'이라고 생각하는 것들이 있다. 예수님을 위하여 향유를 담아 놓은 옥합을 깬 여인. 시집을 가기 위해 준비해 놓았던 향유 옥합은 참으로 깨기 어려운 것이었다.

여인이 고가의 향유 옥합을 깨뜨려버리자 제자 중의 한 사람은 아까운 것을 깨뜨렸다고 화를 냈다. "그 아까운 고가의 향유 옥합을 왜 깼느냐? 차라리 그것을 팔아 가난한 사람을 구제하는 편이 더 나았을 텐데" 하는 반응을 보였다. 그럼에도 여인은 예수님을 위하여, 누구라도 그것만은 깨기 어려울 것이라는 옥합을 깨었다.

신앙생활하다 보면 여러 가지 선택의 순간에 직면하게 되곤 한다. 그럴 때마다 이것만은 안 된다며 선을 그어버리면 우리의 신앙은 어떻게 될까? 그것은 올바른 신앙이 될 수 없다.

여인은 단 하나의 옥합을 깨었다. 그러자 예수님은 그 여인의 행위를 칭찬하시며 이렇게 말씀하셨다. "내가 진실로 너희에게 이르노니 온 천하에 어디서든지 이 복음이 전파되는 곳에서는 이 여자가 행한 일도 말하여 그를 기억하리라 하시니라" 마태복음 26:13

전쟁터에서 승승장구하고 명성을 날리던 한 장군이 퇴역하게 되었다. 퇴역한 후에도 군복을 벗지 못하고 투철한 군인정신으로 생활하였다. 그의 집에는 장군이 매우 아끼는 도자기가 하나 있었는데 집을 드나들 때마다 그 도자기를 매우 소중하게 여겼다.

하루는 들어오다가 탁자 위에 놓인 도자기를 건드려 깨뜨릴 뻔했다. 순발력을 발휘하여 도자기를 붙잡은 장군은 안도의 한숨을 내쉬고 도자기를 제자리에 올려놓았다. 장군의 이마에는 식은땀이 흘렀고 놀란 가슴은 쉽사리 가라앉지 않았다. 그런 장군이 잠시 도자기를 지극히 바라보다가 도자기를 품에 안고 마당으로 나가더니 바닥에 던져 깨버리는 것이었다.

부인이 깜짝 놀라 이유를 물었다. 그러자 장군이 말했다. "전쟁터에서 수많은 사선을 넘나들던 내가, 눈앞에서 수없이 많은 적군들이 죽어가던 모습과 사랑하는 부하들이 죽어가던 모습을 보고도 흔들리지 않던 내가 이깟 도자기 하나에 마음이 흔들리는 것을 보고 참을 수 없어서 도자기를 깨버렸다."

예수님보다 '이것만은' 이라고 생각하는 것이 있다면 우리는 그것을 과감하게 깨버려야 한다. '이것만은' 아끼고 간직하고 있어야 한다는 그것이 우리의 신앙을 자라지 못하게 하고 하나님이 우리에게 주시는 축복을 받아 누리지 못하게 하는 장애가 된다. 장애물은 치워야 하는 것이지 지키고 보호해야 하는 것이 아니다.

예수님은 우리를 위하여 자신의 목숨과 생명을 주셨다. 생명보다 귀한 것이 어디에 있는가? 이것만은 이라는 옥합을 깰 때, 새로운 시대가 열리고 새로운 역사가 일어난다.

깨버려야 할 것들이 무엇인가?
'그것이 가능할까' 라는 벽을 깨버려야 한다.
'이 정도면 되었다' 는 매너리즘을 깨버려야 한다.
'이것만은' 이라는 옥합을 깨버려야 한다.

오직 믿음으로

아프리카는 늘 식량과 물이 부족하여 어려움을 겪고 있다. 그 같은 여건 속에 부족 간의 다툼이라도 벌어진다면 상상을 초월하는 어려움을 겪고 살아야 한다.

페이스북에 올라온 한 장의 사진을 본 순간, 많은 생각을 했다. 사진에는 아프리카의 한 여성이 어린아이를 안고 행복해 하는 모습이 담겨져 있었다. 큰 짐을 머리에 이고 양손으로 어린 자녀를 안고 웃고 있는 장면이다. 그런데 그 아프리카 여성은 자신의 어린아이를 안고 코를 맞추며 웃고 있다. 그 표정이 세상에서 가장 행복한 얼굴처럼 보였다.

살면서 저런 표정을 짓는 일이 얼마나 될까? 먹을 것이 풍요롭고 물 부족에 시달리지 않는 사람들도 짓기 어려운 행복한 표정을 보면서 많은 것을 생각했다.

성경을 읽다 보면 '어떤 사람들과 같이'라거나 '어떤 사람에게는' 등의 '어떤 사람~'이라는 표현이 자주 등장하고 있다. 어떤 사람은 구체적인 한 사람이 아니라 불특정 다수를 의미하는 말이다. 우리는 가끔 "그 사람은 요즘 사람들과 같지 않아"라거나 "그 아이는 요즘 아이들과 같지 않아"라는 말을 사용한다. '요즘 사람들'이라는 말은 어떤 사람과 같이 특정한 사람을 지목하는 말이 아니라 불특정 다수를 지칭하는 말이다.

하나님이 찾고 있는 사람이 있다. '어떤 사람들'과 같이 하는 사람이 아니라 '어떤 사람들'과 다르게 하는 사람들이다. 크리스천들도 세상에서 어떤 사람들과 같이 살아간다. 아침에 일어나서 출근을 하거나 학교에 가거나 집안 살림을 한다. 어떤 사람들처럼 세 끼 밥 먹고, 스마트폰을 사용하고, 퇴근해서 집에 가면 TV를 보는 일상적인 삶을 살아간다. 그것이 전부일까? 아니다.

우리는 세상의 믿지 않는 어떤 사람들과 같이 살아가지만 다르게 살아가야 하는 사람들이다. 그렇다면 어떤 사람들은 어떻게 하고 살아가고 있으며 우리는 그 사람들과 어떻게 다르게 살아가야 하는가?

어떤 사람들과 똑같이 살지 말아야 한다

믿음이란 무엇인가? 어떤 사람들과 똑같이 사는 것이 아니라 다르게 사는 것이 믿음이다. 사람을 불편하게 만들고 불행으로 이끄는 유혹이 뭔지 아는가?

톨스토이는 이렇게 말했다. "남들도 그렇게 하니까." 세상 사람들은 남들 다 하니까 나도 따라서 한다는 식으로 살아간다.

성경에 등장하고 있는 믿음의 사람들을 보자. 다윗은 골리앗을 대할 때, 어떤 사람들과 똑같이 반응하지 않았다. 이스라엘의 많은 병사들, 사울왕을 포함한 모든 어떤 사람들은 골리앗과 싸울 생각을 하지 못했다. 기골이 장대하여 감히 그와 맞서 싸울 생각을 하지 못했던 것이다. 그래서 골리앗이 이스라엘 군대를 향하여 조롱하고 놀려도 일절 대꾸조차 하지 못했다. 그들에게 없었던 것은 칼과 창이 아니라 믿음이었다.

그러나 다윗은 이스라엘의 수많은 어떤 사람들과 똑같이 생각하거나 똑같이 반응하지 않았다. 골리앗을 향하여 이렇게 다윗은 반응하였다. "…전쟁은 여호와께 속한 것인즉 그가 너희를 우리 손에 넘기시리라" 사무엘상 17:47 다윗은 어떤 사람들과 다른 반응을 먼저 보인 후에 물맷돌을 사용하여 골리앗을 물리쳤다.

세상이 좋아지는 것 이상으로 죄가 급속하게 늘어가고 있다. 얼마나 빨리 범죄자가 늘어나는지 미국의 경우에는 교도소 예산이 부족하여 범죄자들을 미리 풀어줘야 하는 지경에까지 이르고 있다고 한다. 어떤 주의 경우는 교육예산보다 교도소 운영예산이 더 많을 정도라고 한다. 믿어지는가? 이것이 현실이다.

아무리 세상이 변해도 믿지 않는 사람들은 예수님을 만나 예수님을 영접하여 하나님의 자녀가 되어야 한다. 사람들은 좋은 것은 따라하지 않고 안 좋은 것은 기를 쓰고 따라한다. 우리는 예수를 믿지 않는 사람들과 다를 바 없다는 소리를 들어서는 안 된다. 내 믿음이 어떤 사람들과 같은가, 다른가? 믿음의 선조들에 비추어 무엇이 다르고 무엇이 같은가?

다른 어떤 사람들과 달리 믿음이 달랐던 사람이 있다. 히브리서 11장은 믿음에 대한 말씀이 기록되어 있다. 그와 동시에 믿음으로 살았던 구약의 인물들이 기록되어 있다. 믿음으로 아벨은, 믿음으로 에녹은, 믿음으로 노아는, 믿음으로 아브라함은, 믿음으로 사라는, 믿음으로 이삭은, 믿음으로 야곱은, 믿음으로 요셉은, 믿음으로 모세는, 그리고 기드온과 사사들과 선지자들의 이름과 다윗의 이름이 언급되어 있다. 그런데 그 이름 중에 기생 라합의 이름이 등장하고 있다. "믿음으로 기생 라합은 정탐꾼을 평안히 영접하였으므로 순종하지 아니한 자와 함께 멸망하지 아니하였도다" 히브리서 11:31

기생 라합은 믿음이 다른 사람들과 같지 않았기 때문에 히브리서 11장의 믿음의 선조들 사이에 이름을 올릴 수 있었다. 라합은 가나안 땅으로 들어가는 접경 지역에서 몸을 팔던 여인이었다. 그런데

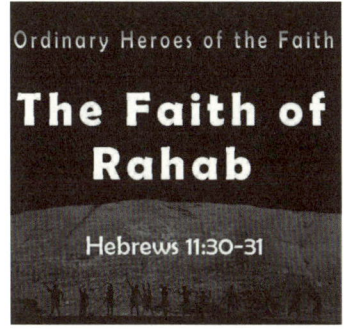

그 라합의 믿음이 다른 사람들과 달랐다.

라합의 믿음도 믿음이지만 성경은 라합의 이름을 구약의 위대한 믿음의 선조들과 동격으로 언급하고 있다. 그것이 더 놀랍다. 라합을 당대의 의인이라고 불렸던 노아와 믿음의 사람이라고 불리는 아브라함과 심지어 이스라엘의 위대한 왕 다윗과 동격으로 언급하고 있는 것이다.

조상 중에 아무리 믿음이 좋아도 창녀가 있다면 족보에 올리겠는가? 우리 하나님은 정말로 다른 것을 보시지 않고 우리 믿음의 중심을 보신다.

어떻게 다르게 살아야 하는가

하나님을 시험하는 일이 없이 살아야 한다. "그들 가운데 어떤 사람들이 주를 시험하다가 뱀에게 멸망하였나니 우리는 그들과 같이 시험하지 말자"고린도전서 10:9

하나님이 없다고 말하는 사람들이 있다. 하나님이 없다며 하나님이 없는 것같이 생각하고 말하고 행동하는 사람들이 있다. 그 결과는 심판과 죽음일 뿐이다. 예수님이 우리에게 이렇게 분명하게 말씀하셨다. "예수께서 대답하여 이르시되 주 너의 하나님을 시험하

지 말라 하였느니라" 누가복음 4:12

제2차 세계대전이 끝난 후 영국에서 '하나님은 없다' 는 것을 증명하는 회의가 있었다. 이를 증명하기 위하여 천문학 박사와 의학 박사 두 사람이 강연을 하였다. 먼저 천문학 박사가 강연을 시작했다.

"얼마 전에 저는 최신형 천체 망원경을 갖게 되었는데 이 망원경은 현재 우리가 발견한 가장 멀리 있는 별도 볼 수 있는 고성능 망원경입니다. 그런데 이 망원경으로 아무리 천체를 살펴도 하나님이 보이지 않았습니다. 정말로 하나님이 계신다면 하나님의 옷깃이라도 보여야 되는데 전혀 보이지 않았습니다. 저는 이로 보건대 하나님이 없다는 것을 확신합니다."

그러자 많은 청중이 환호하며 박수를 쳤다.

"맞아! 맞아! 하나님은 없는 게 틀림없어."

두 번째 강연자는 의학 박사였다. 그는 이렇게 주장했다.

"나는 평생을 의학을 연구하며 살았습니다. 그런데 기독교인들은 사람에게는 영혼이 있다고 주장하는데 나는 도무지 그것을 이해할 수 없습니다. 나는 그동안 수많은 사람을 수술했으며 시신을 부검해 본 적도 한두 번이 아닙니다. 그러나 한 번도 영혼을 본 적이 없습니다. 도대체 영혼이 어디에 있다는 것입니까? 살 속에 있습니까, 뼛속에 있습니까. 아니면 핏속에 있습니까?"

"역시 그렇군! 기독교인들이나 성경은 다 거짓이야. 도대체 영혼이 어디에 있단 말이야?"

수많은 청중이 큰 소리로 환호하며 고개를 끄덕였다.

강연이 끝나고 사회자가 청중을 향해 질문을 하라고 했으나 모두들 잠자코 있었다. 사회자는 "그러면 이것으로 하나님이 없다는 것이 증명되었으므로 이 회의를 마칩니다"라고 말했다. 그때 맨 앞에 앉아 있던 할머니가 "제가 할 말이 있습니다"라고 하더니 연단 위로 올라갔다.

할머니는 먼저 천문학 박사에게 질문을 했다.

"박사님, 박사님이 갖고 계신 그 망원경은 아주 고성능 망원경이지요?"

"예."

"무엇이든 잘 보이지요?"

"예."

"그렇다면 바람도 보입니까?"

"…….''

"바람이 보이느냐고 물었습니다."

"바람은 보이지 않습니다."

"그러면 바람이 없습니까?"

"있습니다."

"어떻게 있습니까? 보이지도 않는데."

"…….''

"하나님이 보이지 않는다고 해서 없다고 하는 것은 옳은 말입니까?"

"…….''

"또 바람도 볼 수 없는 망원경을 갖고 하나님을 볼 수 있습니까?"

"……."

천문학 박사는 아무 말도 할 수가 없었다. 곧이어 할머니는 의학 박사를 향해 질문했다.

"박사님은 아내가 있습니까?"

"예."

"자녀도 있습니까?"

"예."

"그러면 박사님은 아내와 자녀들을 사랑하십니까?"

"예, 저는 제 아내와 자식들을 무척 사랑하고 있습니다."

"그래요? 그렇다면 칼을 가져오세요. 내가 박사님을 해부해서 아내와 자식을 사랑하는 그 사랑이 어디에 들었는지 확인해 보고 싶습니다. 도대체 그 사랑이 살 속에 들어 있습니까, 아니면 뼛속에 들어 있습니까? 아니면 핏속에 들어 있습니까? 도대체 박사님이 말하는 그 사랑은 어디에 늘어 있습니까?"

그는 아무 말도 할 수 없었다. 하나님이 없다는 것을 증명하기 위해 모였던 이 회의는 한 할머니의 질문으로 말미암아 하나님이 살아 계시다는 것을 증명하는 회의가 되고 말았다.

모든 만물이 다 사라져도 우리 주님은 어제나 오늘이나 영원토록 동일하신 주님이시다. "예수 그리스도는 어제나 오늘이나 영원토록 동일하시니라" 히브리서 13:8

믿음으로 다른 삶을 살아야 한다

우리나라 인구는 2012년 현재 5천만 명을 넘어섰으며 전 세계 인구는 70억 명을 넘었다. 참 신기한 것은 그 많은 사람들이 모두 다르게 생겼다는 것이다. 신기한 것만큼 감사한 것은, 그렇게 인구가 많고 얼굴이 달라도 하나님은 이 땅에 살아가고 있는 우리 한 사람 한 사람의 생명을 소중하게 여기신다는 것이다.

"사람이 만일 온 천하를 얻고도 자기 목숨을 잃으면 무엇이 유익하리요 사람이 무엇을 주고 자기 목숨과 바꾸겠느냐" 마가복음 8:36-37

어느 날 대구의 한 아파트에서 네 살 난 아이가 베란다 난간 사이로 몸이 빠지고 말았다. 아이는 간신히 난간을 붙잡고 있었지만 떨어지는 것은 시간 문제였다. 6층 베란다 난간에 네 살짜리 아이가 대롱대롱 매달려 있는 것을 발견한 엄마는 비명을 질렀다.

그 비명소리를 듣고 30m 밖에 있던 한 50대 초반의 남성이 뛰어와 골키퍼처럼 양팔을 벌리고 아이를 받을 채비를 했다. 그리고 기적처럼 그 아이가 양팔을 벌리고 있던 이름도 모르는 아저씨의 가슴팍으로 떨어졌다. 아이를 받은 아저씨는 온몸에 타박상을 입었다. 그러나 아이는 코피만 흘렸을 뿐 큰 상처를 입지 않고 살아났다. 이 소식이 알려지자 많은 사람들이 우리 시대의 진정한 슈퍼맨이라고 칭찬을 아끼지 않았다.

두 가지가 달랐다. 아이를 받아낸 아저씨의 용기와 그리고 비명을

지른 엄마. 아이엄마의 비명소리를 들었을 때, 인간이 낼 수 있는 최악의 상황에서 내는 소리로 들렸다고 한다. 그래서 무조건 비명소리를 듣고 달려왔다는 것이다.

우리는 세상의 믿지 않는 수없이 많은 어떤 사람들과 믿음이 달라야 한다. 세상 사람들은 흘러가는 대로 산다. 세상 풍조를 따라 살아간다. 적당히 거짓말하고 적당히 남들을 속이고 적당히 죄짓고 그렇게 세상을 살아간다. 남들도 그렇게 살아가는데 나도 그렇게 살아가지 않을 이유가 없다고 생각하며 살아간다. 그래서 다른 사람과 다를 바 없는 인생을 살아간다.

어떤 소녀들과 달랐던 소녀가 있다. 17세의 미국 여고생 미건 보겔은 2012년 6월 2일 열린 오하이오 주 육상대회 1600m 결승에서 우승을 차지했다. 그리고 불과 한 시간 뒤 3200m 경기에도 출전했다. 보겔은 마지막 바퀴를 돌아 결승선을 100m쯤 앞두고 있었다. 그런데 70여 m 앞에 쓰러져 있는 한 선수가 눈에 들어왔다. 모든 선수들이 쓰러져 있는 선수를 지나쳐 달려가고 있었다.

보겔 역시 그냥 지나치면 그만이었다. 누구나 그렇게 한다. 순위를 가리는 경기 아닌가? 그냥 눈을 질끈 감으면 됐다. 규정상 경기도중 다른 선수를 도와주면 자동 실격 처리되니 명분도 있었다. 그러나 보겔은 다른 선수들과 다르게 멈춰 섰다. 그리고 쓰러져 있는 선수를 일으켜 세워 그 팔을 자신의 어깨에 걸쳤다. 그렇게 반은 끌고 반은 둘러멘 채 결승선을 향했다.

30여 m를 힘겹게 한 발 한 발 걸었다. 그 모습을 보고 모든 관중들이 자리에서 일어섰다. 그리고 두 선수에게 뜨거운 박수를 보냈다. 박수소리는 발걸음을 내딛을 때마다 점점 더 커졌다. 그런데 결승선 바로 앞에서 보겔은 쓰러졌던 선수를 내려놓았다. 그 선수를 자신보다 먼저 결승선을 통과시키기 위해서였다.

그 선수가 쓰러지기 전까지 자신보다 앞서 있었으니 당연히 먼저 결승선을 통과해야 한다는 생각에서였다. 대회조직위는 보겔이 다른 선수를 도와 결승선을 통과했지만 실격시키지 않고 두 선수 경기 결과를 모두 인정해 주기로 했다. 보겔은 출전선수 15명 중 15등, 자발적으로 선택한 꼴찌였다. 정말 보기 드문 장면이었다.

어떤 사람들과 똑같이 살지 말아야 한다.
우상을 숭배하거나 음행하거나
하나님을 시험하거나 원망하지 말고
오직 믿음으로 살아가자.

우리가 보여줘야 할 것은

'**용**감한 녀석들'이라는 개그 코너가 있었다. 코너도 인기 있었지만 각종 CF에서도 인기였다. 개그도 잘하고 노래도 잘 부르는 개그맨 신보라와 박성광은 크리스천이다. 박성광은 여의도순복음교회에서 교회 학교와 청년부에서 신앙생활을 하였다. 이 코너에서는 서로 "너의 용감함을 보여줘!"라고 소리쳤다.

우리가 보여줘야 할 것은 무엇인가? 우리가 보여줘야 하는 것은 믿음이다. 신앙생활하면서 제대로 된 믿음을 얼마나 보여주었는가? 누구에게 보여주기 위해서 신앙생활을 하는 것은 아니다. 그러나 신앙생활을 하다 보면 자연스럽게 자신의 믿음이 밖으로 드러나게 된다.

우리가 보여줘야 하는 믿음은 무엇인가? 밖으로 드러날 수밖에 없는 믿음은 무엇인가?

도전하는 믿음을 보여주어야 한다

소아마비 백신을 만든 조너스 소크(Jonas Edward Salk, 1914~1995)라는 사람이 있다. 소아마비로부터 인류가 해방된 것은 불과 50년 전이다. 우리나라에서는 약 28년 정도 되었다(2012년 기준). 백신을 만든다는 것은 매우 어려운 일에 속한다.

조너스 소크 박사는 소아마비 백신을 개발하기 위하여 도전하고 또 도전하였다. 심지어 자신의 몸을 실험대상으로 삼기도 하였다. 그리고 수많은 도전 끝에 백신을 개발하였고 이를 거의 무료 보급하는 데 앞장섰다.

조너스 소크 덕분에 지금 아프리카 아이들도 1달러 이하의 가격으로 소아마비 백신을 접종받고 있다. 만약 그가 만든 백신을 제약회사에 팔았더라면 그는 엄청난 부자가 되었을 것이다.

그는 자신의 연구 결과를 공개함으로써 자기 자신의 이익을 포기하고 그 이익보다 더 큰 이익을 인류에게 주었다. 특허를 내지 않느냐는 물음에 그는 이렇게 말했다. "특허랄 게 없어요. 태양에도 특허를 낼 건가요?"

그가 백신을 발견하게 된 결정적인 계기가 있다. 이 이야기가 매우 흥미롭다. 조너스 소크가 연구실에서 아무리 연구를 해도 도저히 나오는 것이 없었다. 그래서 어느 날 백팩을 하나 메고 유럽의 수도원으로 들어갔다. 조너스 소크는 13세기에 지어진 수도원 성당에서 생활하다가 높은 수도원의 천정을 바라보던 어느 날 불현듯

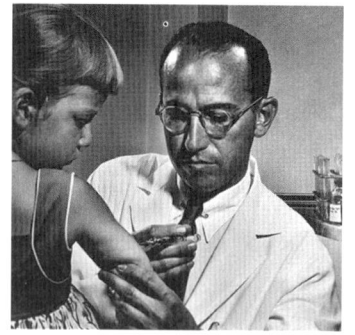
아이디어가 하나 떠올라 그것을 종이에 적은 다음 연구실로 돌아와 실험에 성공했다.

믿음은 도전하는 것이다. 모든 믿음은 도전에서부터 시작된다. 어떤 믿음으로 도전해야 하는가? 하나님을 바라보는 믿음으로 도전해야 하는 것이다. 문제 해결은 위로부터 임한다. 조너스 소크가 연구실에서 현미경만 바라볼 때는 떠오르는 아이디어가 없었다. 그러나 수도원에 들어가 높은 수도원 천정을 바라보고 하나님을 바라보았을 때, 그의 머릿속 모든 지식이 연결되어 떠오르는 하나의 아이디어를 붙잡을 수 있었다. 조너스 소크 박사는 1995년 사망 직전까지 에이즈 퇴치를 위한 연구에 몰두하였다.

도전정신은 선택의 여지가 없을 때 막다른 골목에 지면했을 때 나타난다. 선택의 여지가 없을 때, 낙심하지 말고 포기하지 말고 문제해결에 도전해야 한다. 절대로 포기하거나 낙심하거나 죽으려고 생각하지 마라. 잘 나가던 사람, 천재라는 사람들이 죽을 생각을 한다. 바보는 죽을 생각을 하지 않는다. 천재가 바보인가?

원자폭탄에 두 번이나 피폭되고도 93세까지 장수한 일본 노인의 삶이 뒤늦게 화제가 된 적이 있다. 2010년 1월 7일《뉴욕 타임즈》

는 '일본에 투하된 원폭의 피해를 입었던 야마구치 쓰도무가 93세를 일기로 타계했다'고 사진과 함께 전해 눈길을 끌었다. 한 사람이 원자폭탄에 두 번이나 피폭된 것도 희귀하지만 평균수명 이상으로 장수한 사실에 사람들은 놀라움을 감추지 못했다.

1945년 8월 6일 아침, 야마구치 씨는 히로시마에 출장을 갔다가 출근을 위해 전차에서 내리던 순간 '리틀 보이 디바이스'로 불린 원자폭탄이 히로시마에 투하됐다. 원폭이 떨어진 중심에서 그는 불과 3.2km도 안 되는 거리에 있었다. 폭발의 엄청난 굉음으로 고막이 파열됐고 화염으로 상반신에 화상을 입었다. 순식간에 8만여 명이 목숨을 잃었다. 살아난 것이 기적이었다.

야마구치 씨는 그날 밤을 히로시마의 한 대피소에서 보내고 다음 날 나가사키로 돌아왔다. '뚱보Fat Man'라는 이름의 두 번째 원자폭탄이 나가사키에 투하된 것은 9일. 이번엔 7만여 명의 시민이 사망했다. 두 번째 원폭이 떨어질 당시 야마구치 씨는 직장 상사에게 히로시마에 떨어진 원자폭탄에 대해 이야기하던 중이었다.

그의 증언에 따르면 "갑자기 사무실에 며칠 전 히로시마에서 본 것과 똑같은 하얀 섬광이 가득 찼다"고 묘사하며 "히로시마의 버섯구름이 나를 따라왔다고 생각했다"고 했다.

당시 《뉴욕 타임즈》는 두 차례 원자탄 공격을 받고 생존한 이른바 '니쥬 히바쿠샤(두 차례 피폭 생존자)'는 165명으로 알려졌지만 공식적으로 확인된 주인공은 야마구치 씨가 유일하다고 전했다.

야마구치 씨는 두 차례나 피폭되고도 살아남은 것에 대해 이렇게 말했다. "나는 히로시마에서든 나가사키에서든 죽은 것이나 다름없다. 그 후 이어진 모든 것은 하나의 보너스였다."

두 번씩이나 피폭당하고도 인생을 포기하지 않고 살던 사람도 있다. 문제가 아무리 힘들어도 절대로 죽으려고 생각하지 마라. 어떤 일이든 포기하지 마라. 어떤 문제든지 도전하고 또 도전하면 언젠가 반드시 해결된다. 주님은 문제를 해결하시고 응답하시는 하나님이시다. "마음의 경영은 사람에게 있어도 말의 응답은 야훼께로부터 나오느니라" 잠언 16:1

하나님께 지혜를 구하라. "너희 중에 누구든지 지혜가 부족하거든 모든 사람에게 후히 주시고 꾸짖지 아니하시는 하나님께 구하라 그리하면 주시리라" 야고보서 1:5

문제 해결에 대한 강력한 의지를 가지고 문제 해결을 위해 도전해야 한다. 사도 바울은 복음을 전할 때 많은 어려움이 있었지만 결코 문제를 두려워하지 않았다. 그리고 바울은 문제 해결을 피하지도 않았다. 자신이 복음을 전한 지역에 문제가 있다는 소식을 들으면 편지를 써서 해결하려고 하였다. 그렇게 하여 남겨진 편지가 오늘날 우리가 가지고 있는 신약성경의 바울의 서신인 것이다.

장애물을 넘는 믿음을 보여주어야 한다

인생에 장애물이 많다. 그 장애물에 도전해야 한다. 그러면 장애물을 넘어설 수 있다. 인생은 어차피 장애물 경주와 같다. 인생의 장애물은 언제나 우리 앞을 가로막는다. 그러나 장애물에 도전하고 도전하여 그것을 넘어서면 더 큰 은혜의 축복 가운데 거하게 되는 것이다.

물질의 장애물, 건강의 장애물, 부정적인 기억의 장애물을 두려워하지 마라. 장애물은 치우면 된다. 장애물을 치우는 것을 두려워하지 마라. "주의 법을 사랑하는 자에게는 큰 평안이 있으니 그들에게 장애물이 없으리이다" 시편 119:165

2009년 한국에 주재하고 있던 영국 언론사 특파원이 한국전쟁과 관련한 『마지막 한 발』(앤드류 새먼 저, 시대정신)을 출간했다.

1950년 6월 25일, 북한이 38선을 넘어 남침을 하였다. 개전초기 국군의 가장 큰 장애물은 소련제 T-34 전차(탱크)였다. 국군은 소련제 탱크를 막을 수가 없었다. 총알은 튕겨나가고 탱크를 잡는 대전차포도 없었다. 그래도 병사들은 포기하지 않고 TNT 폭탄을 여러 개 묶어 그 속에 수류탄을 넣고 탱크 위로 뛰어올라 자폭하는 방식으로 적 탱크의 공격을 저지하였다.

그렇게 적 탱크를 저지하고 공격하여 이 나라가 공산화되는 것을 막아내고 지켜내었다. 탱크라는 장애물을 만나 모두가 피하고 도망갔다면 이 나라는 어떻게 되었을까? 눈물겨운 것은 죽을 줄 뻔히 알면서도 탱크 폭파를 위한 돌격대에 자원하겠다는 병사들이 줄을 섰다는 것이다.

신앙생활의 장애물이 얼마나 많은가? 신앙생활도 잘하고 싶고 직장생활도 잘하고 싶은데 얼마나 핍박과 유혹이 많은가? "너희가 그리스도의 이름으로 치욕을 당하면 복 있는 자로다 영광의 영 곧 하나님의 영이 너희 위에 계심이라" 베드로전서 4:14

다가오는 장애물을 두려워하지 말고 장애물에 도전하여 그 장애물을 극복하고 넘어서도록 하자. 성령께서 우리와 함께하시기 때문에 우리는 능히 모든 장애물을 극복하고 넘어설 수 있다. 넘지 못할 장애물이 없다. 기도를 방해하고 감사를 방해하는 장애물을 넘어서자. 장애물에 도전하지 않고 넘어서지 않는 사람이 장애를 가진 사람이다.

자기 인생 최고에 도전하는 모습을 보여주어야 한다

평균에 도전하지 말고 최고에 도전하자. LA 할리우드에는 배우를 지망하는 수많은 사람들이 모여든다. 높이가 10m쯤 되는 할리우드 사인은 LA 할리우드의 상징적인 존재이다. 그러나 사인 위에 올라가 자살하는 연기지망생들 또한 많아서 오래전부터 자살 방지를 위한 안전망을 설치해 놓았다.

한 무명 배우가 LA 시내가 내려다보이는 가장 높은 언덕에 서서 수표책을 꺼내 자기 이름을 쓰고 1천만 달러라는 금액을 쓴다. 은행에 그 수표를 넣으면 구좌에 돈이 없기 때문에 벌금을 물어야 한다. 그는 자신에게 지급해야 되는 수표를 5년 동안 들고 다니면서 언젠가는 천만 달러를 받는 배우가 될 것을 꿈꾸고 도전한다. 그러

고 나서 얼마 후 《덤 앤 더머》와 《배트맨》이라는 두 편의 영화 출연료로 1천7백만 달러를 받는다. 우리가 잘 아는 짐 캐리다.

도전에는 한계가 없다. 최고의 것을 향하여 도전하라. 믿음의 도전은 곧 최고를 향한 도전이다. 바울은 복음을 들고 유대인들뿐 아니라 이방인들에게도 복음을 전하였다. 복음에는 한계가 없기 때문이다. 복음은 초기에 주로 하층민들에게 전파되기 시작했지만, 점차 상층민들에게까지 전파되기 시작하였다. 복음은 남녀노소, 빈부귀천을 가리지 않기 때문이다.

크리스천들은 앞으로 자기 분야에서 최고가 되는 꿈과 비전을 품고 그것이 이루어지는 것을 확신하고 도전해야 한다. 그래서 자기 분야에서 최고가 되어야 한다. 그것이 곧 크리스천의 영향력인 것이다. 정치, 경제, 문화, 방송, 체육, 연예 어느 곳에서든지 최고가 되어야 한다. 우리는 자신이 세계 최고의 믿음을 가지고 있다는 믿음을 가지고 예배드려야 한다.

두렵다고 해서 피하기만 하면 그 두려움은 결코 사라지지 않는다. 믿음은 도전이다. 멈추지 말고 하나님만을 생각하며 계속 걸어가야 한다. 그러면 우리는 반드시 승리한다. 우리가 보여줘야 할 것은 다른 것이 아니라 오직 믿음이다.

"칼을 피한 자들이여 멈추지 말고 걸어가라 먼 곳에서 야훼를 생각하며 예루살렘을 너희 마음에 두라" 예레미야 51:50

주저하지 않고 도전하는 믿음을 보여주어야 한다.
장애물을 넘는 믿음을 보여주어야 한다.
자기 인생 최고에 도전하는 모습을 보여주어야 한다.

이 세상에 하나뿐인 것은

만약 아빠가 엄마를 때리면? 신고한다. 엄마가 아빠를 때리면? 무슨 이유가 있겠지……. 무슨 이유가 있는 사진을 본 적이 있다. 수능이 끝난 고3 학생들은 그동안 공부했던 교과서와 참고서를 교실 밖으로 집어 던진다고 한다. 수능 전까지 소중했던 참고서와 교과서들이 수능이 끝난 후에는 지겨운 것으로 바뀐다. 소중하다면 버릴 일이 없다.

세상에서 가장 큰 나무는 몇 그루나 될까? 단 한 그루밖에 없다. 이 세상에 가장 소중한 것은 얼마나 될까? 사실은 하나밖에 없다. 대통령이 타고 다니는 비행기를 'Air Force One'이라고 부른다. 세상에 하나밖에 없다.

크리스천으로서 믿음을 가진 사람으로서 우리에게 하나뿐인 것은 무엇인가? 이 세상에 하나뿐이어야 하는 것은 무엇인가?

오직 주님 : Only One

영어로 최고를 표현하는 말 중에 '넘버 원'이라는 말이 있다. 영어의 one은 하나를 뜻한다. one을 대문자로 쓰면 그것은 '유일한'이라는 뜻으로 쓰인다. 성경에서 Holy One은 하나님이다. 독생자 예수님을 표현하는 영어는 One and only Son이다.

하나님은 오직 한 분 하나님이시다. "할례자도 믿음으로 말미암아 또한 무할례자도 믿음으로 말미암아 의롭다 하실 하나님은 한 분이시니라"로마서 3:30 하나님은 유일하신 하나님이다. "예수께서 대답하시되 첫째는 이것이니 이스라엘아 들으라 주 곧 우리 하나님은 유일한 주시라"마가복음 12:29

이러한 유일신 신앙이 기독교 신앙의 출발점이다. 신들이 많다는 것은 많은 신 중에 어느 신도 완전하지 못하다는 것이다. 아무리 많은 신을 믿는다 할지라도 그 모든 신은 헛되고 헛된 신일 뿐이다.

아주 얌전하신 분이 어느 한의원을 찾아갔다. 계속하여 골치가 아프고 가슴이 두근거린다 하여 침을 맞으러 왔는데 아무리 치료해도 효험이 없는 것이다. 지속적인 문진을 한 결과 놀라운 사실을 알게 되었다.

친구 따라 용하다는 점집에 갔다가 2년 후 모월 모일에 반드시 죽는다는 말을 들은 것이다. 그 후부터 삶을 정리하기 시작한다. 그 사람은 가슴에 빨간 부적을 지니고 있었다. 그 부적으로 어떤 효험을 보려는 건지 몰라도 정기적으로 돈을 주고 바꿔 주어야 하는 부적이었다. 이런 사람에게는 백약이 무효하다.

이성이 시인의 「신기한 한 가지」라는 시가 있다.

> 손님도 아닌데
> 어디에 뭐가 있는지
> 손수건이 어디에 있는지
> 소화제를 어디에 두는지
> 도대체 아는 게 없다
> 세탁기를 어떻게 사용하는지
> 도대체 알려고도 하지 않는다
> 하루만 집을 비워도
> 문 앞에 나무젓가락 찔린 채로
> 자장면 그릇 놓이고
> 도대체 집 일에 대해
> 자기를 살리는 일에 대해
> 아는 게 하나 없다
> 나만 집을 비우면
> 감옥이나 다름없을 것처럼 사는데
> 신기하다, 아침이면 벌떡 일어나 출근한다
> 술독에 빠졌다가 들어온 날도 덜 깬 채로
> 뛰어 나간다 어언 30년
> 어디 가?
> – 돈 벌러
> 요즘은 이 말이 점점
> 아이들 말 같다

아무리 많은 것을 소유했다 할지라도 하나님을 알지 못하고 하나님을 믿지 않는다면 아무 소용이 없다. 가장 많은 부를 소유하였던 이스라엘의 솔로몬은 그래서 모든 것이 헛되다고 고백한 바 있다. 우리들 역시 역사를 통하여 무수히 등장하였던 정복자들과 권력자들과 재벌들을 통해서도 이것을 알 수 있다.

그들은 일시적으로 아주 일시적으로 땅을 정복했고 권력을 가졌다. 재산도 지녔다. 그러나 영혼은 스스로 구원할 수 없었다. 그 어떤 위대한 정복자도 하나님 나라를 정복할 수 없었고 그 어느 권력자도 하나님 나라의 권력을 가질 수 없었으며 아무리 돈이 많아도 천국을 돈으로 살 수 없었다.

이탈리아 화가 라파엘로(Raffaello Sanzio, 1483~1520)가 성당의 천장화를 그리고 있을 때의 이야기다. 라파엘로가 작업하는 모습을 옆에서 지켜보던 왕은 그가 딛고 서 있는 사다리가 흔들거리는 것을 발견했다.

그는 때마침 들어온 재상에게 이렇게 지시했다. "이보게, 저 사다리 좀 잡아 주게." 그러자 재상이 횡덩해하며 "아니 폐하, 일국의 재상이 저런 환쟁이의 사다리를 붙잡아 주는 게 말이 됩니까?" 하고 불평했다.

그러자 왕이 말했다. "저자의 목이라도 부러지면 저런 그림을 그릴 사람은 이 세상 어디에도 없네. 그러나 자네 목이 부러지면 재상 할 사람은 지금도 줄을 서 있다네."

세상에 님은 많다. 그러나 하나님은 한 분밖에 계시지 않는다.

오직 당신 : Only You

가장 소중한 것은 하나밖에 없다. 소중한 사람도 하나밖에 없다. 리오넬 메시라는 축구선수에 대한 칼럼이 스페인의 유력 스포츠 신문에 실린 적이 있다. 그런데 놀랍게도 이 칼럼은 백지 칼럼이었다. 《엘 문도 데포르티보》의 저명한 편집국장 산티 놀라는 메시에 대한 자신의 칼럼에 단 세 단어만 사용했다. 나머지는 백지로 남겨 놨다. 세 단어 'Sobran las palabras'는 거칠게 번역하면 '말로는 부족하다'는 뜻이다.

남편에게는 아내밖에 없다. 아내에게는 남편밖에 없다. 부모에게는 자녀밖에 없다. 자녀에게는 부모밖에 없다. 기본이 이것이다. 남편과 아내에게 각각 남편과 아내 외의 다른 무엇이 있다면 심각해지는 것이다. 서로를 매우 소중하게 여겨야 한다. 한눈팔지 말아야 한다. 하나님은 우리를 지키시고 보호하심에 한눈팔지 않으신다.

예수님은 우리에게 말씀하셨다. 하나님을 사랑하고 이웃을 사랑하는 것이 모든 율법의 최우선 되는 법이라고. 예수님은 자신을 먼저 사랑하라고 말씀하시지 않았다. 하나님을 먼저 사랑하라 하셨고 다음으로 이웃을 사랑하라고 하셨다. 크리스천들이 이기적이라는 말을 듣는 것은 하나님이 기뻐하시는 말이 아니다.

『내 인생에 후회되는 한 가지』(김정운 외 共저, 위즈덤경향)라는 책이 있다. 우리나라의 유명 인사들이 살면서 후회하고 있는 것 하나씩을 고백해 놓은 책이다. 거기에 다음과 같은 글이 있다.

"나는 요즘도 사람들이 나를 '영원한 자유인'이라 부를 때마다 가슴 한쪽이 울컥하면서 무너진다. '나'라는 인간이 가정을 박차고 나와 자유를 얻었는가? 결코 아니다. 내가 즐겨 입고 다니는 군용점퍼의 상의 주머니 위에 새긴 '628723'이라는 숫자는 내 두 아들의 생일이다. 6월 28일과 7월 23일. 이혼을 꿈꾸고 있는가, 아니면 오래 사귄 애인이 싫증나서 이별을 꿈꾸고 있는가? 내가 이런 말을 할 자격은 없지만 지금 곁에 있는 그 사람이 '세상에서 가장 소중한 사람'이다."

이렇게 말한 사람이 누구인지 궁금한가? 가수이며 화가인 조영남이다. 인생 살면서 한눈팔지 말자. 지금 옆에 있는 사람만이 유일하게 소중한 사람이다. 지금 집에 있는 사람만이 유일하게 소중한 사람이다. 지금 직장과 사업장에서 함께 일하는 사람들이 유일하게 소중한 사람임을 잊지 말자.

오직 희망 : Only Hope

절망을 이야기하는 사람과는 어울리지 마라. 부정적인 사람과도 어울리지 마라. 낙관적이지 못한 사람들과도 어울리지 마라. 헬렌 켈러 여사는 이런 말을 남겼다.

"비관주의자들은 별의 비밀을 발견해 낸 적도 없고 지도에 없는 땅을 향해 항해한 적도 없으며 영혼을 위한 새로운 천국을 열어 준

적도 없다."

믿음이 있다는 것은 희망이 있다는 것이다. 믿음은 절망을 이야기하지 않는다. 어떠한 일이 있어도 절망을 이야기하지 말자. 세상에는 절망도 있고 희망도 있다. 어떠한 일이 있어도 희망을 이야기해야 한다.

우리에게 희망은 무엇인가?

레오나르도 다 빈치(Leonardo da Vinci, 1452~1519)는 15세기 이탈리아가 낳은 유명한 화가이고, 조각가이며, 건축가이자 과학자다. 그의 나이 43세 때 일이다. 화가로서 원숙했을 때 이탈리아 밀란의 두도빙코 공이 예수님의 마지막 만찬의 모습을 그려 달라고 부탁을 했다. 부탁을 받은 그는 온갖 정성과 심혈을 기울여 예수님의 '최후의 만찬(1495~1497)'을 완성했다.

12제자를 세 사람씩 무리지어 놓고 중앙에는 예수님이 손을 들고 있는 모습을 그렸다. 오른손에 잔을 들고 계신 예수님의 양쪽에는 제자들이 셋씩 그러니까 예수님 오른쪽에 제자 여섯 명, 왼쪽에 여섯 명을 그려 놓았다. 작품이 완성되었을 때 으레 그렇듯이 절친한 친구를 불러 그림을 보여주며 의견을 들어보았다.

그림을 본 친구는 깜짝 놀랐다. 최고의 걸작품이었기 때문이다. 친구는 다 빈치에게 "무엇보다도 예수님 손에 들려진 은컵이 어찌나 섬세한지 그 컵에서 눈을 뗄 수가 없었다"고 했다. 그 말을 듣는 순간 다 빈치는 붓을 들어 예수님 손에 들려진 컵을 지워버렸다. 그

러고 나서 이렇게 말했다. "이 그림에서 예수 그리스도 이외에는 어떤 것도 중심이 될 수 없다."

성경에 예수님을 찾아 나온 사람들이 있다. 그들 중에는 눈먼 자도 있었고 중풍병자도 있었고 앉은뱅이도 있었고 소경인 동시에 거지였던 사람들도 있었고 한센씨병에 걸린 사람들도 있었으며 혈루병과 딸에 흉악한 귀신 들렸던 여인과 막달라 마리아와 같이 귀신 들린 사람들도 있었다. 그들이 가지고 나온 것은 무엇인가? 오직 단 하나의 희망, 예수님을 만나면 나으리라는 믿음과 희망을 가지고 나왔던 것이다.

그들이 예수님을 찾기까지는 문제가 해결된 것이 하나도 없었다. 병들어 좌절하고 희망이 없고 소외당하고 왕따를 당하는 절망적인 상태였다. 그러나 그 같은 상황에서도 믿음과 희망을 가지고 예수님을 찾아 나왔을 때, 그들 모두는 문제를 해결함 받고 질병을 치유받았다. 그들의 믿음이 그들의 희망을 완성시켰던 것이다.

내가 하는 일은 모두 잘 된다는 믿음과 희망을 가지고 생활해야 한다. 우리에게 희망은 오직 예수님밖에 없다.

이 세상에 하나뿐인 것은?
Only One. 오직 주님밖에 없다.
Only You. 오직 당신밖에 없다.
Only Jesus. 오직 예수님밖에 없다.

우리가 가져야 할 세 가지 믿음

뉴욕에서 화재가 발생하였다. 검은 연기에 아이가 질식사하는 것을 막기 위하여 한 엄마가 생후 7개월 된 아이를 건물 창문 밖으로 내놓고 손으로 붙들고 있는 장면이 찍혔다. 아이는 극적으로 구조되었으나 엄마는 끝내 사망하였다. 아이를 살리겠다는 엄마의 믿음이 아이의 생명을 살렸다.

예수님의 죽으심이 이와 같다. 우리를 살리기 위하여 예수님은 십자가에서 죽으셨다. 예수님의 죽으심으로 살아난 우리는 이 땅에  살아가는 동안 무엇으로 살아가야 하는가? 믿음으로 살아가라고 말씀하고 있다. 이 땅을 살아가면서 우리는 어떤 믿음을 가지고 살아가야 할까?

소원이 분명한 믿음 : I Want

NYT의 칼럼니스트이며 퓰리처상을 세 번이나 수상한 바 있는 토머스 프리드먼의 『THAT USED TO BE US : 미국 쇠망론』이라는 책이 있다. 이 책은 최근 벌어지고 있는 이야기로부터 시작하고 있는데 오늘날 중국이 놀라운 경제성장을 이루고 있는 것에 대하여 다음과 같이 평가하고 있다. "중국은 그들의 위대함을 회복하겠다는 비장한 열망을 갖고 있습니다."

중국 사람들은 옛날부터 중국이 세상의 중심이라는 중화사상을 갖고 있었다. 1402년 제작된 '혼일강리역대국도지도混一疆理歷代國都之圖'라는 지도를 보면 중화사상이 잘 드러나 있다. 그러나 중국은 근대와 현대 그리고 최근 20세기에 이르기까지 세계사에서 변방에 머물러 있었다. 하지만 지금 중국을 연구하는 전문가들은 이렇게 말하고 있다. "19세기 세계는 영국이 지배했고 20세기는 미국이 지배했다면 21세기는 중국이 지배하는 시대가 될 것이다."

잘 사는 사람과 성공하는 사람의 특징은 간절한 소원을 가지고 있다는 것이다. 《진짜로 일어날지도 몰라, 기적》이라는 영화가 있다. 화산 연기가 피어오르는 산 아래 초등학교에 다니는 6학년 코이치는 6개월 전 오사카에서 엄마와 함께 규슈 남단 가고시마의 외가로 와 살게 되었다. 아빠와 동생은 아빠의 고향인 규슈 북단 후쿠오카에서 산다. 밥벌이를 등한시하는 철없는 뮤지션 아빠에게 화가 난 엄마가 아이들을 데리고 친정으로 가버리려 했으나, 동생이 아빠와 살겠다고 했기 때문이다.

코이치는 동네 화산이 폭발해 마을이 소개되어, 떨어져 살게 된 가족이 함께 모여 살기를 원하는 꿈을 가지고 있다. 그런데 규슈 횡단 고속철도가 개통되자 아이들 사이에는 시속 250km의 속도로 마주 달리는 기차가 스치는 순간, 그 자리에서 소원을 빌면 기적이 일어난다는 '괴담'을 주고받는다. 코이치는 화산이 폭발해 가족이 함께 살게 해달라는 소원을 빌기 위해, 상하행선의 열차가 교차하는 지점으로 가는 여행을 계획한다.

아이들은 저마다 소원이 있다. 야구선수가 되거나 짝사랑하는 선생님과 결혼을 하거나 그림을 잘 그리게 되거나 여배우가 되는 것 등등. 아이들은 소원을 빌려고 부모와 선생님 몰래 돈을 모으고, 수업을 빼먹으며 1박 2일의 여행을 떠난다. 진짜로 일어날지도 모를 기적은 어찌되었을까?

우리의 신앙생활도 마찬가지다. 간절한 소원이 있어야 한다. 죽기 전에 꼭 봐야 할 20대 걸작 중에 하나가 로마의 성 베드로 성당에 있는 미켈란젤로의 '모세 상'이다. 앉아 있는 작품의 높이는 2m 35㎝. 이 작품을 완성할 당시 미켈란젤로는 이미 '피에타 상'과 '다비드 상'을 완성한 후였다. 나이 40세에 이 작품을 완성했다. '모세 상'에서 발견되는 특징이 하나 있다. 무엇일까? 모세의 머리에 뿔이 나 있다.

열 받아서 뿔이 난 것일까? 모세의 얼굴에서 빛이 났다는 성경의 구절을 라틴어로 번역할 때, 라틴어로 뿔이란 단어를 사용하였기 때문이다. 이후로 12세기부터 16세기까지 이 성경을 사용하면서 영향을 받은 사람들이 모세를 그리거나 조각할 때, 머리에 뿔이 난 것으로 그려 놓고 조각하기 시작했다.

중요한 것은 모세가 살인 사건을 벌이는 장면이다. 왜 모세가 이집트의 왕자로 생활하면서 살인을 하게 되었을까? "모세가 장성한 후에 한번은 자기 형제들에게 나가서 그들이 고되게 노동하는 것을 보더니 어떤 애굽 사람이 한 히브리 사람 곧 자기 형제를 치는 것을 본지라 좌우를 살펴 사람이 없음을 보고 그 애굽 사람을 쳐죽여 모래 속에 감추니라"출애굽기 2:11-12 그 당시에 감독관이 사람을 치는 일은 일반적인 일이었다. 일반적인 일에 모세가 흥분한 것은 장성한 후에 히브리 자기 형제들이 고생하는 것을 깨달은 이후다.

모세는 전부터 자기 형제들에 대한 안타까움이 있었다. 그리고 마음속에 소원을 품었지만 그 소원을 이룰 방법을 알지 못했다. 자기의 방식은 통하지 않았다. 그러나 모세의 간절한 소원은 식지 않았다. 하나님이 40년이 지난 후에 왜 다시 모세를 부르셨을까? 다른 사람들은 자기 형제들에 대한 소원을 가지고 있지 않았기 때문일 것이다. 간절한 소원을 가지고 간절히 기도하면 하나님께서 소원을 이루어 주신다.

흔들리지 않는 믿음 : I Will

믿음은 흔들리지 않는 것이다. 우리는 흔들리지 않는 믿음을 가지고 있어야 한다.

D. L 무디 목사님은 말했다.

"그대 자신을 믿어보라!

그대는 실망할 때가 있을 것이다.

친구를 믿어보라!

어느 날 그들은 죽거나 그렇지 않으면 그대와 헤어질 것이다.

그대의 명성을 믿어보라!

어느 때 훼방하는 혀가 그것을 뒤집어엎을 것이다.

그러나 그리스도를 믿어보라!

그대는 현세와 내세에 후회함이 없을 것이다."

이 세상의 모든 것은 변해가고 흔들리지만 우리 주님은 어제나 오늘이나 영원토록 변함이 없으시다. 우리의 믿음 또한 변함이 없어야 한다.

사도행전 27장에는 바울이 유대인들에 의하여 누명을 쓰고 로마

제국의 백부장에게 체포되어 수년 간 재판을 받다가 마지막으로 배를 타고 로마로 압송되어 가는 도중에 지중해 연안에서 유라굴로라는 광풍을 만나는 장면이 매우 자세하게 기록되어 있다.

배는 광풍을 만나 파선 직전이었다. 배에는 모두 276명이 타고 있었다. 그 배에는 선원도 있었고 선장도 있었다. 그러나 광풍을 만난 배 안에서 누구도 속수무책일 뿐이었다. 배에 실었던 모든 짐과 기물을 내던졌어도 광풍을 해결할 수 없었다.

모든 사람들이 파선 직전에 흔들리는 배와 같이 마음이 흔들렸다. 그런데 단 한 사람 바울만은 흔들리지 않았다. 바울이 흔들리지 않았던 이유는 무엇일까? 하나님께 말씀을 받았기 때문이다.

"내가 속한 바 곧 내가 섬기는 하나님의 사자가 어제 밤에 내 곁에 서서 말하되 바울아 두려워하지 말라 네가 가이사 앞에 서야 하겠고 또 하나님께서 너와 함께 항해하는 자를 다 네게 주셨다 하였으니" 사도행전 27:23-24

그래서 바울은 흔들리는 사람들에게 이렇게 말했다. "그러므로 여러분이여 안심하라 나는 내게 말씀하신 그대로 되리라고 하나님을 믿노라" 사도행전 27:25

우리 삶에 해결할 수 없는, 감당할 수 없는 미친 광풍이 불어온다. 그러나 하나님의 말씀 위에 굳게 서 있는 사람은 흔들리지 않는다. 인생의 여러 문제가 다가온다 할지라도 하나님의 말씀 위에 굳게 서 있으면 요동치지 않는다. 지진과 해일이 이 땅을 크게 요동치게 할 수는 있다. 그러나 우리의 믿음을 요동치게 할 수는 없다.

믿음은 환경, 사람, 물질, 질병, 섭섭함, 왕따, 명품, 가난 따위에 흔들리지 않는다. 어미 펭귄을 뒤따라가는 어린 펭귄이 뒤뚱거리기는 하지만 흔들리지 않는 것처럼 우리도 날마다 주님을 뒤따라가자. 믿음이 확고하면 어떠한 일이 벌어져도 흔들리지 않는다.

할 수 있다는 신앙 : I Can

성경은 우리에게 '할 수 있다' 라는 믿음을 강조하고 있다. "내게 능력 주시는 자 안에서 내가 모든 것을 할 수 있느니라" 빌립보서 4:13

믿음의 역사, 기적의 역사는 할 수 있다는 믿음에서부터 출발한다. 할 수 없다고 믿는 사람은 무기력한 인생을 살아가는 사람이다.

치킨을 배달하는 오토바이가 광속 질주한다. 교통경찰이 붙잡아서 "왜 이렇게 달리느냐?"고 물었다. 대답이 "치킨을 식게 만들 수 없기 때문"이라고 했단다. 폭주의 이유가 그것이라면 대답치고는 밋진 대답이다.

우리의 믿음이 식지 않게 해야 한다. 믿음이 식으면 생활이 무기력해지고, 매사에 의욕이 떨어지며 범사에 감사할 수 없다. 또한 해봐도 안 된다는 생각에 사로잡히게 된다. 하지만 할 수 있다는 믿음을 가지고 있으면 우리의 믿음은 식지 않는다.

클린트 이스트우드 감독이 실화를 바탕으로 제작한 《인빅터스》라는 영화가 있다. 1994년 남아프리카공화국 대통령으로 당선된 넬슨 만델라 대통령. 전 세계는 남아프리카공화국의 미래를 불안한 시각으로 바라보았다. 백인 정부의 정책이 가혹했던 것을 잘 알고 있었기 때문에 피의 복수가 벌어질 것으로 생각했다. 그러나 대통령이 된 만델라는 어떠한 보복도 허락하지 않았다. 새로운 시대를 위하여 모든 것을 용서하고 새롭게 시작하자고 했다. 그렇지만 백인과 흑인 사이의 오래된 갈등과 불신은 하루아침에 해결될 수 있는 일이 아니었다.

30년간의 감옥살이 후 대통령이 된 그가 부딪힌 가장 큰 문제는 흑인들의 백인에 대한 증오심과 백인들의 두려움 등 흑백간의 인종 갈등 문제였다.

당시 남아공 럭비팀 중에 스프링복스팀이 있었다. 최약체 팀이었고 흑인 선수는 단 1명만 포함되어 있었기 때문에 흑인들은 이 팀이 경기를 하면 남아공 팀이 아닌 상대 팀을 응원할 정도였다. 남아공 사람들은 스프링복스팀은 해체해야 한다고 주장했다. 이때 만델라 대통령이 나서서 스프링복스팀을 흑인들이 받아들여 존속시켜야 한다고 주장한다.

이 팀의 주장을 만난 만델라 대통령은 1년 후 열리는 럭비월드컵에서 우승해 줄 것을 요구한다. 불가능한 일이었다. 그러나 반드시 해야 하는 일이었다. 모든 사람들이 불가능한 일이라고 이야기했다. 그러나 만델라 대통령은 할 수 있다는 믿음을 가지고 스프링복스팀을 지원했다.

기적같이 스프링복스팀은 럭비월드컵에서 결승에 진출한다. 그리고 1995년 6월 24일, 제3회 럭비월드컵 뉴질랜드와의 결승전에서 우승을 차지한다. 남아공 국민들은 흑인, 백인 할 것 없이 이 우승으로 서로의 불신과 갈등을 극복하고 하나가 될 수 있었다.

할 수 있다는 믿음이 새로운 삶을 가능하게 만든다.

우리가 가져야 할 신앙은 세 가지다.

소원이 분명한 신앙 : I Want

흔들리지 않는 신앙 : I Will

할 수 있다는 신앙 : I Can

이 신앙을 가지고 승리하는 하루하루가 되도록 하자.

다만 말씀으로만 하옵소서

1964년 3월 13일 새벽, 뉴욕의 퀸즈 주택가에서 키티 제노비스라는 여성이 강도를 당했다. 칼에 찔린 여성은 도와달라고 수없이 비명을 질렀으나 도움을 주는 사람이 없었다. 주택가에 사람이 없었던 것도 아니었다. 38명의 주민들이 제노비스가 도움을 청하는 비명소리를 들었다. 누군가 그만두라는 소리에 강도는 잠시 주춤거렸지만 아무도 나와 보지 않는다는 사실을 안 강도는 30분에 걸쳐 제노비스를 흉기로 찌르고 도주하였다.

경찰이 도착하여 병원으로 옮겼을 때, 키티 제노비스는 숨을 거두었다. 경찰의 조사결과 38명의 주민들은 제노비스의 비명을 듣고도 적극적으로 도움을 주려고 하지 않았다. 심지어 30분이 지나기 전까지는 누구도 경찰에 신고조차 하지 않았다. 이유는 사건에 휘말리고 싶지 않았고 내가 아니어도 다른 사람이 도움을 줄 것이라고 생각했기 때문이다. 이 사건은 지금까지도 인간의 집단심리 상태를 연구하는 사례로 인용되고 있다.

'제노비스 살인사건'에서 '제노비스 신드롬'이라는 심리용어가 탄생했다. 이 사건은 한 영화에서 신부의 입을 통하여 "악인보다도 무서운 것은 선량한 시민의 무관심이다"라는 말로 다시 전달되었다. 실제로 한 실험결과에 따르면 도움을 청할 사람이 두 명뿐일 때 도움받을 수 있는 확률은 85%, 세 명일 때는 62%, 여섯 명일 때는 31%밖에 되지 않는다고 한다. 사막이나 극지방에서 어떤 사람과 당신이 단둘이 버려졌을 때 당신이 살아남을 확률보다 도심에서 공격을 받을 때 도움받을 확률이 현저히 낮다는 것이다. 도둑이나 강도를 만나면 '강도야!' 하지 말고 '불이야!' 하고 소리쳐야 한다는 것과 같은 맥락이다.

다른 사람이 당하는 고통을 보고도 외면하는 사람이 있고 외면하지 않는 사람이 있다. 우리 사회가, 우리 교회가, 나의 믿음이 혹시 나쁜 사람의 고통을 보고도 외면하는 '제노비스 신드롬'에 빠져 있는 것은 아닌지 자신을 되돌아보자.

하인의 고통을 외면하지 않았던 백부장

"예수께서 가버나움에 들어가시니 한 백부장이 나아와 간구하여 이르되 주여 내 하인이 중풍병으로 집에 누워 몹시 괴로워하나이다" 마태복음 8:5-6

로마의 백부장은 휘하에 병력 백 명을 지휘하는 대장으로서 로마 군단의 핵심 장교 중의 장교였다. 로마 백부장의 용맹함은 타의 추종을 불허한다. 전쟁터에서 무서울 것이 없고 거칠 것이 없는 장교가 로마의 백인대장이었다.

가버나움에 주둔하고 있던 로마 군대의 이름을 알 수 없는 한 백부장이 예수님을 찾아왔다. 로마 군대의 백부장이 예수님을 찾아왔다는 것은 당시로서는 여러 사람들의 눈과 귀를 주목시키는 일이었다.

당시 백부장의 집 하인이 중풍에 걸려 매우 괴로워하였다. 백부장은 괴로워하는 하인의 병을 고쳐 주기 위하여 노력했으나 괴로움을 해결해 줄 수는 없었다. 그러던 차에 예수님에 관한 소문을 듣게 되었다.

당시 가버나움은 로마제국의 식민지였기 때문에 로마 군인들이 주둔하고 있었다. 로마 군인들은 식민지의 여러 정보에 항상 신경을 곤두세우고 있었다. 지역을 오고가던 중에 로마의 백부장은 예수님에 대한 소문을 듣게 되었다. 소문뿐 아니라 예수님의 활동에 대하여 사실 확인을 거쳤을 것이다. 예수님에 관한 소문과 사실 확인을 거친 후에 백부장은 한 가지를 결심하게 된다. '예수를 찾아가서 하인의 병을 고쳐 달라고 말하자.'

백부장의 결심은 쉽지 않은 결심이었다. 결심을 한 후 백부장은 주저하지 않고 예수님을 찾아갔다. 자신의 문제를 가지고 예수님을 찾아간 것이 아니라 집에 있는 하인의 병 때문에 찾아간 것이다.

백부장과 하인은 주종관계였다. 당시에는 노예제도가 있었다. 노예는 재산품목 중 하나였다. 병이 걸리면 그냥 내보내면 그만이었다. 그러나 백부장은 그러지 않았다. 괴로워하는 모습을 보고 애통해하는 마음을 가졌고 어떻게 하든 병든 하인의 몸을 고쳐 주고 싶었다. 이러한 연민의 마음, 애통해하는 마음, 다른 사람의 아픔을 외면하지 않는 마음을 가져야 한다.

앰뷸런스 소리가 들리면 좌우로 차를 이동하며 양보해 준다. 마치 홍해가 갈라지는 모세의 기적을 보는 것 같다. 앰뷸런스라는 글자도 앞 차가 미러로 보았을 때, 제대로 보이도록 새겨 놓았다. 선진국이 아닐수록 앰뷸런스 소리를 무시한다. 앰뷸런스 소리는 생명이 위급함을 알리는 사이렌이다.

어떤 사람이 집을 가는데 자꾸만 앰뷸런스가 뒤쫓아오더란다. 무시하고 비켜 주지 않았단다. 그런데 그 앰뷸런스가 집에까지 쫓아오더란디. 알고 보았더니 자기 집의 아들이 혼수상태에 빠져 있었던 것이다. 다른 사람의 아픔을 외면하지 않는 것은 자기 자신의 아픔을 외면하지 않는 것과 마찬가지다.

자신의 삶에 최선을 다하였던 백부장

"이르시되 내가 가서 고쳐 주리라 백부장이 대답하여 이르되 주여 내 집에 들어오심을 나는 감당하지 못하겠사오니 다만 말씀으로만

하옵소서 그러면 내 하인이 낫겠사옵나이다" 마태복음 8:7-8

백부장은 중풍에 걸린 하인을 데리고 오지 않았다. 중풍에 걸린 하인은 집에 누워 있었다. 그 하인을 고치려면 예수님이 하인이 누워 있는 집으로 가야만 했다. 이것은 아주 자연스럽고 정상적인 일이다. 그런데 "내가 가서 고쳐 주리라"고 예수님이 말씀하셨음에도 불구하고 백부장은 "말씀으로만 하옵소서"라고 반응한다.

백부장은 말씀의 권세를 익히 잘 알고 있었던 사람이었다. 백부장은 이야기한다. "나도 내 위에 상관이 있습니다. 물론 내 휘하에도 부하들이 있습니다. 나 역시 상관이 오라면 오고 가라면 갑니다. 내 부하들 역시 내가 오라면 오고 가라면 갑니다. 내 종 역시 내가 시키는 대로 모든 것을 하였습니다. 그러니 예수님의 말씀만으로도 내 하인이 나을 수 있습니다. 그러니 말씀만 해 주십시오."

백부장은 군인이었다. 요령이나 피우고 어리바리했던 군인이 아니라 군인정신이 투철한 사람이었다. 군인은 명령에 살고 명령에 죽는다. 백부장은 자기 상관에게 철저하게 복종하는 군인이며 그의 부하들 역시 자신의 말에 철저히 복종하는 군인이었다. 상관의 말에 불복하지 않았으며 어떠한 토도 달지 않았다. 그것이 철저하게 몸에 배어 있는 사람이다. 이것은 하루아침에 몸에 배인 것이 아니다. 백부장이 평소에 상관의 말에 복종하지 않았다면 예수님을 찾아갈 생각도 하지 않았을 것이다. 백부장은 군인으로서 자신의 삶을 충실하게 살던 사람이다.

기적은 내가 나의 삶에 최선을 다하고 살아갈 때 일어난다. 놀고

먹는 사람에게는 기적이 일어나지 않으며 간절히 기도하는 사람에게 기적이 일어난다. 기도는 활시위를 당기는 것과 같다. 활시위를 당기면 당길수록 화살은 정확하고 멀리 날아간다. 자기 인생의 활시위를 힘껏 잡아당겨야 한다. 당기다가 힘들다고 어설프게 놓으면 제대로 날아가지 않는다.

후회 없는 인생을 살아야 한다. 후회 없는 인생은 하루하루 자신의 일에 최선을 다하며 살아가는 인생이다. 지금 할 일을 다음으로 미루지 않는 인생, 오늘 할 일을 내일로 미루지 않는 인생을 살아야 한다.

우리나라에서 개미 연구로 잘 알려진 세계적인 생물학자 최재천 교수가 개미에 관하여 쓴 글에 거북개미 이야기가 있다. 거북개미는 일명 보초개미라고 한다. 이 개미는 머리가 유달리 크고 이마가 평평하다. 이들은 큰 머리로 개미굴 입구를 막는다. 그러면 개미 머리가 깨지기 전까지는 절대 머리가 빠지거나 밀리지 않는다.

일 나갔던 개미들이 먹을 것을 물고 온 뒤 입구를 막고 있는 거북개미 머리를 자기 더듬이로 두드리며 신호를 보내면 그제야 거북개미는 머리를 들고 문을 열어 준다.

이웃나라 개미가 머리를 두드리면 암호가 틀려 절대 열어 주지 않는다. 이웃나라 개미와 전쟁을 해도 이 거북개미가 개미집 입구를 머리로 막고 있으면 절대로 들어올 수 없다.

 하나님의 말씀에 순종하여 그리스도의 십자가 사랑을 실천하기 위한 역사는 지금도 계속되고 있다. 그것을 피한다면 복음의 불은 꺼지고 만다. 지금도 이 땅과 이 세상 곳곳에서는 복음을 들고 후회 없는 최선의 삶을 살아가는 많은 사람들이 있다.
 우리는 지금 어떠한 삶을 살아가고 있는가? 하루하루 후회 없는 최선의 삶을 살아가야 한다. 자신의 삶에 최선을 다하며 또한 최선을 다하여 기도할 때 하늘 문이 열리고 기적이 일어나는 것이다.
 기적이 일어나기를 바라면서 아무것도 하지 않고 있으면 기적은 일어나지 않는다. 기적은 자신의 삶의 자리에서 최선을 다하며 살아갈 때 우리 주님을 통하여 일어나는 것이다.

놀라운 위대한 믿음을 가졌던 백부장

"예수께서 들으시고 놀랍게 여겨 따르는 자들에게 이르시되 내가 진실로 너희에게 이르노니 이스라엘 중 아무에게서도 이만한 믿음을 보지 못하였노라" 마태복음 8:10
 평범한 사람이 있고 위대한 사람이 있다. 위대한 사람을 우리는 위인이라고 부른다. 어린 시절부터 우리는 위인들의 이야기를 듣고 자랐다. 위인은 위대한 사람Great man을 가리킨다. 역사의 흐름을 바꾼 위대한 인물들이 있다.

누구나 위대한 인물이 될 수는 없다. 그러나 위대한 믿음을 가질 수는 있다. 위대한 사람은 타고난다는 말을 한다. 그러나 위대한 믿음은 타고나는 것이 아니라 만들어지는 것이다. 누구의 믿음이 가장 위대한가? 예수님께서 인정하시는 믿음이 가장 큰 믿음이다.

우리 시대에도 마찬가지다. 예수님이 인정하시는 믿음을 가지고 있다면 그것이 곧 위대한 믿음인 것이다. 위대한 인물이 되는 것보다 중요한 것은 위대한 믿음을 갖는 것이다.

백부장의 반응에 예수님은 놀랍게 여기셨다. 일반적인 반응이 아니었기 때문이다. 백부장은 예수님을 놀라게 한 사람이었다. 예수님도 놀라시는 믿음을 가졌기 때문이다. 이러한 믿음이 우리 안에도 넘쳐나기를 바란다. 생명력이 없는 믿음이 아니라 생명력이 넘치는 믿음으로 충만하기를 바란다.

우리의 믿음으로 세상 사람들이 놀라는 일이 벌어져야 한다. 세상에는 언제나 끊임없이 놀라야 할 일들이 많다. 이제는 세상이 우리들이 믿음으로 말미암아 놀라는 일이 벌어져야 한다.

사람들은 이야기한다. 항상 부정적인 것을, 할 수 없다는 것을, 안 된다는 것을. 그러나 예수님은 우리에게 이렇게 말씀하고 있다. "예수께서 이르시되 할 수 있거든이 무슨 말이냐 믿는 자에게는 능히 하지 못할 일이 없느니라 하시니" 마가복음 9:23

할 수 있는 것을 하는 것은 누구나 할 수 있는 보통 믿음이다. 그러나 할 수 없다는 것을 할 수 있다고 믿고 하는 것은 보통 믿음이 아니다. 특별한 믿음이고 위대한 믿음이다.

　예수님은 다른 사람도 할 수 있는 것을 하신 분이 아니다. 누구도 할 수 없는 일을 하신 분이 예수님이다. 병든 자를 고치고 죽은 자를 다시 살리시고 누구도 다른 사람을 위하여 죽지 않는데 우리를 구원하시기 위하여 십자가에서 죽으셨다.

　우리의 믿음 또한 할 수 없는 것을 할 수 있다는 믿음으로 거듭나야 한다. 믿음 안에서 안 되는 것은 없다. 우리 안의 부정적인 생각을 버려야 한다. 부정적인 생각과 말은 하지도 말고 귀를 기울이지도 말아야 한다.

우리도 하인의 고통을 외면하지 않았던 백부장같이,
자신의 삶에 최선을 다하였던 백부장같이,
예수님께서도 인정하셨던 놀라운 믿음을 가졌던
백부장과 같은 믿음을 가지고 생활하도록 하자.

실수와 실패를 딛고 일어서자

『우리는 왜 실수를 하는가』(조지프 핼리넌 저, 문학동네)라는 책이 있다. 이 책은 1991년 인디애나 주의 의료과실을 주제로 한 연속보도로, 추적보도 부문에서 퓰리처상을 수상했던 저자가 무려 20년 동안 사람들의 실수담을 모아 그 실수의 원인을 분석하고 사람들이 같은 실수를 반복하지 않게 하기 위한 해결책을 제시하고 있다.

실수는 반복된다. 실패도 반복된다. 인간은 완전하지 않기 때문에 실수한 것을 다시 반복하지 않는다고 하지만 시간이 지나면 또다시 실수하고 실패한다. 그러나 중요한 것은 되풀이하여 실수하고 실패해도 그 실수와 실패를 딛고 일어서야 한다는 것이다.

누구나 실수할 수 있다. 할 수 있는 것이 아니라 실수한다. 실패도 한다. 왜 그럴까? 그 실수와 실패를 딛고 일어나 더 큰 일을 이루라고 실수하고 실패하는 것이다.

　1986년 1월 28일 오전 11시 38분, 우주왕복선 챌린저호의 발사 장면이 수천 명의 사람들이 현장에서 지켜보고 있고 미 전역에 생중계되는 가운데 힘차게 발사되었다. 우주선에는 7명의 우주비행사가 탑승하고 있었고 그중에는 우주비행사로 선발된 현직 고등학교 여교사도 탑승하고 있었다. 그러나 챌린저호는 발사 후 73초 만에 공중에서 폭발하여 산산조각나 버리고 말았다. 7명의 우주비행사는 전원 사망했다.

　NASA와 미국 정부는 당황했다. 곧바로 레이건 대통령의 담화문이 발표되었다. 사람들은 사고 직후 미국의 대우주탐사가 중단될 것이라고 예측하였다. 그러나 레이건 대통령은 담화문에서 사고에 대한 유감과 더불어 사고 원인에 대한 철저한 조사와 재발 방지에 만전을 기할 것이라고 하면서 동시에 우주 연구와 개발은 멈추지 않고 계속될 것이라고 확신에 찬 목소리로 발표하였다. 당시 미국은 우주 연구와 개발을 두고 소련과 경쟁관계에 놓여 있었다. 그 사고로 우주 탐사와 개발이 잠시 중단은 되었지만 미국은 다시 우주 개발 연구에 박차를 가하였다.

2003년, 이번에는 우주왕복선 컬럼비아호가 지구로 귀환하던 중에 공중 폭발하는 사건이 발생하였다. 그럼에도 불구하고 미국의 우주 연구와 개발은 멈추지 않고 계속되고 있다. 실수하고 실패하는 역사는 되풀이된다. 그러나 그 실수와 실패를 딛고 역사는 계속 전진해 나간다.

'당신이 저지를 수 있는 가장 큰 실수는 실수를 할까 두려워하는 것이다'라는 말이 있다. 실수와 실패를 두려워하지 말자. 실수하고 실패했어도 다시 그 실수와 실패를 딛고 일어서자.

실수와 실패의 원인은 어디에 있는가

예수님이 부활하신 후 다른 제자들이 십자가에 못 박혀 죽으셨던 예수님을 보았다고 하자 도마는 주저하지 않고 이렇게 말한다. "다른 제자들이 그에게 이르되 우리가 주를 보았노라 하니 도마가 이르되 내가 그의 손의 못 자국을 보며 내 손가락을 그 못 자국에 넣으며 내 손을 그 옆구리에 넣어 보지 않고는 믿지 아니하겠노라 하니라" 요한복음 20:25

내 눈으로 보고 내 손으로 확인해 보겠다는 것은 지극히 정상적인 사람이 보일 수 있는 반응이었다. 이상한 반응이 아니었다. 누구든지 할 수 있는 말이었다. 그러나 내가 가진 눈과 손을 얼마나 신뢰할 수 있는가?

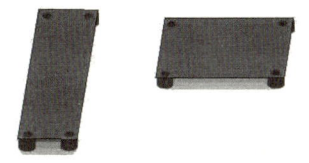

『우리는 왜 실수를 하는가』라는 책에는 스탠포드 대학의 로저 셰퍼드 교수가 실험한 테이블 실험 내용이 실려 있다. 두 개의 테이블이 있는데 어느 쪽이 더 큰가? 결론은 두 개의 테이블은 크기가 같다.

믿을 수 없었지만 사실이다. 내가 보는 눈이 정말 정확한 것일까? 처음에는 사진을 의심하였다가 다음에는 내 눈을 의심하게 되었다. 뭐가 문제지? 왼쪽 테이블이 커 보이는 것이 분명한데 잘라 붙여보면 크기가 같다. 뭐가 잘못된 것일까?

보이는 것을 그대로 다 믿는다면 영화도 사실로 믿어야 한다. 우리가 눈으로 보고 있는데 스크린에는 사람들이 움직이고 총을 쏘고 하지 않는가? 영화는 정지된 필름이다. 정지된 필름을 빠르게 돌리면 우리 눈에 움직이는 것처럼 보일 뿐 사실은 움직이지 않는 것이다. 이것이 우리의 육체다. 완전한 것 같지만 완전치 못한 것이 우리의 몸이다.

자신의 육체를 신뢰하면 실수가 생기고 실패가 일어난다. '나는 아니다', '나는 다르다' 라고 생각하고 말할지 모르지만 실수하고 실패하는 것에는 큰 차이가 없다. 믿음의 세계에서도 실수를 한다. 경우에 따라서는 실패도 한다.

예수님의 제자들도 많이 실수하고 많이 실패하였다. 베드로는 예수님에게 "주와 함께 죽을지언정 주를 부인하지 않겠나이다"라고 말했다. 그러자 다른 제자들도 이구동성으로 그렇게 대답하였다(마태복음 26:34-35).

　결과는 어떠했는가? 베드로는 예수님의 말씀과 같이 예수님을 세 번씩이나 부인하였다. 다른 제자들은 다 도망가고 말았다. 이것이 연약한 우리 인간의 모습이다. 무엇이 잘못된 것일까? 베드로는 영으로 답변한 것이 아니라 육으로 답변했기 때문이다. 그래서 예수님은 우리에게 제자들을 통하여 이렇게 말씀하고 계신 것이다. "시험에 들지 않게 깨어 있어 기도하라 마음에는 원이로되 육신이 약하도다 하시고" 마가복음 14:38

　우리의 육신은 약하다. 약한 육신을 신뢰하면 실수할 수밖에 없고 실패할 수밖에 없다. 육체를 자랑하고 신뢰하는 것은 스스로 실수와 실패의 구렁텅이에 자신을 던지는 것과 같은 미련한 일이다.

　우리 몸에 가져야 할 것은 오직 예수의 흔적밖에는 없다. 자신의 육체를 자랑하지 말고 예수님의 흔적을 자랑해야 하는 이유가 여기에 있다.

실수와 실패를 극복하는 방법은 무엇인가

"도마에게 이르시되 네 손가락을 이리 내밀어 내 손을 보고 네 손을 내밀어 내 옆구리에 넣어 보라 그리하여 믿음 없는 자가 되지 말고 믿는 자가 되라" 요한복음 20:27

　믿음 없는 자가 되지 말고 믿는 자가 되는 것이 방법이다. 믿음으로 구하는 것은 다 얻게 된다. 문제는 믿음이 없다는 것이다. 믿음이 없기 때문에 구하지도 않는다는 것이다.

우리는 살면서 실수도 하고 실패도 한다. 그럼에도 불구하고 믿음을 가지고 또다시 구하고 찾고 문을 두드려야 한다. 실수하고 실패해도 우리 주님은 우리를 버리지 않으시고 실패한 제자들을 다시 찾아오셨다. 그리고 실수와 실패로 낙망해 있는 제자들에게 성령을 받으라고 말씀하셨고 그들을 다시 일으켜 세워 주셨다. 실수했다고, 실패했다고 낙심하여 주저앉아 있지 말고 실수와 실패를 딛고 믿음으로 다시 일어서자.

『실패를 딛고 전진하라』(존 맥스웰 저, 두란노)라는 책에 이런 이야기가 등장한다. 두 경영학 교수가 원숭이를 대상으로 실험을 한다. 중앙에 긴 막대기가 세워져 있는 방에 원숭이 네 마리를 넣어 둔다. 그 막대기의 꼭대기에는 바나나가 매달려 있다.

배가 고픈 한 원숭이가 먹을 것을 얻기 위해 막대기를 타고 올라가기 시작한다. 바나나를 잡아채려는 순간 찬물을 뒤집어쓴다. 원숭이는 비명을 지르며 재빨리 막대기에서 내려온다. 그러고는 또다시 바나나가 매달려 있는 나무 꼭대기에 올라가려고 하지 않는다. 다른 원숭이들도 같은 시도를 하지만 결과는 찬물을 뒤집어쓰는 것이다.

네 마리 원숭이 중에 한 마리를 교체하여 새로운 원숭이를 집어넣는다. 새로 들어온 원숭이는 당연히 막대기를 타고 바나나를 먹기 위해 올라간다. 그러면 다른 세 마리 원숭이들이 나무 꼭대기에 올라가는 원숭이를 바닥으로 끌어내린다. 막대기에 오르려고 할 때마다 번번이 다른 원숭이들에게 끌려 내려온 원숭이도 결국은 포기하고 다시는 오르려 하지 않는다. 이렇게 원래 있었던 원숭이들을 한 마리씩 빼내고 매번 새로운 원숭이를 들여보낸다. 결과는 되풀이 된다.

이제 최초의 네 마리 원숭이는 새로운 원숭이 네 마리로 모두 교체되었다. 한 번도 찬물을 뒤집어써 보지 않은 원숭이들이다. 다만 다른 원숭이들이 말렸을 뿐인 원숭이들이다. 결과는 마찬가지 한 마리도 나무 꼭대기에 올라가지 않았다. 왜 올라가지 말아야 하는지 이유는 모른다. 그냥 올라가지 않는 것이다.

사람도 실패에 익숙해지면 이들 원숭이와 같은 유사한 반응을 보인다고 한다. 믿음이 없기 때문이다. 실수와 실패가 반복될수록 다시 시도해야 한다. 그래야 실수와 실패를 딛고 다시 일어설 수 있는 것이다.

실수와 실패를 딛고 복되게 사는 방법은 무엇인가

"예수께서 이르시되 너는 나를 본 고로 믿느냐 보지 못하고 믿는 자들은 복되도다 하시니라" 요한복음 20:29

도마는 본 고로 믿었다. 요즘 사람들은 보고도 믿지 않는다. 보고도 믿지 않는 정도가 아니라 죽어도 안 믿는다. 왜 죽어도 안 믿는 것일까? 거짓이 너무 많기 때문에 안 믿는다. 하도 서로 속고 속이고 살다 보니까 봐도 못 믿게 된 것이다.

예수님께서 말씀하셨다. "예수께서 이르시되 내가 곧 길이요 진리요 생명이니 나로 말미암지 않고는 아버지께로 올 자가 없느니라"요한복음 14:6 구원의 길은 이미 열려 있다. 그러나 사람들은 믿지 않는다. 다른 길을 찾고 다른 진리를 찾고 다른 생명을 찾는다.

"믿음은 바라는 것들의 실상이요 보이지 않는 것들의 증거니"히브리서 11:1라고 성경은 분명하게 말씀하고 있다. 믿음은 헛된 것이 아니다. 믿음은 신기루가 아니다. 사람들은 눈에 보이지 않는다면서 믿지 않고, 보고서도 믿으려고 하지 않는다.

하나님이 없다고 믿는 이발사가 있었다. 그는 사람들의 머리를 깎아 주며 누구에게든지 늘 하나님은 없다고 말했다.

"하나님은 없어. 하나님이 있다면 이 세상이 이렇게 불결해지겠어? 세상에 나가 봐. 불결하고 나쁜 사람들 천지야. 하나님이 계시다면 왜 그 사람들을 그대로 놔두는 것인지 알 수가 없어. 하나님이 없기 때문이야."

이발사의 말에 누구도 틀렸다고 말하는 사람이 없었다.

어느 날, 이발사의 말을 듣고 한 사람이 머리를 다듬지 않은 매우 불결한 아이를 이발사에게 데리고 갔다. 그리고 그 이발사에게 이렇게 말했다.

"이 세상에 이발사는 없습니다."

이발사는 기가 막혔다.

"그렇지 않소. 말도 안 되는 소리. 내가 여기 이렇게 있지 않습니까?"

그러자 그 사람이 이렇게 말했다.

"그렇다면 이 아이의 머리는 왜 이렇게 불결한가요?"

머리가 불결한 아이를 바라보고 이발사가 대답했다.

"이발사는 분명히 존재합니다. 그런데 문제는 머리가 불결한 모든 사람들이 다 나를 찾아오지는 않는다는 것에 있지요."

누가 문제인가? 하나님이 계심에도 찾지 않는 사람들이 문제인가, 하나님이 찾아오셨음에도 불구하고 믿지 않는 사람들이 문제인가? 하나님은 항상 우리 곁에 계신다. 어제도 계시고 오늘도 계시고 내일도 계시고 영원히 계신다.

왜 실수하고 실패하는가?
자신의 육체를 지나치게 신뢰하기 때문이다.
실수와 실패를 극복하는 방법은 무엇인가?
믿음 없는 자로 살아가지 말고 믿는 자로 살아가는 것이다.
실수와 실패를 딛고 복되게 사는 방법은 무엇인가?
오직 믿음으로 살아가는 것이다.

CHAPTER 3

먹고 일하고 간절히 기도하라

지금은 어느 때인가

'**카**르페 디엠Carpe diem' 이라는 말이 있다. 고대 호라티우스 (Quintus Horatius Flaccus, BC 65~BC 8)가 쓴 시에 언급되어 있는데 '현재를 잡아라', '현재에 충실하라', '현재를 즐겨라' 는 뜻이다. 이 말은 영화《죽은 시인의 사회》에서 키딩 선생님 분으로 나온 로빈 윌리엄스가 학생들에게 "카르페 디엠, 오늘을 즐겨라. 소년들이여, 삶을 비상하게 만들어라"라고 말함으로써 더욱 유명세를 타게 되었다.

서구에서는 이 말을 좌우명으로 삼고 있는 사람들이 많으며 우리나라에서는 카페 이름으로 사용되고 있기도 하다. 로빈 윌리엄스의 대사는 미국 영화연구소에 의하여 미국 영화 역사 중 100대 명대사 기록 중에 하나로 선정되기도 하였다.

 보다 정확하게 이 말은 "과거는 이미 지나가 버렸으니 그리 중요하다고는 볼 수 없고, 미래는 앞으로 다가올 것이기에 미리 준비해야 하는 것인데 그러자면 미래를 충실하게 준비하기 위해서라도 현재 내가 처한 상황에서 후회 없이 최선을 다하고 나머지 결과는 신에게 맡긴다"라고 풀이할 수 있다.

프랭클린 루스벨트(Franklin Delano Roosevelt, 1882~1945) 전 미국 대통령의 아내 엘리너 여사는 이런 말을 남겼다. "어제는 역사고, 내일은 알 수 없고, 오늘은 선물이다. 그래서 가장 아름다운 날은 오늘이다. Yesterday is a history, tomorrow is a mystery. Today is a gift, that is, present."

지금 무슨 생각을 하고 있고, 무슨 말을 하고 있고, 무슨 행동을 하고 있는가 하는 것이 내일을 결정하고 미래를 결정한다. 중요한 것은 지금이다.

지금은 은혜 받을 때이며 구원받을 때이다

어린 시절 부모에게 반드시 한 번은 들어 보았고 어른이 되어 부모가 되면 반드시 자녀들에게 하는 말이 있다. "너 이 담에 커서 뭐가 되려고 그러니?"라는 말이다. 커서 뭐가 되려는지는 지금 무엇을 하느냐에 달려 있다. 지금 게으르게 보내는 사람은 커서도 게으름을 버리지 못한다. 지금 부지런한 사람은 커서도 부지런한 삶을 살아가게 된다. 지금 은혜 받는 사람의 특징은 게으르지 않은 사람이다.

1850년대 말 남북전쟁이 터지기 몇 해 전, 미국 오하이오 주에서 대농장을 경영하는 부호인 테일러의 농장에 한 거지가 찾아왔다. 짐이라는 17세 소년이었다. 일손이 필요했던 테일러는 그 소년을 머슴으로 고용하였다. 그러나 3년 뒤 자신의 외동딸과 짐이 사랑에 빠진 것을 알고 몹시 노하여 짐을 때려서 빈손으로 내쫓아버렸다.

35년이 지난 어느 날, 낡은 창고를 헐다 짐의 보따리가 발견되었는데 책 속에 짐의 이름이 적혀 있었다. 그의 이름은 제임스 A. 가필드, 미국의 20대 대통령이었다.

버지니아 맥린에 가필드 기념 교회가 있다. 어머니의 신앙을 물려받아 빈털터리에서 대통령으로 성공한 그의 인생철학은 '눈앞의 일을 항상 열심히 하자'였으며, 그의 10가지 좌우명 중 첫 번째는 '게으름 피우지 말고 수입 범위 내에서 생활하자'였다.

게으른 사람은 성공이라는 길에서 멀리 떨어져 있는 사람이다. 예수님도 게으름에 대해서는 달란트 비유를 통하여 1달란트를 받고도 아무것도 하지 않고 그냥 그대로 두었던 종을 향해 '악하고 게으른 종아'라고 강하게 질책하셨다.

지금의 가장 큰 적은 무엇보다 게으름이다. 게으른 사람들이 가

장 많이 하는 말이 있다. "아, 알았어. 하면 되잖아!"

언제 하는가? 안 한다. 게으른 사람은 미루고 또 미룬다. "또 그들은 게으름을 익혀 집집으로 돌아다니고 게으를 뿐 아니라 쓸데없는 말을 하며 일을 만들며 마땅히 아니할 말을 하나니"디모데전서 5:13 지금을 소중하게 여기지 않는 사람은 소비적인 일에 대부분의 시간을 보낸다.

요즘에는 개나 고양이가 학대당하는 모습이 목격되면 난리가 난다. 그런데 사람이 구원받지 못하고 사단과 마귀에 끌려다니는 것은 개의치 않는다. 지금 가장 중요한 것은 무엇인가? 지금 하나님의 은혜를 받고, 지금 구원의 날에 구원을 받는 것이다.

인생을 살아가면서 가장 중요한 일은 은혜 받고 구원받는 일이다. 이것을 잊고 살면 인생은 무의미하고 괴로울 뿐이다.

지금은 모든 것이 회복될 때이다

"하나님이여 주께서 우리를 버려 흩으셨고 분노하셨사오나 지금은

우리를 회복시키소서" 시편 60:1

TV에서는 피로를 회복하라고 매일같이 광고를 하고 있다. 소개되는 음식들도 대부분 피로 회복에 좋다는 음식들이다. 저마다 피로가 쌓여 있다고 한다. 그 말에 모두들 공감한다. 육체 피로가 회복되면 다 회복되는 것일까?

먼저 가정이 회복되어야 한다. 부부 사이가 회복되어야 한다.
초등학교 친구가 페이스북에 글을 올려 놓았기에 댓글을 달았다.
"행복하고~ 와이프와 아이들에게 잘하고 살자~"
"마음은 굴뚝 같은데 그게 잘 되지 않아."
"왜 잘 안 되는데?"
"와이프와 아이들이 내 말을 무시해."
"왜 무시하는지 생각해 봤어?"
"그게 아마도 술 때문인 것 같아."

술 마시고 집에 늦게 들어간다. 늦게 들어가서 와이프와 아이들을 보고 좋아서 몇 마디하면 와이프와 아이들이 싫어한다는 것이다. 술 먹고 하는 소리를 사랑해서 하는 소리라 여기지 않고 술주정으로 듣기 때문이다. 반복되다 보니 무시당하는 것으로 여겨졌고 그러다 보니 더욱 사이가 멀어지게 된 것이다.

술을 끊으면 회복될 일이 많다. 원인 제공을 하지 말아야 한다.
부모와 자녀 사이가 회복되어야 한다. 자녀들이 부모의 말을 간섭이라고 여기지 않도록 말을 잘해야 한다. 자녀들을 윽박질러서는 안 된다. 윽박지르면 부모가 말할 때 듣는 척할 뿐이지 변화되지는 않는다.

시어머니와 며느리 사이의 갈등이 회복되어야 한다. 회복되지 않으면 쌓이고, 쌓이게 되면 나중에 반드시 문제가 발생한다. 회복되어야 할 것들을 회복하지 않고 무시하고 지나가면 안 된다.

우리 안에 진정으로 회복되어야 할 것은 구원의 즐거움이다. "주의 구원의 즐거움을 내게 회복시켜 주시고 자원하는 심령을 주사 나를 붙드소서"시편 51:12 또한 육신의 건강과 마음의 건강이 회복되어야 한다. "주는 나를 용서하사 내가 떠나 없어지기 전에 나의 건강을 회복시키소서"시편 39:13 지금 회복되어야 한다.

10년 전 『진정한 행복』에서 '긍정 심리학'을 주장한 셀리그만 Martin E. P. Seligman이 최근 잘 사는 삶, '웰빙'에 대한 해법을 들고 돌아왔다. 『플로리시』(마틴 셀리그만 저, 물푸레)라는 책에서 그는 기존 긍정 심리학의 주제는 단순히 행복에 그쳤지만 새로운 긍정 심리학의 목표는 순간적인 행복이 아닌 '웰빙'이라며 그 조건으로 다섯 가지를 제시한다.

첫 번째 - P · 긍정적인 정서 Positive Emotion

두 번째 - E · 몰입 Engagement

세 번째 - R · 긍정적인 관계 Relationship

네 번째 - M · 삶의 의미 Meaning

다섯 번째 - A · 성취 Accomplishment

셀리그만은 이 다섯 가지가 상처를 '긍정'으로 딛고 일어서는 힘인 '회복탄력성'의 기반이 된다고 말한다. 외상후스트레스장애(트라우마)는 사람들에게 심각한 우울증과 불안증으로 남게 마련인데 여기서 잊어선 안되는 게 외상후성장Post-Traumatic Growth이라는 것이다. 트라우마를 고통으로만 받아들일 게 아니라 성장의 발판으로 삼아야 한다는 것이다.

그는 트라우마를 '긍정'으로 딛고 일어서면 지속적인 행복을 발견하는 플로리시Flourish, 풍족한 삶을 살 수 있다는 확신을 전한다.

지금은 근심할 때가 아니고 기뻐할 때이다

"지금은 너희가 근심하나 내가 다시 너희를 보리니 너희 마음이 기쁠 것이요 너희 기쁨을 빼앗을 자가 없으리라" 요한복음 16:22
동물은 웃지 않지만 사람은 웃는다. 웃어야 할까, 울어야 할까? 지금은 근심할 때인가, 기뻐할 때인가? 너는 뭐가 좋아서 맨날 웃느냐고 묻는다면 그런 너는 뭐가 슬퍼서 맨날 그렇게 얼굴을 찡그리고 있느냐고 묻고 싶다.

섬진강 시인이라고 불리는 김용택의 『김용택의 어머니』(김용택 저, 문학동네)라는 책이 있다. 18세 꽃다운 나이에 시집을 와서 호랑이 시어머니에게 눈물 빼며 시집살이를 하고, 아들이 어머니의 가슴을 새카맣게 태우고, 온 가족이 빈궁한 살림살이 속에서 하루하루를 근근이 살아가는 동안에도, 언제나 아들에게 마지막 남은 것 하나까지 아낌없이 쏟아부었던 어머니의 이야기를 담고 있다.

평생을 죽도록 일만 하시다가 나이 80을 넘기신 시인의 어머니. 이제 가는 귀가 먹어 자식들이 건네는 이야기조차 제대로 들리지 않는 시인의 어머니. 보청기를 해드리겠다는 자식들의 말에 어머니는 고개를 젓는다.

"아니다, 늙으면 세상 소리 다 들을 필요 없다."

시인인 아들은 문득 묻는다.

"지금 소원은요?"

"없다. 자식들 고생 안 시키고, 안 아프고 그냥 바람처럼 훌쩍 떠났으면 좋겠다."

그런 시인의 어머니가 꽃을 보고 웃으시는 모습이 사진으로 담겨 있다.

기쁨을 참지 말아야 한다. 하나님은 우리를 보시고 기쁨을 참지 **못**하신다. 우리는 주님을 생각하는 것만으로도 기쁨이 충만해지는 사람들이다. 다른 것을 기뻐하지 말아야 한다. 예수님께서는 제자들에게 이렇게 말씀하셨다. "…너희 이름이 하늘에 기록된 것으로 기뻐하라 하시니라" 누가복음 10:20

작은 일에도 기뻐하자. 일단 웃고 보자. 요즘 코미디는 코미디가 아니야. 언제 웃으라는 것인지 알 수가 없다며 웃고 있는 가족에게 "그게 그렇게 재밌어?"라고 묻지 말고 그냥 옆에서 따라 웃어라. 그러면 된다. 그러면 자녀들이 물어볼 것이다.

"뭘 알고 웃는 거야?"

"아니. 니가 웃길래 그냥 따라 웃는 거다. 웃으니까 좋구나~."

성경은 우리에게 사랑하고 기뻐하라고 말씀하고 계신다. "마지막으로 말하노니 형제들아 기뻐하라 온전하게 되며 위로를 받으며 마음을 같이하며 평안할지어다 또 사랑과 평강의 하나님이 너희와 함께 계시리라 거룩하게 입맞춤으로 서로 문안하라"고린도후서 13:11

지금은 근심할 때가 아니다. 지금은 기뻐할 때다. 기뻐할 일이 없다고 말하지 말자. 지금 숨쉴 수 있는 것에 감사하고 기뻐하자. 지금 생각하고 말할 수 있는 것에 감사하고 기뻐하자. 지금 볼 수 있는 것에 감사하고 기뻐하자.

지금은 어느 때인가?
지금은 은혜 받을 때이며 구원받을 때이다.
지금은 모든 것이 회복될 때이다.
지금은 근심할 때가 아니고 기뻐할 때이다.

숨길 수 없는 것들

시인 하이네(Christian Johann Heinrich Heine, 1797-1856)는 그리스-로마의 신들에 심취하였다고 한다. 그런데 그가 죽기 전에 루브르 박물관의 비너스가 자신을 쳐다보면서 이렇게 말하는 것 같았다고 한다.

"니는 나에게 매달리는데 나는 너를 구할 힘이 없어. 나는 팔이 없지 않냐? 너를 안아 주고 싶은데 팔이 없어. 너희들과 너무 차원이 같아. 같이 울어 주고 같이 슬퍼해 줘도 너희들을 끌어안아 줄 수가 없어."

그때 하이네가 이렇게 말했다고 한다.

"인간이 못하는 것, 잡신들이 못하는 것, 두 팔을 뻗어 우리를 끌어안는 것은 역시 야훼 하나님이시다."

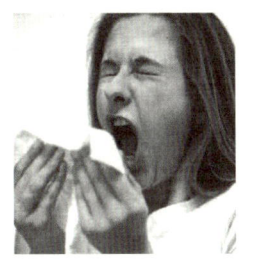 

이 세상에 숨길 수 없는 것이 세 가지 있다고 한다. 기침과 가난과 사랑이라고 한다. 그럼에도 불구하고 사람들은 숨기고 싶은 것들을 마음에 간직하고 살아간다. 그렇지만 하나님 앞에서 숨길 수 있는 것은 없다.

예수님은 바리새인들의 누룩을 주의하라 하시면서 감추인 것이 드러나지 않을 것이 없고 숨긴 것이 알려지지 않을 것이 없다고 말씀하고 있다. 살면서 숨길 수 없는 것들이 있다. 어떤 것들일까?

땀은 숨길 수 없다

불에도 마르지 않고 햇빛에도 마르지 않고 오직 바람에만 마르는 것이 있다. 땀이다. 무더운 여름이면 누구나 땀을 흘린다. 흐르는 땀을 통제할 수 있는 능력을 가진 사람은 없다. 표정은 숨길 수 있다. 그러나 흐르는 땀은 숨길 수 없다.

땀의 종류도 여러 가지다. 어려운 일이나 난처한 일을 당하면 흘리게 되는 진땀. 몹시 긴장하거나 놀랐을 때 흘리는 식은땀. 몹시 힘든 일을 할 때 쏟아지는 비지땀. 이 중에서 어떤 땀을 많이 흘리는가?

위대한 선수들, 성공하는 선수들이 이구동성으로 하는 말이 있다. "땀은 배신하지 않는다."

땀은 달콤하지 않다. 그러나 달콤한 인생을 살려면 땀 흘리는 인생을 살아야 한다. 유신론적 실존주의자 키에르케고르는 이렇게 말했다. "인간의 분비물 중에서 가장 고귀한 것은 땀이다." '땀은 행복을 실어다 주는 꽃수레' 라는 서양 속담이 있다. 축복은 땀 흘린 자의 소유라는 뜻이다.

인간이 하나님 말씀에 순종했으면 땀 흘려 일하지 않아도 되었다. 불순종의 결과로 땀 흘려 일한 대가를 가지고 먹고 살게 되었다. "네가 흙으로 돌아갈 때까지 얼굴에 땀을 흘려야 먹을 것을 먹으리니 네가 그것에서 취함을 입었음이라" 창세기 3:19

그런데 이제는 반대로 땀 흘리지 않고 먹고 살려고 하는 사람들이 이 땅에 넘치고 있다. 인간들이 저지르는 범죄의 대부분은 땀 흘려 일하지 않고 쉽게 무엇인가를 취하려다가 발생하는 범죄들이다.

2012년 런던올림픽에서 남자 유도 81kg 이하급에 출전한 김재범 선수의 이야기다. 김 선수는 항상 스마일이다. 그는 부상을 딛고 금메달을 차지하여 남자 유도에서 두 번째로 그랜드슬램을 달성한 큰 선수가 되었다. 그는 이번 대회 결승전에서 만난 독일의 비쇼프 선수에게 2008년 베이징올림픽에서 져 은메달에 그쳤었다. 그런데 같은 선수를 상대로 이번에는 압도적인 경기 운영으로 우승하였다.

경기가 끝난 후 우승 인터뷰에서 김재범 선수는 매우 인상 깊은 인터뷰를 남겼다. "4년 전에는 비쇼프를 상대로 죽기 살기로 했는데 졌습니다. 그래서 이번에는 죽기로 했습니다. 그 차이입니다."

인류 역사상 가장 위대한 땀은 어떤 땀이었을까? 그것은 겟세마네 동산에서 예수님께서 기도하시면서 흘리신 땀이었다. 예수님은 얼마나 간절히 기도하셨는지 흘리시는 땀이 변하여 핏방울이 되었다. "예수께서 힘쓰고 애써 더욱 간절히 기도하시니 땀이 땅에 떨어지는 핏방울같이 되더라" 누가복음 22:44

우리 크리스천들이 간절히 땀 흘려 해야 하는 것이 있다. 자신의 일을 땀 흘려 해야 하는 것은 물론이고 기도하는 것이다. 간절히 땀 흘려 일하고, 간절히 땀 흘려 기도하는 모습은 숨길 수 없고 그 모습을 하나님께서 가장 기뻐하신다.

진실은 숨길 수 없다

1894년 9월, 프랑스 군부는 중요한 군사 기밀이 독일 대사관을 통해 빠져나가고 있음을 탐지했다. 단서는 정보 유출에 사용된 문건에서 발견된 암호명 'D'. 이에 따라 유대계 장교 알프레드 드레퓌스를 그 이름의 첫 글자가 암호와 일치한다는 이유로 간첩으로 지목했다. 보불전쟁普佛戰爭에서 패배한 프랑스 군부는 패전의 책임을 면하기 위해 희생양 또는 전범을 필요로 했고, 유대계 장교 드레퓌스는 그러한 희생양에 적합한 인물이었던 것이다.

드레퓌스는 비공개 군법회의에서 반역죄로 종신형을 선고받고 강제로 불명예 전역된 뒤, 남미의 프랑스령 기아나의 악마섬으로 유배당한다. 그런데 그로부터 2년 뒤, 피카르라는 프랑스군 고위 장교가 우연한 기회에 진짜 간첩을 적발하게 된다.

드레퓌스는 처음부터 자신의 무죄를 주장했지만 받아들여지지 않았고 진범이 밝혀진 후에도 군부는 진실을 숨기기에 급급했다. 1898년 이 같은 사실을 알게 된 프랑스 소설가 에밀 졸라는 한 언론사에 '나는 고발한다'라는 타이틀로 프랑스 대통령에게 공개서한을 던짐으로써 드레퓌스 사건의 진상과 군부의 음모를 폭로하고 드레퓌스 사건의 재심을 요구한다.

1995년 9월 12일자《리베라시옹》지에 따르면, 드레퓌스 사건 이후 100년 만에 처음으로 프랑스군이 드레퓌스 대위가 무죄라는 사실을 공식 인정했다. 드레퓌스는 1906년에 프랑스 대법원에 의해 복권되기는 했지만 그동안 프랑스군은 당시 군법회의가 음모와 조작에 의한 것이라는 사실을 공식적으로 인정하지 않았다. 그러나 진실을 영원히 감추어둘 수는 없었다.

거짓도 드러나고 진실도 드러난다. 우리 하나님은 진실하신 하나님이시다. "야훼의 말씀은 정직하며 그가 행하시는 일은 다 진실하시도다" 시편 33:4

"세상은 진실은 외면하고 거짓에는 열광한다"는 말이 있다. 사단이 가장 싫어하는 것이 진실이다. 예수님이 십자가에서 못 박혀 죽으심으로써 인류의 구원을 이루셨다는 사실은 진실이다. 사단은 이

것이 싫은 것이다. 그래서 믿지 않는 사람들의 마음을 더욱 완악하게 하여 그 진실이 마치 진실이 아닌 것처럼 호도하고 있다.

그리고 이렇게 사람들의 마음을 조종한다. "왜 예수만이 구원자가 되어야 하느냐? 예수 말고도 구원자는 많으며 구원 얻을 방법은 얼마든지 있다." 이것은 거짓이다. 문제는 이 거짓에 사람들이 환호하고 있다는 것이다.

우리는 진실되게 살아야 한다. 진실이라는 말은 라틴어 '시네 세라sine cera'에서 나왔다. 이 말은 '밀초하지 않은'이라는 뜻이다. 영어로 번역하면 'sun tested', 햇빛에 시험해 보다라는 말이다.

이 말은 고대에 도자기 산업이 발달하면서 생긴 단어다. 값싼 도자기는 두껍게 만들기 때문에 가마에 구워낼 때 금이 잘 가지 않는다고 한다. 하지만 값비싼 도자기는 얇고 가볍게 만들어 선명한 색깔을 넣는다고 한다. 그러다 보니 값비싼 도자기는 가마에 구워내기 전이나 구워낸 후에 금이 가는 일이 잦았다.

정직한 도공은 이런 금이 간 도자기는 깨버렸다. 하지만 정직하지 못한 도공은 색소에다 딱딱한 밀초를 섞어 도자기의 갈라진 틈을 메꾸고 유약을 발라 상품으로 내어놓았다. 그러나 밀초를 메꾼 자국이 있나 없나를 햇빛에 비추어 보면 금방 알 수 있다고 한다. 그래서 밀초한 자국이 없을 때 'sine cera'라는 글자를 새겨 넣었다고 한다.

진실한가? 밀초한 것은 없는가? 덧칠한 것은 없는가? 자신을 돌아보자. 사람은 속일 수 있지만 하나님은 속일 수 없다.

사랑은 숨길 수 없다

온라인 커뮤니티 게시판에 올라온 가슴 뭉클한 사진이 있다. '동화책 읽어주는 아빠'라는 게시물이다. 외국에 파병을 나온 군인 아빠가 집에 떨어져 있는 아이에게 화상으로  동화책을 읽어주고 있는 사진이다. 사랑은 숨길 수 없다. 사랑하는 사람은 얼굴이 좋다. 피부가 좋다. 사랑하면 숨길 수 없기 때문이다.

군대도 갔다 왔고 결혼도 한 1년 선배가 소명을 받고 신학생이 되었다. 시골집이 찢어지게 가난했다. 기숙사 생활을 같이했는데 죽도록 공부만 했다. 얼마나 공부를 하는지 내가 기억하는 선배의 모습은 항상 오른쪽 어깨를 숙이고 공부하는 모습이었다. 장학금을 받지 못하면 학교를 다닐 수 없기 때문이다. 생활은 사모님이 하셨다.

사모님이 어떻게 사나 궁금했다. 하루는 기숙사에 사모님이 찾아왔는데 너무 놀랐다. 얼굴이 너무 행복해 보이는 것이다. 뭐가 좋은지 웃으면서 인사를 하신다. 남편이 졸업하면 목회를 할 수 있다는 게 너무 좋단다. 그게 좋아서 가난은 아무런 문제도 되지 않는단다.

사람은 무엇으로 사는가? 하나님이 주신 사랑으로 사는 것이다. 사람과 사람은 무엇으로 사는가? 사랑으로 사는 것이다(요한복음 10:9-12). 사랑하기가 쉽지 않다. 사랑만 숨길 수 없는 것이 아니라 미움도 숨길 수 없다. 결혼식은 '죽음이 우리를 갈라놓을 때까지' 백년해로하겠다고 맹세하는 서약식이다. 하지만 결혼과 동시에 갖게 되는 세 개의 반지가 있다. 약혼반지engagement ring, 결혼반지wedding ring, 그리고 고난의 반지suffering.

고등학교를 자퇴한 후 놀다가 정신 차리고 다시 공부를 시작했던 사람이 있었다. 막노동으로 생활비와 검정고시 학원비를 벌어야 했다. 저녁을 굶는 날이 비일비재했다. 어느 늦은 저녁, 오뎅을 팔고 있는 포장마차에 들어갔다.

수중에는 오뎅 하나를 사 먹을 돈밖에 없었다. 겨우 오뎅 하나를 먹고 너무 배가 고파 오뎅 국물만 열 번이나 떠먹었다. 포장마차 주인은 청각장애가 있는 아줌마였다. 그런데 오뎅 국물만 퍼 마시고 있는 자신에게 주인 아주머니가 종이에 뭔가를 써서 준다.

"학생, 어차피 이거 다 퉁퉁 불어서 팔지도 못해. 그냥 먹어."

너무나 고마워 불어터진 오뎅 열 개를 허겁지겁 먹었다. 먹는데 눈물이 다 났다고 한다. 배가 고파 서러워서 그런 자신을, 장애를 가진 포장마차 아줌마가 마음을 써 주어서. 그 후 늦은 시간 배가 고파 포장마차를 지날 때면 종종 퉁퉁 불은 오뎅을 공짜로 얻어먹었다. 그때 그는 "아줌마 내가 나중에 능력이 되면, 그때까지 아줌마가 이거 하고 계시면 절대로 안 잊고 꼭 갚아 드릴게요"라고 말했다.

그는 열심히 공부해서 대학을 진학하고 군대 전역하고 복학해서 졸업한 후 자신이 살고 있는 지역의 대기업 인사과에 취직이 되었다. 그러던 어느 날, 오뎅과 떡볶이를 팔던 청각장애인 아줌마의 포장마차가 생각나서 찾아갔다.

그랬더니 그 자리에 그대로 포장마차를 하고 있었다. 너무 반가워서 인사를 하는데 아줌마 아들이 곁에 있었다. 그런데 아들이 다리를 저는 뇌성마비 장애인이었다. 아줌마와 이런저런 이야기를 하는데 그 아줌마가 아들을 보면서 눈물을 흘리는 것이다. "무슨 일이냐?"고 물으니 아줌마가 종이에 써서 주기를 "아들 나이가 33세인데 장애인이라 마땅한 취직자리가 없어서 아직까지 취직이 안 되고 있어요"였다.

고맙게도 자신이 다니는 회사가 사회적 기업이라서 장애인을 전문으로 채용하는 계열사가 있었다. 6년 전 붉은 오뎅을 얻어먹었던 이 사람이 회사 인사담당에게 아줌마의 아들을 추천하였다. 그리고 그 아줌마의 아들이 취직을 하게 되었다. 아주머니가 눈물을 흘리면서 고맙다고 아들과 함께 이 은혜를 어떻게 갚느냐며 회사로 찾아오셨다. 그래서 이렇게 말해 주었다. "제가 예진에 오뎅을 빚졌잖아요, 그걸 갚은 거예요!"라고.

숨길 수 없는 것들이 있다. 숨겨지지 않는 것들이 있다.
땀과 노력은 숨겨지지 않는다. 진실은 숨겨지지 않는다.
사랑은 숨겨지지 않는다.

참 자유와 해방을 얻으려면

1968년 멕시코시티올림픽 육상 남자 200m 결승 시상식. 국가가 연주되는 동안 금메달과 동메달을 딴 미국의 흑인 선수 토미 스미스와 존 카를로스는 고개를 숙인 채 한 벌밖에 없던 검은 장갑을 한 짝씩 나눠 끼고 주먹을 하늘로 내뻗었다. 당시 미국 내에서 태동하던 흑인 인권운동을 상징하는 경례 방식이었다.

올림픽 역사상 가장 유명한 정치적인 세레모니 '블랙 파워 설루트Black Power Salute' 사건이다. 당시 국제올림픽위원회IOC는 "올림픽에 정치적인 행동을 개입시켜서는 안 된다"며 이들을 선수촌에서 추방했다. 이들은 왜 그랬을까? 흑인의 인권과 참 자유를 원했기 때문이다.

인간은 언제나 참 자유와 해방에 목말라한다. 자유가 구속되는 것을 원치 않는다. 하나님은 우리를 자유케 하시고 모든 어둠의 세력

으로부터 우리를 해방시키는 하나님이시다. 그리고 성경은 자유와 해방의 이야기다.

회개repentance해야 한다

"너희는 돌이켜 회개하고 모든 죄에서 떠날지어다 그리한즉 그것이 너희에게 죄악의 걸림돌이 되지 아니하리라" 에스겔 18:30

제2차 세계대전 때 유대인 학살에 앞장섰던 라슬로 차타리가 2012년 7월 18일 헝가리 부다페스트에서 검거되어 헝가리 검찰청에서 조사를 마친 뒤 가택연금 처분을 받고 검찰청을 떠나기 위해 차에 앉아 있는 장면이 외신에 등장한 적이 있다.

차타리는 1944년 아우슈비츠 수용소에서 자행된 유대인 15,700명의 학살에 가담한 혐의를 받고 있었다. 그는 그동안 나치 전범 수배명단 1호에 올라 있다가 이번에 헝가리에서 잡힌 것이다. 그는 나치 전범으로 평생을 자기 신분을 숨기며 도망자로 살았지만 인생 말년에 자신의 정체가 드러나 그 값을 치러야 하는 상황이 되었다.

외신의 사진을 보면 자동차 안에 앉아 자신의 얼굴을 가리고 있다. 나이 90이면 가릴 것 없는 나이지만 그는 자신의 얼굴을 가리고 앉아 있다. 왜? 자신이 지은 죄를 회개하지 않았기 때문이다. 회개 없는 자유는 없다. 회개 없는 구원도 없다. 우리가 구원받기 위하여 할 수 있는 일은 하나도 없다.

구원은 땅을 판다고 되는 일도 아니요, 세상에서 가장 높은 건물을 건축한다고 되는 일도 아니요, 아무리 많은 돈을 준다고 해도 받을 수 있는 것이 아니다. 구원은 값없이 거저 예수님의 십자가 보혈의 공로로 받는 것이다. 그러나 구원받기 전에 한 가지 해야 될 일이 있다. 그것은 회개하는 것이다. "이르시되 때가 찼고 하나님의 나라가 가까이 왔으니 회개하고 복음을 믿으라 하시더라" 마가복음 1:15

오순절 마가 다락방에서 베드로와 120명의 사람들이 기도하자 성령이 임하셨다. 성령으로 충만된 베드로는 그 즉시 일어나 유대인에게 복음을 선포하였다. 베드로의 강력한 선포에 마음이 찔린 사람들이 "우리가 어찌해야 할꼬?"라고 하자 베드로는 주저 없이 회개하라고 하였다.

우리 시대의 문제는 무엇인가? 회개하지 않는다는 것에 있다. 핑곗거리를 찾지 말고 자신의 잘못을 인정하고 회개해야 한다.

『체인지 몬스터』(지니 다니엘 덕 저, 더난출판사)라는 책에 이런 이야기가 있다. 엄마가 좋아하는 초콜릿을 선물 받았다. 세 살 난 딸애가 옆에서 먹고 싶어 하는 표정을 짓는다. 한 개를 주고 나머지는 식탁 위에 올려놓고 잠을 잤다. 아침에 일어나서 보니 초콜릿이 사라졌다. 범인이 누구일까? 세 살 난 딸애다. 일어난 딸에게 엄마가 이야기한다. "어제 식탁 위에 올려놓았던 초콜릿 누가 다 먹었을까? 집에는 엄마와 너밖에 없고 엄마는 아니야." 딸애가 슬픈 얼굴로 엄마를 바라보며 이렇게 말하더란다. "엄마, 나도 남동생이 하나 있으면 좋겠다."

동생이 있으면 왜 좋은가? 핑계를 댈 수 있기 때문이다. 누구나 잘못할 수 있고 죄를 지을 수 있다. 그러나 회개의 여부에 따라 죄의 결과는 다르게 나타난다. 회개는 다른 사람을 위해 하는 것이 아니라 자기 자신을 위해 하는 것이다.

핑곗거리를 찾지 말고 회개해야 한다. 회개하지 않는다면 참 자유를 누릴 수 없고 참 해방도 누릴 수 없다.

재건rebuild해야 한다

회개한 후에 해야 하는 일이 재선하는 일이다. 재선은 혁신 또는 리모델링이다. 2012년 런던올림픽에서 나타난 두드러진 특징이 하나 있었다. 올림픽 경기 각 종목의 종주국이 힘을 쓰지 못한 것이다.

일본은 유도 종주국이다. 그러나 일본은 1964년 올림픽 정식종목 채택 이후 처음으로 남자 유도에서 '노 골드'에 그쳤다. 여자 유도에서 1개의 금메달을 따는 데 그쳤을 뿐이다. 펜싱의 종주국 프랑스는 '노 메달'이었다. 1960년 로마올림픽 이후 52년 만의 굴욕이라고 한다. 영국은 축구 종주국인데 이번 대회 8강전에서 한국에

덜미가 잡혔다. 한국은 태권도 종주국이다. 그러나 한국은 금메달 1개와 은메달 1개에 만족해야 했다.

외신들은 이러한 특징을 두고 종주국의 부진 또는 종주국의 몰락이라는 표현을 사용했다. 틀린 말이 아니다. 왜 이 같은 일이 벌어졌을까? 각 나라마다 실력이 평준화되었고 개정된 규칙에 제대로 적응하지 못했기 때문이라고 한다.

여기가 좋사오니 하고 앉아 있으면 나아지는 것은 없다. 흐르지 않고 안주하는 순간 성장은 멈춘다. 생명이 있는 것은 부지런히 움직여야 한다. "미래는 아직까지 오지 않은 것이 아니라 아직까지 만들어지지 않은 것이다"라는 말이 있다.

누가 미래를 만들어 가고, 꿈을 만들어 가는가? 자신을 다시 짓는 사람, 재건하는 사람, 혁신하는 사람이다. 끊임없이 리모델링하고 자기계발을 하라. 재건하는 사람은 꿈꾸는 사람이다. 꿈을 잃어버리지 않는 사람이다.

어느 시인이 독방에 갇혀 있었다. 독방에 들어올 수 있는 것은 책밖에 없었다. 어느 날 책을 보는데 책 뒤에 세계지도가 붙어 있었다. 그것을 독방 벽에 붙여 놓았더니 그것까지는 제재하지 않더란다. 그래서 그 시인은 세계지도를 보면서 독방에서 나올 때까지 세계여행을 꿈꾸었다.

오늘은 일어나면 유럽으로, 내일은 남미로, 그렇게 세계여행의 꿈을 잃지 않았다. 다른 사람이 보면 미친 짓이다. 그런데 그 시인이 독방에서 나와 계속 시를 쓰다 보니 전 세계 여러 나라에서 자신을 지금까지도 초청해 오고 있다고 한다. 시인의 세계여행 꿈이 이루어진 것이다.

재건하는 일이 어렵다. 무엇인가 재건하고자 하면 방해하는 세력이 나타난다. 그러나 다른 것에 집중하지 말고 오직 재건하고자 하는 일에만 집중해야 한다. 우리는 위조지폐를 거의 감별해내지 못하지만 전문가는 한다. 위폐를 찾아내는 전문가는 위폐에 집중하지 않는다. 오직 진짜 화폐만 연구하고 집중한다. 그러다 보면 위폐는 저절로 구분되기 때문이다.

무너진 성을 구축하듯이 무너지고 무너져 내린 믿음을 재건해야 한다. 우리의 믿음을 재건하는 데 방해하는 요소들이 많다. 영적인 무기력과 교만이 찾아오기도 하고 비교의식에 따른 열등감과 우월감이 찾아오기도 한다. 때로는 '이 정도면 됐어' 하는 생각에 사로잡히기도 한다. 그러한 영적인 방해 요소들을 물리쳐야 한다.

자기 스스로를 재건하지 않으면 사단과 마귀가 둥지를 틀고 나가지를 않는다. 날마다 우리는 믿음의 재건, 영적인 재건에 전력을 기울여야 한다.

부흥revival해야 한다

각 나라마다 경제 부흥에 전력을 기울이고 있다. 경제를 부흥시키기 위하여 갖가지 부양책을 마련하고 제시하고 실행에 옮기려고 하지만 경제가 나아질 기미가 보이지 않아 전전긍긍하고 있는 상황이다.

부흥에도 여러 부흥이 있다. 가장 중요한 부흥은 영적인 부흥이요, 교회의 부흥이요, 영혼의 부흥이다. 하나님은 우리 삶에 혁명을 원하시는 것이 아니라 부흥을 원하신다. 우리는 모두 하나님 나라 부흥의 불씨가 되어야 한다. 하나님의 부흥케 하심은 인간적인 부흥이 아니라 주의 성령에 의한 부흥이다.

부흥의 주체는 바로 하나님이다. 바울은 이와 관련하여 이같이 고백한 적이 있다. "나는 심었고 아볼로는 물을 주었으되 오직 하나님께서 자라나게 하셨나니 그런즉 심는 이나 물 주는 이는 아무것도 아니로되 오직 자라게 하시는 이는 하나님뿐이니라 심는 이와 물 주는 이는 한가지이나 각각 자기가 일한 대로 자기의 상을 받으리라"

고린도전서 3:6-8

부흥을 심는 사람이 주체가 아니다. 부흥을 위하여 물을 주는 사람도 주체가 아니다. 오직 자라나게 하시는 분은 하나님이시다. 모든 것이 가장 밑바닥에 있을 때 가장 많이 부흥을 사모하게 된다. 부흥을 사모할 때 하나님께서는 부흥케 하신다.

지금 인생의 바닥을 치고 있는 사람이 있다면 기뻐해야 한다. 더 이상 내려갈 곳이 없기 때문이다. 내려갈 곳이 없다는 것은 이제 올라갈 일만 남았다는 것이다. 하나님의 사람은 언제나 내려만 가지 않고 곧 올라간다.

부흥을 원하는 사람은 다른 사람의 뒷다리를 잡지 않는다. 누가 무언가를 했다면 잘했다고 하지 꼬투리를 잡지 않는다. 다른 사람

뒷다리 잡고 부흥한 사람은 없다.

　믿음의 사람, 부흥을 소원하는 사람은 협력하여 선을 이루는 사람이다. 부흥을 소원하는 삶을 살아가자.

참 자유와 해방을 얻으려면 어떻게 해야 하는가?
먼저 회개해야 Repentance 한다.
다음에 재건해야 Rebuild 한다.
마지막으로 결국은 부흥해야 Revival 한다.

살아남으려면 어떻게 해야 하는가

20 12년 과학전문지 《네이처》는 미국 연구진이 빗속에서 살아남는 모기들의 생존전략을 밝혀냈다고 전했다. 빗줄기 속에서 모기들은 살아남기가 어렵다. 그럼에도 불구하고 모기들은 빗속에서도 살아남는다. 어떻게 그것이 가능한가?

1단계 : 빗방울이 떨어지면서 모기의 다리를 치면 모기는 재빨리 몸을 굴려 빗방울 위로 달라붙는다.

2단계 : 모기와 빗방울이 하나가 되어 수직 낙하한다.

3단계 : 지상에서 약 6cm 떨어진 공중에서 빗방울과 분리한다.

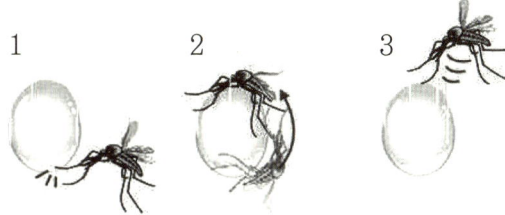

모든 생물에게는 타고난 생존 본능이라는 것이 있다. 하나님의 형상을 따라 지음 받은 인간은 생존 본능만으로 살아가는 존재가 아니다. 생물과는 달리 영혼을 가지고 있는 우리 인간들은 삶의 어려움을 당하면 생존 본능과는 다른 것을 가지고 있어야 생존하게 된다. 그것은 과연 무엇일까?

어떻게 하면 우리가 죄 많은 세상에서, 유혹이 많은 세상에서, 질병이 많은 세상에서 매일같이 부딪히는 사람들과 어려운 관계 속에서 행복하게 살아갈 수 있는가?

찾으면 산다

예수님께서 향하신 첫 번째 표적은 가나의 혼인잔치 자리에서 물을 포도주로 바꾸신 표적이고, 두 번째 표적은 왕의 신하의 아들을 죽음 직전에서 말씀으로 다시 살아나게 하신 표적이다.

"예수께서 다시 갈릴리 가나에 이르시니 전에 물로 포도주를 만드신 곳이라 왕의 신하가 있어 그의 아들이 가버나움에서 병들었더니 그가 예수께서 유대로부터 갈릴리로 오셨다는 것을 듣고 가서 청하되 내려오셔서 내 아들의 병을 고쳐 주소서 하니 그가 거의 죽게 되었음이라" 요한복음4:46-47

돈도 있고 권력도 누리던 왕의 신하는 자신의 아들을 살리기 위하여 할 수 있는 모든 일은 다 해보았을 것이다. 그러나 결과는 절망적이었다. 왕의 신하는 예수님이 갈릴리로 오셨다는 말씀을 듣고 즉시 쫓아가 거의 죽게 된 자신의 아들을 오셔서 고쳐달라고 간청하였다. 찾으면 산다. 누구를 찾으면 사는가? 예수님을 찾으면 산다.

'노래를 찾는 사람들'이라는 모임이 있다. 현실인식에 바탕을 둔 진실한 삶의 노래를 만들고 전파하는 것을 목적으로 1984년 결성된 노래 모임으로 '노찾사'라고 부른다. 이후에 무엇 무엇을 찾는 사람들이라는 타이틀의 모임이 굉장히 많이 만들어졌다.

'웃찾사'는 웃음을 찾는 사람들이고, '길찾사'는 길을 찾는 사람들이다. 진실을 찾는 사람들의 모임인 '진찾사'도 있다. '산찾사'는 무엇인가? 산을 찾는 사람들이 아니라 산삼을 찾는 사람들이다.

사람들은 언제나 찾고 찾아다닌다. 평생 동안 무언가를 찾아다니다가 죽는 것이 사람이 아닌가 싶기도 하다. 지금 무엇을 찾고 있는가? "야훼께서 이스라엘 족속에게 이와 같이 말씀하시기를 너희는 나를 찾으라 그리하면 살리라 벧엘을 찾지 말며 길갈로 들어가지 말며 브엘세바로도 나아가지 말라" 아모스 5:4-5

『불꽃』(조연 저, 선한)이라는 책이 있다. 한 분이 예수님을 영접하였다. 그러나 기독교를 유독 싫어하는 시어머니와 시동생 그리고 무정한 남편의 핍박 속에서 이분은 첫 아들을 낳을 때 그만 교회 출석을 멈추고 말았다. 첫 아이를 낳고 3년 후 둘째를 낳았지만 홍역 끝에 둘째를 잃고 말았다. 다시 하나님을 찾았지만 교회 출석은 하지 못했다.

둘째가 죽고 몇 달이 안 되어 큰아이가 고열에 시달리다가 소아마비에 걸리고 말았다. 평생 장애를 안고 살아가야 하는 아들을 두고 용기를 내어 교회에 출석하기 시작했다. 그러나 교회 출석 후 이번에는 자신이 폐렴 말기 선고를 받았다.

시어머니와 남편은 예수 믿은 대가가 폐병이냐며 비웃고 괴롭힘을 더했다. 숨은 차고 기침은 멎지를 않고 가족들의 냉대를 받아가면서도 하나님을 떠나지 않았다. 하나님의 은혜로 폐렴 말기 진단을 받고도 20년을 더 간절히 기도하며 생활하셨다.

큰아들은 장애를 가진 상태에서 학교를 다녔는데 학교를 갈 때마다 따돌림을 당하고 어려움을 당했다. 그것을 이기기 위하여 사나워져 갔다. 그런 아들을 보고 어머니는 하나님을 잘 믿으라고 했다. 그러나 아들이 보았을 때, 예수를 믿어도 달라지는 것은 없어 보였다. 어머니는 계속 아팠고 자신의 다리는 장애를 벗어나지 못했다.

초등학교 6학년 때 친한 친구가 여름성경학교를 가자고 했다. 싫었다. 핑계를 찾기 위하여 친구에게 6개월 동안 네가 나를 업고 저 인덕매기 교회로 데리고 다니면 간다고 했다. 친구는 내 주일 아침 8시 20분이면 어김없이 친구를 업고 교회에 가기 위하여 찾아왔다. 그렇게 교회에 출석하였고 예수님을 만났다.

지금 그분은 목회자가 되었고 찬양사역자로 활동하고 계신다. 지금 이렇게 고백한다.

"고통 중에 하나님께 드린 어머니의 기도가 지금의 나를 만들었다."

"6개월 동안 하루도 빠짐없이 주일이면 나를 업고 교회에 갔던 그 친구가 지금의 나를 만들었다."

왜 친구는 6개월 이상 못했을까? 6개월째 되는 주일에 이 친구가 심한 몸살에 걸렸기 때문이다. 그날 이 사람은 스스로 걸어서 교회에 갔다고 한다.

하나님은 우리를 찾고 계신다. 예수님은 잃어버린 양을 찾듯이 우리를 찾고 계신다. 어떠한 환경 속에서도 우리 주님을 찾으면 우리는 산다.

받으면 산다

무엇을 받아야 살까? 우리가 진정으로 받아야 하는 것은 무엇인가? 그것은 구원이다. "이르되 주 예수를 믿으라 그리하면 너와 네 집이 구원을 받으리라"사도행전 16:31 구원받으면 쓰임 받는다. 사람이 태어나 아무 일에도 쓰임 받지 못한다면 얼마나 비참한 일인가. 사람은 어디서나 쓰임 받아야 산다.

2010년 스웨덴의 빅토리아 공주가 결혼식을 올렸다. 당시 빅토리아 공주는 스웨덴 공식 왕위 계승권 1순위로 차기에 스웨덴 여왕에 오르는 공주였다.

미국에서 예일 대학을 졸업하고 워싱턴 주재 스웨덴 대사관과 뉴욕의 UN본부에서 경력을 쌓았다. 공주는 5개국 어에 능통했다. 그런 공주와 결혼한 신랑은 스웨덴의 작은 마을에 있는 헬스클럽에서 헬스 코치를 하던 다니엘이라는 청년이었다. 공주는 결혼하기 8년 전 다이어트를 위하여 그 헬스클럽을 찾았다가 사랑에 빠졌다.

다니엘은 지극히 촌스러운 청년이었다. 언어, 복장, 행동 등 어느 하나도 귀족 교육을 받지 못한 평민이었다. 다니엘의 아버지는 시골 면사무소 직원이었고 어머니는 우체국에서 편지를 분류하는 하급 직원에 불과했다. 왕의 사위가 되기에는 말도 되지 않는 신분인 것이다. 스웨덴 귀족사회에서는 다니엘을 개구리 왕자라고 부르며 놀렸다.

국왕은 헤어질 것을 요청했지만 공주의 마음을 되돌릴 수는 없었다. 할 수 없이 결혼을 승낙하였다. 그리고 곧바로 촌스러운 사위를 완벽한 사윗감으로 만드는 작전에 돌입하였다. 그 결과 다니엘은 8년간 국왕의 사위 수업을 받으며 바뀌어 갔고 지금은 4개국 어를 하며 완벽한 귀족과 국제신사로서 면모를 갖추었다. 그리고 2010년 6월에 성대한 결혼식을 올렸다.

우리는 구원받기 전에는 개구리 왕자보다 못한 존재였다. 하지만 예수님의 십자가 공로로 하나님의 사녀가 되었고 이제는 당당하게 하나님의 자녀로서 하나님 나라의 일꾼으로 쓰임 받고 있다. 예수 믿기 전에는 죽을 수밖에 없는 존재였지만 하나님의 영광을 위하여 쓰임 받는 사람이 되었다. 하나님의 자녀들은 어디서나 쓰임 받는 사람이 되어야 한다.

그리고 사랑을 받아야 한다. 우리가 먼저 하나님을 사랑한 것이 아니다. 하나님이 우리를 먼저 사랑하신 것이다. 그 사랑을 받기 때문에 우리가 살아가고 있는 것이다. "우리가 사랑함은 그가 먼저 우리

를 사랑하셨음이라"요한1서 4:19

　부부는 서로의 사랑을 주고받아야 살며 자녀는 부모의 사랑을 받아야 산다. 사랑받고 사랑하며 살아야 우리가 산다.

가지면 산다

무엇을 가져야 사나? 사람들이 자주 하는 말이 있다.
　"가진 것 좀 있니?"
　"그 사람 가진 것 좀 있대?"
　뭐 가진 것을 묻는 것일까? 돈이다. 재산이다. 모든 사람은 가진 것 없이 태어났다가 가진 것 없이 간다. 죽음 앞에서는 누구나 공평하다. 자신이 모아 놓고 소유하고 쥐고 가졌던 것 어느 하나도 가지고 갈 수 없다. 그럼에도 불구하고 사람들은 더 많이 가지려고 애쓰고 더 많이 쥐려고 애쓴다. 보이는 것을 가지려고 애쓰는 것이다.
　그러나 보이는 것보다 중요한 것이 있다. 세상에는 돈으로 살 수 없는 것이 얼마든지 있다. 돈이 아무리 많아도 건강은 살 수 없다. 애플사의 CEO였던 스티브 잡스는 많은 것을 소유했지만 건강이 없어 먼저 세상을 떠났다. 돈만 있다고 세상을 살아갈 수 있는 것이 아니다.
　파레토의 법칙이라고 하는 20 대 80 법칙이 있다. 20%가 80%를 먹여 살린다는 법칙이다. 요즘에는 바뀌었다. 1 대 99로. 상위 1%가 세계 자본의 모든 것을 차지하고 있어 상위 1%만 부자고 나머지

99%는 가난하다는 법칙이다. 그러나 99%를 다 가지고 있어도 1% 믿음이 없으면 모든 것은 무의미하다.

오직 믿음을 가지고 살아야 산다. "무릇 하나님께로부터 난 자마다 세상을 이기느니라 세상을 이기는 승리는 이것이니 우리의 믿음이니라"요한1서 5:4 세상을 이기는 것은 예수님께서 하나님의 아들이심을 믿는 믿음이다. "예수께서 하나님의 아들이심을 믿는 자가 아니면 세상을 이기는 자가 누구냐"요한1서 5:5 믿음을 가지면 산다.

또한 여유를 가지면 산다. 믿음을 가진 사람은 여유가 있다. 우리는 참 급하다. 여유가 없고 모든 것이 전투적이다. 자녀를 놀이방, 어린이집에 보내는 것도 전투적이다. 학교는 당연히 전투적으로 다닌다. 대학에 들어가는 것은 그야말로 전투적이다. 목숨을 걸고 대학을 가야 한다. 취업은 더 말할 것도 없다. 취업 후에는 결혼해야 한다는 강박관념에 빠져 있다. 결혼도 전투적으로 한다. 자녀를 낳고 기르는 것도 전투적이지 않으면 안 된다. 다른 사람을 돌아볼 여유가 없다. 유사노 선투석으로 나녀와야 한나. 여유를 가실 틈이 선혀 없다. 그렇게 살지 않으면 안 된다. 먹는 것도 전투적이다. 오죽하면 짜장면 빨리 먹기 대회가 다 있을까? 왜 이러는 것일까?

하늘 한 번 올려다볼 수 없을 정도로 바쁘게 살아가고 있다. 예수님이 급하셨나? 그래서 제자들을 다그쳤는가? 지금도 우리를 급하게 몰아세우시고 있는가? 정말 급하면 말할 기운도 없다.

화장실이 급했다. 길게 줄을 섰다. 양해를 구했다. 마지막 남은 한 사람이 대꾸도 하지 않고 서 있다. 급하다고 소리 지르니까 이 사람이 소리 지르는 사람의 어깨를 손으로 꼭 붙잡더니 간신히 한마디 했다. "너는 말할 힘이라도 있지."

〈그 꽃〉이라는 시가 있다. 매우 짧은 시다.

<blockquote>내려갈 때 보았네 올라갈 때 보지 못한 그 꽃</blockquote>

여유를 가져야 산다. 급하면 일찍 죽는다. 성질 급한 물고기가 빨리 죽듯이, 맥이 빨리 뛰는 사람도 일찍 죽는다고 한다. 급할 것이 없는 거북이 맥은 천천히 뛰며 호흡도 매우 길게 한다고 한다. 급하면 문제가 생긴다. 여유가 없으면 문제가 생긴다. 여유 없이 사니까 대화하는 방법도 모른다.

아들에게 아버지가 대화 좀 해야겠다고 생각하고 아들을 불렀다. 그런데 할 말이 없는 것이다. 그래서 한마디 했다.

"너 요즘 도대체 학교에서 몇 등이나 하냐?"

아들이 그 말에 열받아 집을 나가버렸다고 한다.

꿈과 희망을 가지면 산다. 이스라엘 백성들은 광야 생활 40년 동안 젖과 꿀이 흐르는 가나안 땅에 들어간다는 꿈과 희망을 잃지 않았다. 예루살렘 멸망 후 나라 없이 2천 년을 지내왔어도 다시 예루살렘 성전이 있는 시온으로 돌아갈 거라는…….

지금 힘들고 괴로워도 꿈과 희망이 있으면 산다. 꿈과 희망은 열매가 아니다. 씨앗이다. 꿈과 희망의 씨앗을 가지고 있으면 산다. 그것을 심고 기도하면 놀라운 축복을 누리기 때문이다.

열매를 심는 사람은 없다. 모두가 씨앗을 심는다. 어떤 씨앗을 심어야 하는가? 꿈과 희망의 씨앗을 심어야 한다. 꿈의 씨앗을 심고 희망의 씨앗을 심는 것은 때로는 힘들고 어려운 일일 수 있다.

"눈물을 흘리며 씨를 뿌리는 자는 기쁨으로 거두리로다 울며 씨를 뿌리러 나가는 자는 반드시 기쁨으로 그 곡식 단을 가지고 돌아오리로다" 시편 126:5-6

살아나려면 어떻게 해야 하는가?
찾으면 산다.
받으면 산다.
가지면 산다.
하나님을 찾자.
예수님을 믿고 구원을 받자.

무엇을 분별하며 살아야 할까

'고르다 고르다 쥐(하찮은 것) 고른다'는 속담이 있다. 이 말은 '고르다 찌 고른다'는 말이 변형된 것이라고 한다. 여기서 찌란 찌꺼기, 쭉정이를 뜻하는 말이다. 같은 뜻으로 '너무 고르다 눈 먼 사위 고른다'는 말이 있다. 이 말은 고르다 고르다 결국 제일 형편없는 것을 고른다는 뜻이다. 예전에는 시장에 물건을 사러 가면 엄청 골랐다. 옷을 사러 가면 꼼꼼하게 박음새를 살펴보고 골랐고 과일을 사러 가면 골은 과일이 없는지 여러 번 보고 골랐다.

고른다는 것은 분별한다는 뜻이다. 지혜로운 사람은 잘 분별하는 사람이다. 이전보다 학력도 높아지고 정보 또한 쉽게 얻을 수 있는 시대를 살아가고 있는 것 같지만 의외로 분별력은 점점 떨어지고 있는 시대를 살아가고 있다. 그것이 요즘 사단의 전략이라고 한다. 분별력을 망가뜨리는 전략.

사단과 마귀는 해야 할 것과 하지 말아야 할 것을 제대로 분별하지 못하게 한다. 하지 말아야 하는 일인데 해도 된다고 유혹한다. 그 유혹에 넘어가 많은 사람들이 분별없는 행동을 하고 있다.

솔로몬이 하나님께 구한 것이 지혜다. 그렇다면 정확하게 솔로몬이 구한 지혜는 어떤 지혜였을까? 그것은 분별력을 구하는 지혜였다. 분별하는 지혜를 구하자 덤으로 부귀와 영광이 주어진 것이다.

시대를 분별하는 분별력을 구하자

1898년 뉴욕에서 세계 최초의 도시계획 관련 국제회의가 열렸는데 누군가가 《런던 타임즈》 기사를 들고 왔다. 기사에는 50년 뒤 세계는 증가한 인구 때문에 마차를 끄는 말도 엄청나게 많아져 도시마다 말 사료가 산처럼 쌓일 것이라고 내다봤다. 특히 뉴욕은 1950년이 되면 600만 마리의 말이 필요할 것으로 예측했다.

기사대로라면 도시 전체가 말 먹이로 뒤덮이는 끔찍한 환경이 될 게 분명했다. 이 기사가 등장했을 때는 이미 자동차가 발명된 지 12년 지난 시점이었다. 그러나 당시의 사람들은 문만 열고 나가면 말과 마차, 건초더미가 가득한 현실에 사로잡혀 자동차로 뒤덮일 50년 후의 도시를 상상하지 못했다. 이 이야기는 미래예측이라는 게 얼마나 어렵고 위험한가를 이야기할 때 회자되는 일화다.

시대를 분별한다는 것이 쉬운 일은 아니다. 요즘처럼 변화무쌍한 시대에는 더욱더 어려운 일이다. 사람이 교육을 받는 이유가 무엇인가? 답을 맞히기 위해서 교육을 받는 것이 아니다. 제대로 분별하기 위해서 교육을 받는 것이다.

나이 들어서도 배우는 이유는 올바른 것을 분별하기 위해서다. 치매가 두려운 것은 분별력을 상실하기 때문이다. 이런 말이 있다. "분별력이 부족하면 결혼한다. 이해력이 부족하면 이혼한다. 기억력이 부족하면 재혼한다."

왜 분별력이 떨어지는 것일까? 육신의 정욕과 안목의 정욕과 이생의 자랑을 먼저 생각하고 그것에 지배를 당하고 있기 때문이다. "이는 세상에 있는 모든 것이 육신의 정욕과 안목의 정욕과 이생의 자랑이니 다 아버지께로부터 온 것이 아니요 세상으로부터 온 것이라" 요한1서 2:16

기상청은 매일같이 날씨를 분별하기 위하여 애를 쓴다. 날씨를 분별하기 위하여 천문학적인 돈을 들여 첨단 장비를 구입한다. 그러나 날씨를 분별하는 능력은 있어도 시대를 분별하는 능력은 없다. 시대를 분별하지 못하면 어떠한 일이 벌어지는가? 하나님의 심판을 면치 못한다. 누가복음 20장에 악한 포도원 농부들에 대한 비유가 기록되어 있다.

포도원 주인이 포도원에 대해 농부들에게 세를 주었다. 일정 기간이 지난 후에 주인이 소출을 받으려고 종을 보냈더니 매만 맞고 돌아왔다. 다른 종을 보내도 마찬가지였고 또 다른 종을 보내 봐도 마찬가지였다. 결국은 주인이 사랑하는 아들을 보내면 문제가 해결되겠지, 하고 보냈다. 하지만 농부들은 상속자인 아들을 죽이면 포도원이 자신들의 소유가 될 수 있을 거라는 생각에 주인이 사랑하는 아들을 죽여 버렸다. 그 결과 그들은 모두 주인으로부터 진멸당하였다.

죄는 분별력을 잃게 만든다. 죄가 문화라는 이름의 옷을 입고 사람들을 유혹한다. 그래서 요즘 사람들은 자신의 생각과 행위가 죄인지 아닌지를 분별도 못하고 헤매고 있다. 사실은 죄인지 아닌지는 자신이 가장 잘 알고 있다. 다만 인정하고 싶지 않을 뿐이다. "이것도 죄가 되나요?"라고 묻는 물음의 90%는 죄다. 마음에 거리낌이 있고 불편함이 있는데 인정하고 싶지 않은 욕망이 질문이라는 이름으로 포장되는 것뿐이다.

죄에 대한 분별력을 상실하면 어떤 일이 벌어지는가? 회개하지 않는다. 죄를 지으면 회개해야 한다. 그러나 죄에 대한 분별력이 떨어지면 회개의 필요성을 느끼지 못한다. 회개하지 않으면 구원도 없고 은혜도 없다. 알고 지은 죄, 모르고 지은 죄를 우리는 다 회개해야 한다.

시대를 분별하지 못하는 이유는 예수님을 바라보지 않고 자신만을 들여다보기 때문이다. 하나님을 바라볼 때, 시대의 분별력을 갖게 된다. 솔로몬 왕은 누구에게 분별하는 지혜를 구하였는가? 천지를 창조하신 하나님께 구하였다. 하나님을 가까이하고 하나님께 엎드려 기도하는 사람이 시대를 분별할 줄 아는 진정한 리더다.

선악을 분별하는 분별력을 구하자

"단단한 음식은 장성한 자의 것이니 그들은 지각을 사용함으로 연단을 받아 선악을 분별하는 자들이니라" 히브리서 5:14

할리우드 영화의 특징이 있다. 선과 악의 구분이 명확하다는 것이다. 그러나 최근 개봉되는 영화들을 보면 이 구분이 불분명하다. 누가 착한 사람인지, 누가 악당인지가 분명하지가 않고 선과 악의 구분도 명확하지 않다. 이러다 보니 누가 가해자고 누가 피해자인지가 애매모호하다.

개봉 전부터 주목을 받았던 뮤지컬 영화《레 미제라블》. 일찍부터 장발장으로 더 잘 알려진 빅토르 위고(Victor-Marie Hugo, 1802~1885)의 레 미제라블에는 우리가 잘 아는 장발장이 등장한다. 그리고 그 장발장을 집요하게 추적하는 경감 자베르가 있다. 장발장이 악당인가, 장발장을 추적하는 경감 자베르가 악당인가?

정말이지 어느 것이 선이고 어느 것이 악인지 분별하기가 어려운 시대를 살아가고 있다. 지금은 모든 것이 다 가능한 시대다. 이 말은 기존의 도덕과 윤리가 파괴되고 있다는 이야기다. 우리 시대는 누구도 이전까지 잘못된 것이라고 말하던 것을 더 이상 잘못된 것이라고 말하지 못하는 시대다.

옳고 그름이 무엇인지 분별하지 못하고 있다. 이에 대하여 바울은 우리 안에 두 마음이 서로 싸우고 있기 때문이라고 말한다(로마서 7:19-24). 바울의 고백은 오늘날 모든 크리스천의 고백과 같다.

하지 말아야 하는 것은 알지만 몸이 따라 주지 않아서 고민하는 크리스천이 많다. 그러나 무엇이 선이고 무엇이 악인지 모르겠다는 말은 자기 행위에 대한 변명과 핑계일 뿐이며 궤변에 지나지 않는다.

크리스천들은 옳고 그름에 대한 확실한 분별력을 가지고 있어야 하다. 한 번은 한 청년에게 "술 마시는 것이 옳지 않다"고 말했다. 그러자 "목사님, 성경 어디에 술 마시지 말라는 이야기가 있습니까?"라고 되묻는다. 그래서 물었다. "그렇게 성경말씀을 잘 지키고 산다면 다른 성경말씀은 잘 지키고 생활하고 있니?" 대답하지 못한다. 자기 편의에 따라 성경말씀을 인용하는 것은 올바른 자세가 아니다.

악을 행한 다음 죽는 소리하는 것은 옳지 못하다. 악을 방관하는 것조차도 옳지 않은 것이다. 악을 행하면 그에 따른 책임을 져야 한다. 크리스천들은 옳고 그름에 대한 확실한 분별력을 가지고 있어야 하다.

충격적인 뉴스가 있었다. 한국이 알코올, 도박, 인터넷 게임, 마약 등에 빠지는 '중독 사회'가 되고 있다는 것이다. 중독 전문가 단체인 '중독포럼'에 따르면, 우리나라 알코올 중독자는 155만 명, 도박 중독자는 220만 명, 인터넷 중독자는 233만 명, 마약 중독자는 10만 명 등 618만 명으로, 국민 8명 가운데 1명이 4대 중독에 빠져 있다는 것이다. 이들 4대 중독으로 인한 사회적 손실 비용은 연 109조 원을 넘어서고 있다는 것이다.

이 같은 수치는 흡연(5조 원 안팎), 암(11조 3000억 원) 등 다른 질병의 사회적 비용에 비해 매우 높은 수치라고 한다. 4대 중독자의 급증은 개인의 문제를 넘어, 사회와 국가 전체의 안정성과 경쟁력을 저하시키고, 청소년의 사회적 일탈 등을 유발해 미래 국가경쟁력 기반까지 위협하고 있다고 중독포럼은 경고했다.

중독에 빠지면 분별력이 사라진다. 선과 악의 구분이 모호해지고 중독으로 인해 범죄율이 높아지는 심각한 사회적인 문제를 야기한다. 이는 악한 영에 사로잡혀 하나님으로부터 멀리 떨어져 있기 때문에 선과 악을 구별하지 못하고 있는 것이다.

거짓 선지자를 분별하는 분별력을 구하자

"사랑하는 자들아 영을 다 믿지 말고 오직 영들이 하나님께 속하였나 분별하라 많은 거짓 선지자가 세상에 나왔음이라" 요한1서 4:1

누가 거짓 선지자인가? 양들을 안전한 곳으로 인도하지 못하고 양들에게 살찐 풍성한 꼴을 먹이지 못하는 선지자들은 모두 거짓 선지자다. 양들에게 소망을 주지 못하는 사람과 선동을 일삼는 사람들 역시 거짓 선지자다. 세상에서 가장 쉬운 것은 비판하는 것이다. 비판은 어렵지 않다. 나쁘다고 하기만 하면 되니까 말이다.

유대의 종교 권력자들은 이스라엘 백성들로 하여금 예수님을 십자가에 못 박아 죽이도록 선동하였다. 그들의 관심사는 예수님께 있었던 것이 아니라 자신들에게 있었다.

정권의 획득을 위하여 무책임한 말을 한 사람들은 거짓 선지자와 같은 사람들이다. 그들은 국민을 위한다고 말하면서 국민을 위하지 않는다. 거짓 선지자들은 자신이 한 말에 절대로 책임을 지지 않는다. 무책임하기가 이루 말할 수가 없다. 그래서 성경은 이렇게 말씀하고 있는 것이다. "거짓 선지자들을 삼가라 양의 옷을 입고 너희에게 나아오나 속에는 노략질하는 이리라" 마태복음 7:15

거짓 선지자를 분별하는 것은 악한 영이 조종하기 때문에 정말 어려운 일이다. 악한 영들을 상대하는 것이 얼마나 어려운 일인가? 그들은 팔색조와 같아서 얼마든지 정체를 숨기고 사람들 앞에 나타난다. 온갖 감언이설로 사람들을 현혹시킨다.

이스라엘에도 수많은 거짓 선지자들이 있었다. 그들의 꾐에 넘어가 영혼이 파탄 나고 멸망에 이른 수많은 사람들이 있었다. 우리는 날마다 깨어 있어 거짓 선지자들을 분별하여야 한다. 거짓 선지자들에게는 열매가 없다. 아니, 열매에는 관심도 없다. 그들은 하나님 나라의 건설자가 아니라 하나님 나라의 파괴자이기 때문이다.

이 땅에 거짓 선지자들이 발붙이지 못하도록 해야 한다. 성도를 미혹하는 악한 영들을 내직해야 한다. 온전한 믿음은 가정을 파괴하지 않고 가정에 불화를 가져오지 않는다. 가정에 불화를 가져오고 가정의 화목을 깨는 소리는 모두 거짓 선지자들의 소리다.

시대를 분별하자. 선악을 분별하자. 거짓 선지자를 분별하자.

오로지 해야 할 것은 무엇인가

나이아가라 폭포는 미국과 캐나다 국경 사이에 걸쳐 있다. 2012년 6월 15일, 나이아가라 폭포 위에 외줄을 걸어 미국 땅에서 캐나다 땅으로 건너간 사람이 있다. 닉 웰렌다라는 사람이다.

많은 사람들과 방송국 기자들이 보는 앞에서 그는 외줄타기에 성공했다. 이 일은 누구나 흉내낼 수 없는 일이다. 이 같은 일이 가능했던 것은 오로지 이 일에만 매달려 연습하고 또 연습했기 때문이다. 그는 오로지 여기에만 몰두했기 때문에 그 같은 일을 해낼 수 있었던 것이다.

프로와 아마추어의 차이는 무엇일까? 프로는 오로지 자신이 해야 할 일만 한다. 프로야구 선수가 축구장에 나타나는 일은 거의 없다. 프로축구 선수 역시 야구장에 나타나는 일은 거의 없다. 아마추어

선수들은 여러 운동장에 나타나도 전혀 이상하지 않다.

누구나 자기 인생을 산다. 자기 인생에 프로인가, 아마추어인가? 신앙생활을 프로처럼 하는가, 아마추어처럼 하는가? 프로라면 오로지 하는 일이 있어야 한다. 우리가 살면서 오로지 해야 할 것은 무엇인가?

오로지 본질적인 것을 해야 한다

사람이 모이는 곳에는 언제나 트러블이 발생한다. 이상한 일이 아니다. 생김새가 다르고, 생각이 다르고, 나이가 다르고, 먹는 것이 다르고, 잠자는 곳이 다른데, 트러블이 생기지 않는 것이 오히려 이상한 일이다. 먼저 받아들여야 할 것은 트러블은 언제나 일어날 수 있고 일어난다는 것이다. 중요한 것은 발생하는 트러블에 어떻게 반응하고, 어떻게 해결하느냐는 것이다.

초대 교회는 구제사역이 중요한 사역 중의 하나였다. 그런데 구제사역을 하다 보니 어느 한쪽으로 치우치는 현상이 나타났다. 사도들이 의도하지 않은 일이 벌어진 것이다. 한쪽 편에서 가만 보니 '어라~구제사역이 우리 편보다 다른 편 쪽으로 치우치고 있네~'라는 것을 발견하고 이를 항의하기 시작했다.

그러자 사도들은 항의하고 지적하는 일의 해결방안을 내놓는다. 구제사역을 전담하는 일곱 명을 세우고 사도들은 "오로지 기도하는 일과 말씀 사역에만 힘쓸 것"이라고 했다.

사도들의 본래 사역은 기도하는 것과 말씀 전하는 사역이었다. 사도들은 본질적인 것으로 돌아가 오로지 그것에만 전념하기로 한 것이다. "형제들아 너희 가운데서 성령과 지혜가 충만하여 칭찬 받는 사람 일곱을 택하라 우리가 이 일을 그들에게 맡기고 우리는 오로지 기도하는 일과 말씀 사역에 힘쓰리라 하니"사도행전 6:3-4

인생에 본질적인 것은 무엇인가? 가장 먼저 해야 할 것은 무엇인가? 현대인들이 잃어버리고 사는 것, 그것은 자신이 뭘 해야 할지를 모르고 살아가는 것이다.

군인의 사명은 자기 위치를 지키는 것이다. 2009년 《뉴욕 타임즈》 1면에 참호 속에 있는 세 명의 병사 사진이 게재된 적이 있었다. 두 명의 병사는 전투복 차림이었다. 한 병사는 상의는 전투복 차림이었지만 하의는 핑크색 팬티차림이었고 신발은 슬리퍼를 신고 있었다. 아프가니스탄에서 탈레반의 공격을 받자 가장 빠른 시간에 참호에 도착하느라 미처 전투복을 입지 못했던 것이다. 그럼에도 불구하고 그 사진은 자신이 해야 할 일을 하기 위해서는 어떠

한 모습을 해야 하는지 잘 알려주고 있다.

인생의 문제를 해결하기 위한 근본적인 해결방안은 자신이 해야 할 본질적인 것을 찾는 것이다. 그리고 본질적인 것으로 돌아가 그것을 하는 것이다.

학생은 공부에 전념해야 한다. 학생이 학업을 제쳐놓고 다른 것을 한다면 문제가 생긴다. 직장인이 자신의 일에 전념하지 않고 다른 일에 빠져 있으면 자신도 직장도 발전이 없다. 사업하는 사람이 사업을 제쳐놓고 다른 일에 빠져 있다면 사업이 잘 될 턱이 없다. 아무리 작은 일이라도 해야 할 사람이 그 일을 하지 않고 다른 일에 관심을 기울이면 잘 될 리 없다.

『창피함을 무릅쓰고 쓴 나의 실패기』(이성민·진인길 저, 타임비즈)가 있다. 주제가 흥미롭다. '빠지고 나서야 비로소 깨달은 인생의 함정.' 이 책의 저자는 한때, 학원계의 스타 강사였다. 교육방송 강의 평가에서는 전국 1위를 차지한 바 있고 온라인 강의 수에서는 항상 1등을 하였으며 사회탐구계열 교재 판매량에서도 1위를 하였고 온라인 다음카페 회원 수도 1위를 차지하면서 이미 30대 초반에 강의로만 20억 원을 훌쩍 넘게 벌었던 사람이었다.

성공에 빠져 있던 저자는 학생들을 대상으로 강의하던 신분에서 학원을 경영하는 경영자로 변신한다. 그리고 경영자로 나선 2년 만에 20억을 날린다. 완벽한 변신 실패. 그는 이 책을 통하여 자신의 실패를 정확하게 펼쳐 놓고 있다. 이 책이 말하고 있는 것은 이것이다. '본질에 집중하라.' '본업에 집중하라.' 저자는 이렇게 말한다. "본업 이외의 일에 관심을 가지면 실패한다. 폼 잡는 데 열중하면 반드시 실패한다. 자기와 관련 있는 실무에 능통하지 않으면 실패한다."

본질을 놓치면 안 된다. 자신이 해야 할 일이 무엇인지를 모르면 안 된다. 왜 도박을 멀리하라고 하는가? 사람이 해야 할 본업이 아니기 때문이다. 왜 술이나 게임이나 약물에 중독되지 말라고 하는가? 그것이 삶의 본질이 아니기 때문이다.

크리스천의 삶의 본질은 무엇인가? 자기 일에 열심을 다 하는 것이다. 자기 일을 통하여 하나님께 영광을 돌리는 것이다. "그런즉 너희가 먹든지 마시든지 무엇을 하든지 다 하나님의 영광을 위하여 하라" 고린도전서 10:31

오로지 기도해야 한다

전문가를 다른 말로 꾼이라고 한다. 전에는 얕잡아 부르는 말로 꾼이라는 말을 사용했지만 요즘에는 전문가라는 의미로 달리 쓰이듯 꾼은 전문가다. 장사꾼은 장사의 전문가고 소리꾼은 소리의 전문가며 사기꾼은 사기의 전문가다. 우리는 기도의 전문가인 기도꾼이 되어야 한다.

초대 교회 성도들은 모두 기도꾼들이었다. 교회에는 기도꾼이 많아야 한다. 모든 크리스천들은 기도꾼이 되어야 한다. 기도를 부탁하지 말고 기도를 부탁받는 크리스천이 되어야 한다. 기도를 많이 하면 꾼도 되지만 군君도 된다. 기도왕이 되는 것이다. 기도하는 사람이 가장 존귀한 사람이다.

세상은 도무지 막무가내다. 말도 통하지 않는다. 도무지 막무가내를 막을 수 있는 것은 오로지 기도밖에 없다. 세상은 억지와 불의와 불법이 활개를 치고 다닌다. 그 세상 가운데 우리가 살아가고 있는 것이다. 하나님이 잡으신 맷돌에 우리가 기도를 부으면 하나님은 우리가 하나님의 맷돌에 부은 기도를 갈아내시면서 하나님의 역사를 일으켜 나가신다.

노벨평화상 수상자이며 전 미국 대통령이었던 지미 카터의 인생 좌우명은 "Why not the best?"라고 한다. 이 좌우명은 해군사관학교 졸업 후 해군제독과 임관 인터뷰를 할 때, 제독이 그의 학교 성적에 대해 묻자 750명 중에 57등으로 졸업했다고 하자 "그것이 최선을 다한 결과인가?"라는 물음에서 비롯된 것이라고 한다.

제독의 물음에 카터 신임 소위는 "글쎄요. 물론 최선을 다했다고 말씀드릴 수는 없겠지요"라고 대답했다. 그러자 그 말을 듣고 제독이 갑자기 목소리를 높이며 "왜, 최선을 다하지 않았단 말인가?"라고 했다. 후에 지미 카터는 당시 제독의 목소리가 마치 주님의 음성처럼 들렸다고 고백했다.

기도에 최선을 다하고 있는가? 기도에 최선을 다하지 못하는 피치 못할 특별한 이유라도 있는가? 우리 시대의 크리스천들은 기도를 너무 절제한다. 너무 바빠서 그런가? 기도 없이 신앙생활을 한다는 것은 사단과 마귀에게 자기 인생 전체를 통째로 내주는 것과 마찬가지다. 기도를 절제하지 말고 오로지 기도하고 또 기도해야 한다.

오로지 살리는 것을 해야 한다

한국에서는 변호사와 의사. 외국에서는 변호사, 의사와 더불어 소방관과 경찰관. 이 사람들의 공통점은 사람을 돕고 사람을 살린다는 점이다. 사람을 괴롭히거나 죽이는 사람이 존경받는 시대는 없었다.

어느 나라에서나 사람을 살리는 사람이 존경받는다. 우리 시대에는 다른 사람을 살리는 사람이 영웅이다. 옛날에는 많은 사람을 죽이고 다른 사람들이 사는 땅을 빼앗아 제국을 건설하면 영웅 대접을 받았다. 그러나 그것은 하나님이 기뻐하시는 일이 아니다. 하나님은 오직 사람을 살리는 사람을 기뻐하신다. 사람을 살리는 것이 하나님이 원하시는 것이기 때문이다.

요즘 세상은 어떤가? 사람들을 괴롭히고 죽이는 일들이 비일비재하게 일어나고 있다. 집단 따돌림 현상은 일본, 한국뿐 아니라 미국에서도 심각한 문제가 되고 있고 '묻지마' 식의 살인행위가 여러 나라에서 공공연하게 벌어지고 있다. 총기 사용이 허가되어 있는 국가에서는 자신을 방어하는 차원에서 소지되어야 하는 총기가 다른 사람을 죽이는 것으로 사용되고 있어 충격을 주고 있다. 그것도 자기 방어 능력이 전혀 없는 학교에서 벌어지고 있다는 것에 그 심각성이 크다. 그럼에도 총기 사용 규제를 하지 못하고 있는 것도 문제다.

이 세상에서 가장 귀한 것이 무엇인가? 생명이다. 왜 먹는가? 살기 위해서 먹는다. 왜 부모가 자녀를 먹이는가? 살리기 위해 먹이는 것이다. 하나님은 우리를 창조하실 때, 혼자만 잘 먹고 잘 살라고 창조하지 않으셨다. 서로를 돌아보고 사랑하고 함께 살아가라고 창조하셨다.

그러나 죄가 이 땅에 들어오면서 서로를 돌아보지 않고 죽이고, 죽이는 일이 벌어지고 있다. 하루에도 수없이 많은 사람들이 죽임을 당하고 있다. 자연사가 아니다. 사람에 의하여 사람이 죽어 나가고 있는 것이다.

의사는 환자의 병을 고침으로 사람을 살리고, 변호사와 경찰관과 소방관은 어려운 처지에 놓인 사람들을 도움으로써 살린다. 이들만이 사람을 살리는 것이 아니다. 우리도 얼마든지 자신의 삶 속에서 사람들을 살릴 수 있다.

무엇으로 살릴 수 있는가? 따뜻한 말 한마디로 살릴 수 있다. 내가 베푼 작은 호의와 선행 하나로 사람을 살릴 수 있다. 어떻게 보면 사람을 살린다는 것이 매우 어려운 일 같지만 하나님께서 역사하시면 아주 작은 일 하나를 통해서도 사람을 살릴 수 있는 것이다.

다른 사람들을 살맛 나게 해주자. 사람은 말 한마디에도 살맛이 난다고 한다. 하나님은 우리를 자기 자신만을 위하여 살지 말고 다른 사람들을 살리며 살아가라고 이 땅에 보내셨다. 하나님께서 주신 은사와 달란트를 가지고 다른 사람들을 살맛 나게 하는 인생을 살아가도록 하자.

시대를 분별하자.
선악을 분별하자.
거짓 선지자를 분별하자.
오로지 해야 할 것은 무엇인가?
본질적인 것이다.
기도하는 것이다.
사람을 살리는 것이다.

네가 낫고자 하느냐

이탈리아 로마의 원형 경기장, 콜로세움. 로마 시대에 이곳에서는 글라디에이터라 불리는 검투사들의 경기가 열렸다. 검투사들의 경기는 로마 귀족들에게는 보고 즐기는 오락거리였지만 검투사들에게는 목숨을 걸고 싸워야 하는 냉혹한 곳이었다. 그들에게는 두 가지 길 외에는 없었다. 그것은 죽느냐, 사느냐였다. 그야말로 목숨을 건 생존경쟁의 장소였다. 경기에서 진다는 것은 곧 죽음을 의미했다.

오늘날 콜로세움에서는 검투사들의 목숨을 건 경기는 하지 않는다. 이제 로마의 콜로세움은 관광지가 되었다. 그러나 그 대신에 사회 전체가 콜로세움과 같은 경기장이 되었다. 세상에서의 경쟁은 무조건 이겨야 한다. 지면 끝이다. 직장인들의 최고의 꿈은 전문경영인이 되는 것이다. CEO는 모든 직장인들의 꿈이다. 열심히 일해

서 CEO가 되면 그 다음에는 어떻게 될까? 자기 마음대로 할 수 있을까?

오늘날 모든 사람들이 극심한 무한경쟁 가운데 놓여 있다. 학교에 들어가면 성적과 무한경쟁을 해야 한다. 졸업 후에는 취업을 위하여 무한경쟁을 해야 하고 취업 이후에는 승진하기 위하여 무한경쟁을 해야 한다. 승진에서 떨어지면 직장에서 더 이상의 소망이 없어 퇴직해야 한다. 퇴직 이후에는 본격적으로 무한경쟁에 휩쓸린다.

이 경쟁에서 살아남는 사람들의 수는 10%를 넘지 못한다고 한다. 그러다 보니 모두가 병들어 가고 있다. 마음에 병이 쌓여 가고 육체에 병이 쌓여 간다. 그래서 예수님께서는 오늘 우리에게 이렇게 묻고 계신다. "네가 낫고자 하느냐?"

은혜의 자리를 떠나지 말자

예루살렘 성으로 들어가는 문은 하나가 아니고 총 8개였다. 각각의 문에는 이름이 있었다. 8개의 문 중에서 '양문'은 양과 같은 희생제물이 드나들던 문이었다.

오늘날에는 '사자의 문'이라고 부르기도 하며 '스데반의 문'이라고 부르기도 한다. 그 양문 곁에는 베데스다라는 연못이 있었다. 베데스다라는 말의 뜻은 자비의 집, 은혜의 집이다. 베데스다 연못은

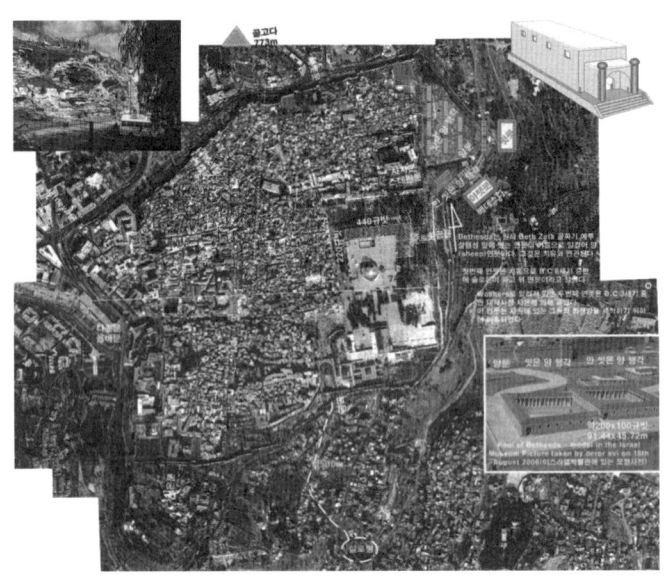

지금도 성지순례를 통해 방문할 수 있다.

베데스다 연못가에는 병든 사람들이 자리를 차지하고 물이 움직이기만을 기다렸다. 부정기적으로 천사가 내려와 물을 움직이는데 물이 움직일 때, 제일 먼저 못에 들어가는 사람은 어떤 병이든지 치료를 받았기 때문이다.

문제는 베데스다 연못에 정해진 순서대로 들어가는 것이 아니라 선착순으로 제일 먼저 들어가는 사람이 치료를 받았던 것이다. 따라서 베데스다 연못가는 극심한 경쟁의 자리였다.

그곳에 38년 된 병자가 있었다. 38년 동안 병자로 있었다면 그 사람이 겪었을 고통이란 말할 수 없었을 것이다. 그곳에 오기까지 얼마나 많은 곳을 다녔을 것인가? 아마도 마지막 소망을 품고 온 곳이 그곳이었을 것이다. 거기에 있다가 물이 움직일 때 먼저 들어가기만 하면 38년 된 병이 낫게 되는 것이다.

38년 된 병자에게 예수님께서 물으셨다.

"네가 낫고자 하느냐?"

병자의 답변은 무엇이었을까?

"주여 물이 움직일 때에 나를 못에 넣어 주는 사람이 없어 내가 가는 동안에 다른 사람이 먼저 내려가나이다." 요한복음 5:7

다른 사람이 먼저 내려간다는 말은 경쟁에서 졌다는 말이다. 즉 치료받지 못했다는 것이다.

얼마나 많은 스트레스를 받았을까? 남만 아니면 되는데, 저놈만 아니면 되는데……. 땅을 칠 일이다. 경쟁의 자리는 스트레스의 자리다. 그러나 38년 된 병자가 베데스다 연못가에서 치료받지 못했어도 잘한 것이 하나 있다. 그 자리를 떠나지 않은 것이다.

그는 포기하지 않았다. 매번 물이 움직일 때마다 다른 사람이 먼저 베데스다 못에 들어갔지만 그는 베데스다라는 자비와 은혜의 자리를 떠나지 않았다. 다른 사람이 먼저 내려가는 자리, 경쟁이 극심한 자리를 떠나지 않았다.

역설적이지만 우리가 살고 있는 경쟁의 자리가 곧 은혜의 자리다. 내가 지금 생활하고 있는 집과 직장과 사업장이 은혜의 자리다. 이것을 잊지 말아야 한다. 경쟁의 한가운데에 있지만 그 경쟁의 한가운데에서 은혜를 받고 은혜를 체험해야 한다.

예수님 만나기를 소원하자

인생은 누구를 만나느냐에 따라 결정된다. 우리 인생 최고의 만남은 예수님과의 만남이다. 38년 된 병자는 베데스다 못가에서 그곳을 찾아오신 예수님을 만났다. 그가 예수님을 만나지 않았더라면 우리는 지금까지도 그를 알지 못했을 것이다. 바디매오가 예수님을 만나지 않았더라면, 막달라 마리아가 예수님을 만나지 않았더라면, 베드로와 바울이 예수님을 만나지 않았더라면, 우리는 그들을 알 수 없었을 것이다. 우리 자신도 마찬가지다.

만나고 싶은 사람이 누구인가? 스티브 잡스는 철학자 아리스토텔레스와 함께 한 끼의 식사를 할 수만 있다면 자기 회사의 모든 기술을 제공할 의사가 있다고 하였다. 투자의 달인으로 불리는 워렌 버핏은 매년 한 차례 일반인과 점심식사를 하면서 얘기를 나눌 수 있는 '버핏과의 점심' 이벤트를 여는 것으로도 유명하다. 버핏과 식사하는 주인공은 경매 방식으로 결정되는데 2011년 그와 밥 한 끼 먹는 대가는 263만 달러였다. 그래도 그와 밥 한 끼 먹으려고 줄을 선다. 워렌 버핏은 항상 이렇게 충고한다. "항상 나보다 나은 사람들 곁에서 지내라."

이 세상에는 수없이 많은 만남이 있다. 만남이라고 다 아름다운 만남이 아니다. 아동문학가 정채봉의 『처음의 마음으로 돌아가라』(정채봉 저, 샘터)에 실린 글이다.

"가장 잘못된 만남은 생선과 같은 만남이다. 만날수록 비린내가 묻어오니까. 가장 조심해야 할 만남은 꽃송이 같은 만남이다. 피어 있을 때는 환호하다가 시들면 지워져 버리니까. 가장 시간이 아까운 만남은 지우개 같은 만남이다. 금방의 순간이 순식간에 지워져 버리니까. 가장 아름다운 만남은 손수건 같은 만남이다. 힘이 들 때는 땀을 닦아 주고 슬플 때는 눈물을 닦아 주니까."

『예수와 함께한 저녁식사』는 우리나라에서는 책이 출간되고 나중에 연극으로 만들어져 공연되었다. 외국인이 생각하는 저녁식사는 우리가 생각하는 식사와는 다르다. 저녁식사에 초대한다는 초대장이 있고 레스토랑에서의 만남이 있고 함께 먹을 메뉴를 고르면 애피타이저와 샐러드, 그리고 메인요리, 디저트와 커피가 제공되는 식사다. 식사 후 계산도 매너 있게 해야 하고 헤어지는 것도 매너 있게 헤어져야 한다.

예수님과 함께 식사를 한다는 상상만으로도 즐거운 일이다. 예수님과의 만남이 없으면 우리 인생은 허무해진다. 살면서 찾아오는 이러한 상황들을 어떻게 해결할 수 있을까? 이 땅에서 생명이 다한 후에는 어떻게 할 것인가? 스스로 해결할 능력이 우리에게는 없기 때문에 오직 예수님을 만나는 것 외에는 답이 없다.

38년 된 병자는 스스로 해결할 수 없었다. 남이 도와주지도 않았다. 도움을 줄 수도, 도움을 받을 수도 없는 상황이었다. 그랬던 그가 예수님을 만남으로 인해 38년 된 질병의 문제를 해결하였다.

살면서 남 탓을 하지 말아야 한다. 남의 탓을 하기 전에 먼저 예수님을 만나야 한다. 예수님을 만나면 남의 탓을 할 이유가 사라진다. 우리 인생의 문제는 예수님을 만나는 순간 해결된다.

예수님의 말씀에 순종하자

예수님께서 38년 된 병자의 병을 고친 방법은 무엇이었나? 오직 말씀으로 병든 자를 치유하셨다. 예수님이 말씀하셨다. "일어나 네 자리를 들고 걸어가라"고. 예수님이 38년 된 병자를 고친 것은 말씀으로 고친 것이지 베데스다 연못에 제일 먼저 던져 넣어서 고친 것이 아니다.

예수님은 약이나 수술이나 침이나 뜸이나 요가나 명상을 통하여 병든 사람들을 치유하신 것이 아니다. "저물매 사람들이 귀신 들린 자를 많이 데리고 예수께 오거늘 예수께서 말씀으로 귀신들을 쫓아내시고 병든 자들을 다 고치시니 이는 선지자 이사야를 통하여 하신 말씀에 우리의 연약한 것을 친히 담당하시고 병을 짊어지셨도다 함을 이루려 하심이더라" 마태복음 8:16-17

예수님의 말씀을 믿고 순종하지 않았다면 그 병자는 지금까지도 고침 받지 못했을 것이다.

21세기 오늘날 시대의 특징은 말씀의 권위가 사라졌다는 것이다. 자녀들이 부모님 말씀에 따르지 않는다. 선생님 말씀에는 더더욱 따르지 않는다. 정치인들의 말에 권위가 사라진 지는 오래되었다. 공권력에 대한 권위도 사라진 지 오래되었다. 법 집행을 하는 경찰관 말을 도무지 듣지 않는다. 경찰서에서 행패를 부리고 경찰에게 폭력을 행사하기도 한다. 요즘에는 법원 판사의 판결에 대해서도 권위를 인정하지 않으려는 분위기다. 심지어 대통령의 말에 대한 권위도 무시되고 있는 상황이다.

 이러한 상황이다 보니 완악해질 대로 완악해진 사람들은 이제 하나님의 말씀도 무시하려고 한다. 아예 듣지도 않으려고 한다. 예수님의 말씀에 순종한다는 것은 있을 수 없는 일이라고 생각한다. 예수님의 말씀을 듣지 않고 예수님의 말씀에 순종하지 않으면 인생의 문제는 해결되지 않는다. 말씀에 순종하는 것이 가장 어려운 일 같지만 가장 쉬운 일이다.

 우리가 하나님의 말씀, 예수님의 말씀에 순종하면 기적이 일어나고 치유의 역사가 일어나고 축복의 역사가 일어난다. 말씀에 순종하는 것을 잊지 말자.

은혜의 자리를 떠나지 말자. 예수님 만나기를 소원하자.
예수님의 말씀에 순종하자. 그러면 우리는 낫게 된다.
건강하게 된다. 형통하게 된다.

CHAPTER 4

받는 사람이 복이 있는가,
주는 사람이 복이 있는가

잊지 말아야 할 것들

이집트 제2의 도시인 알렉산드리아는 한때 세계 정치와 문화의 중심지였다. 알렉산더가 정복 기념으로 세운 이 도시에는 당대 최고의 엄청난 규모의 도서관이 있었다. 당시 이곳에서 최초로 히브리어로 기록된 성경이 그리스어로 번역되었다. 시대가 흐르면서 수많은 전쟁을 겪는 동안 고대 알렉산드리아 도서관은 역사에서 사라졌다.

그러나 고대 알렉산드리아 도서관을 잊지 못하는 사람들에 의하여 알렉산드리아 도서관을 다시 세우자는 뜻이 모아지기 시작했다. 그리고 그 꿈이 이루어져 2002년 마침내 최신식 알렉산드리아 도서관이 신축되었다.

도서관이 세워지기까지 세계 유네스코가 주도하여 전 세계 국가들이 기금을 마련하였고 그것을 기념하기 위하여 도서관 외벽을 화강

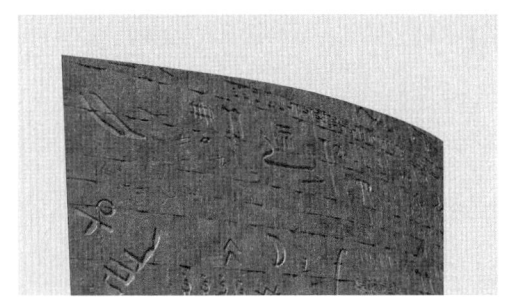

암으로 만들어 건립기금을 낸 국가들의 언어를 새겨 넣었다.

우리나라의 한글도 새겨져 있다. 한글의 어떤 글자가 새겨져 있을까? '강', '여름', '세월'이다. 어떤 사람이 그 글자를 새겨 넣도록 했는지는 모르겠지만 도서관과 참 잘 어울리는 글자라고 여겨진다. 강과 여름과 세월의 특징은 무엇일까? 강도 흐르고, 여름도 흐르고, 세월도 흐른다는 것이다. 흐른다는 것은 어떤 의미를 갖는가? 지나간다는 것이다. 지나간다는 것은 곧 잊혀진다는 의미를 갖는다.

세상에서 가장 무서운 것이 무엇일까? 한 동네 아이들이 나무 그늘에 앉아 서로 무서운 것이 무엇인지를 이야기하기 시작했다. 아이들은 호랑이라고도 했고 귀신이라고도 했으며 폭탄이라고도 말했다. 그러나 어느 것이 가장 무서운 것인지 결론이 나지 않았다.

아이들은 지나가는 사람들에게 물어보기로 했다. 그래도 결론이 나지 않았다. 해질 무렵, 할머니 한 분이 지나가면서 한마디 했다. "세상에서 가장 무서운 것은 망각이란다." 아이들은 망각이 무엇인지 모른 채 각자 집으로 돌아갔다.

살면서 잊지 말아야 할 것들이 있다. 그런데 살면서 많은 것들을 잊으며 살아간다. 신앙생활하면서 잊지 말아야 할 것은 무엇인가?

은혜를 잊지 말아야 한다

"내 영혼아 야훼를 송축하며 그 모든 은택을 잊지 말지어다" 시편 103:2

살면 살수록 느끼는 것이 하나 있는데 사는 것이 다 하나님의 은혜라는 것이다. 오늘 하루 살아가는 것도 하나님의 은혜요, 볼 수 있고 먹을 수 있고 걸을 수 있고 돌아갈 수 있는 집이 있다는 것도 역시 하나님의 은혜다.

하나님의 은혜를 아는 사람의 특징이 있다. 작은 일이나 큰일이나 언제든지 감사하며 살아간다는 것이다.

TV 드라마 《각시탈》에 출연했던 신현준 씨가 트위터에 올린 글이다.

- 어떤 형편에도 은혜를 기억하고 하나님 앞에 감사하는 일을 조금도 잊지 말자
- 하나님의 도우심을 의지할 것이다
- 하나님만 높이고 그에게만 영광을 돌리자
- 하나님 안에 모든 사람은 자유하고 평등하다고 믿고 그 믿음을 실천하자

하나님의 은혜를 알고 그 하나님의 은혜를 잊지 않고 연기 생활을 하는 신현준 씨가 멋지고 고맙다.

아프리카의 에티오피아는 세계 3대 빈국 중의 하나다. 1960년대 이후 대기근과 내전을 겪으면서 세계 최대 빈국으로 떨어졌고 사회

주의 정권이 나라를 지배하면서 아직까지 어려움을 겪고 있는 나라다. 1인당 GNP가 365달러밖에 되지 않는다.

에티오피아 커피가 잘 알려져 있지만 우리나라 사람들은 아프리카의 먼 나라로만 알고 있을 뿐이다. 그런데 이 에티오피아가 1950년 한국전쟁이 일어났을 때, 아프리카에서는 유일하게 최대 규모의 군대를 파견했다.

1951년 5월, 당시 에티오피아 국왕의 명령으로 국왕의 근위대 1,300명을 선두로 총 6,037명을 파병해 122명이 전사하고 536명이 부상을 입었다. 에티오피아 병사들은 그 먼 곳에서 우리나라에 도착하자 최전선에 배치되어 전투에 참가하였다.

참전용사들이 에디오피아로 돌아간 후 사회주의 정부가 들어서자 한국전쟁에 참전했다는 이유로 멸시와 가난 속에서 살아가게 되었다. 현재 생존자는 400여 명 정도인데 극심한 가난 속에 생활하고 있다고 한다.

몇 년 전 한국 언론과의 인터뷰에서 90세를 바라보는 한 에티오피아 참전용사는 "내가 지금 비록 몸져 누워 있지만 한국이 다시 부르면 기꺼이 달려가 싸우겠다"고 했다. 한국의 자유 수호를 위해 싸운 것이 평생의 자랑이라는 한 노병은 "한국이 전에는 매우 가난한 나라였는데 최근 무척이나 발전했다는 소식을 들을 때마다 얼마나 자랑스러운지 모른다"고 했다. 또 "전쟁 당시 막사에서 함께 있던 젊은 군인의 모습이 눈앞에 선하다"며 "지금이라도 한국에서 나를 필요로 한다면 당장 달려가 싸우겠다"고 변함없는 한국 사랑에 대해 힘주어 말했다.

'은혜와 원수는 대를 이어서라도 갚는다'는 중국 속담이 있다. 그런데 원수는 100% 대를 이어서라도 갚으려고 하는데 은혜는 10%도 대를 이어 갚지 않는다고 한다. 어떤 사람은 은혜는 갚지 않아도 원수는 대를 이어 갚는다고 한다.

하나님이 주시는 은혜만 다 갚고 살려고 해도 인생이 짧다. 부모님의 은혜, 동기간의 은혜, 아는 사람들이 베풀었던 은혜만 갚고 살아도 행복한 인생을 살아갈 수 있다. 어디서나 환영받는 인생을 살아갈 수 있다.

어떠한 일이 있어도 하나님이 주시는 은혜와 사람으로부터 받은 은혜를 잊고 살아서는 안 된다. 이를 악물고 원수를 갚기 위해 살지 말고, 이를 악물고 은혜를 갚고 살아갈 생각을 하고 살자. 그러면 인생이 바뀐다.

광야 길을 잊지 말아야 한다

"네 하나님 야훼께서 이 사십 년 동안에 네게 광야 길을 걷게 하신 것을 기억하라 이는 너를 낮추시며 너를 시험하사 네 마음이 어떠한

지 그 명령을 지키는지 지키지 않는지 알려 하심이라" 신명기 8:2

　연예인들은 스타가 되기를 원하지만 누구나 되는 것은 아니다. '개구리 올챙이 적 생각 못한다' 는 말이 있다. 올챙이와 개구리는 다르다. 그러나 개구리는 올챙이 시절을 거쳐야 개구리가 된다. 개구리가 되었다고 올챙이 시절을 잊으면 경거망동하게 된다. 누구나 잊지 말아야 할 올챙이 시절이 있다.

　광야의 길을 기억하라고 말씀하시는 것은 고난의 시절을 잊지 말라는 말이다. 광야의 길, 고난의 길에서는 누구나 자신을 낮출 수밖에 없다. 안전과 생명을 보장받지 못하고 스스로 지키기도 어렵기 때문이다.

　이스라엘의 3대 절기 중에 광야 생활 40년을 기념하는 장막절이 있다. 이때 모든 유대인들은 집 밖에 장막을 치고 1주일간 생활한다. 베란다가 있는 사람은 베란다에 장막을 치고 지내고, 단독주택이나 아파트에 사는 사람들은 문 앞에 장막을 치고 1주일 동안 광야 체험생활을 한다. 고생스러웠던 때를 잊지 말고 더욱더 겸손하게 감사하는 사람이 되어야 한다.

미군의 최고 무공훈장은 명예훈장Medal of Honor이다. 2011년에 이 훈장을 받은 병사가 있었다. 당시 23세의 다코타 마이어라는 미국 해병대 예비역 병장이다.

미 해병으로 아프가니스탄에서 복무 중이던 2009년 9월 8일 새벽, 그와 동료 부대원들이 탈레반의 기습공격을 받았다. 이 기습공격으로 동료 4명이 죽었다. 마이어 상병은 현장을 빠져나오라는 명령에도 불구하고 다른 병사가 운전하는 장갑차 위에서 우뚝 선 자세로 기관총을 쏘며 적진으로 들어가 동료의 시신을 거둬 왔다.

이 같은 상황에서 마이어 상병은 다섯 차례나 적진과 아군 진지를 오갔다. 이 과정에서 팔에 총상을 입었지만 개의치 않고 기관총으로 응사하며 궁지에 몰려 있던 동료 13명과 아프간 관계자 23명 등 36명을 구한 것이다.

오바마 대통령은 미군 최고의 명예훈장을 수여하기로 결정했다는 소식을 마이어에게 직접 알려주고 싶었다. 백악관 의전관이 마이어에게 전화했다. "대통령께서 직접 당신과 통화하기를 원한다"고 말했다. 그러자 당시 건설회사에서 일하고 있었던 마이어는 근무 시간 중에는 사적인 전화를 받을 수 없다며 전화를 끊었다. '공과 사'를 구분하며 현재의 업무를 충실히 하는 그의 투철한 책임의식이었다. 보고를 받은 오바마 대통령은 점심시간을 기다렸다가 직접 마이어에게 전화를 걸어 명예훈장 소식을 전했다.

대통령의 전화를 받은 마이어는 "나는 영웅이 아닙니다. 형제와 같은 부대원들이 죽었기 때문에 나는 실패한 병사일 뿐입니다"라고 말하며 훈장 받기를 고사했다. 그러나 36명의 고귀한 생명을 구한 사실을 칭송하며 오바마 대통령이 훈장받기를 간곡하게 권유하자 마이어는 훈장을 받기로 했고 전날 백악관에서 두 사람이 담소의 시간을 가졌다. 그리고 다음날 백악관에서 성대한 훈장 수여식이 거행되었다. 훈장 수여식에서 오바마 대통령은 마이어에게 "내 전화를 받아 주어 고맙네"라고 조크를 했다.

광야라는 단어는 히브리어로 '미드바르'며 '말씀이 나오는 곳'이라는 뜻이다. 어디에서 말씀이 나오는가? 편안한 곳에서 말씀이 나오는 것이 아니라 광야와 같은 어렵고 힘든 곳에서 하나님의 말씀이 나온다는 뜻이다. 광야와 같은 길을 가더라도 낙심하거나 두려워할 이유가 없다. 광야 같은 길을 갈 때, 하나님의 음성을 듣고 하나님의 말씀을 붙들고 살아가면 역사가 일어난다.

광야에서 누구를 만나길 원하는가? 주님을 만나는 역사가 있어야 한다. 광야를 잊지 말자. 광야에서 하나님이 인도하시고 보호하시고 지켜주셨던 것을 잊지 말자. 하나님이 언제나 우리와 함께하신다.

나눠 주기를 잊지 말아야 한다

"오직 선을 행함과 서로 나눠주기를 잊지 말라 이 같은 제사는 하나님이 기뻐하시느니라" 히브리서 13:16

성경은 우리에게 나눠 주기를 잊지 말라고 하고 있다. 인색한 사람이 되어서는 안 된다. 나누어 주지 않는 사람에게는 사람이 붙지 않는다. 인색하게 살다 보면 속도 좁아지게 된다. 속 좁게 살다 보면 사람뿐 아니라 하나님께도 인색하게 된다.

하나님은 우리에게 한 번도 인색하신 적이 없다. 만약 하나님이 우리에게 인색하셨다면 살아남아 있을 사람이 아무도 없었을 것이다. "흩어 구제하여도 더욱 부하게 되는 일이 있나니 과도히 아껴도 가난하게 될 뿐이니라 구제를 좋아하는 자는 풍족하여질 것이요 남을 윤택하게 하는 자는 자기도 윤택하여지리라" 잠언 11:24-25

축복받는 비결 중 하나는 나눔에 있다. 부자 되는 비결 중의 하나는 인색하지 않음에 있다. 덕을 쌓으라는 말이 있다. 무엇으로 덕을 쌓는가? 나눔으로 쌓는 것이 덕이다.

인색한 농장주가 있었다. 일꾼이 밥을 먹기 위해 잠시 일손을 놓는 게 눈에 거슬렸다. 아침식사를 한 후에 일꾼을 불러 말했다.

"여보게, 밭에서 일하다가 다시 들어와서 점심을 먹는 것이 귀찮지 않은가? 그러니 아예 점심을 지금 미리 먹고 시간을 아끼는 것이 어떻겠나?"

"좋습니다."

농장 주인은 급히 점심을 준비해주면서 일꾼에게 말했다.

"점심을 먹는 김에 아예 저녁까지 다 먹는 것은 어떻겠는가?"

"네, 좋습니다."

농장 주인은 또다시 푸짐하게 음식을 차려서 일꾼에게 먹였다.

"자, 이제 세 끼를 다 먹었으니 밭에 나가 하루 종일 쉬지 말고 일하게나."

그러자 일꾼이 말했다.

"네, 주인님. 그런데 저는 저녁을 먹은 다음에는 무슨 일이 있어도 일을 하지 않습니다. 내일 뵙지요" 하고는 자기 집으로 돌아갔다.

크리스천의 특징은 베푸는 사람이 되어야 한다. 예수님은 먹을 것이 없는 사람들에게 먹을 것을 주라고 말씀하신다. "저녁이 되매 제자들이 나아와 이르되 이곳은 빈 들이요 때도 이미 저물었으니 무리를 보내어 마을에 들어가 먹을 것을 사 먹게 하소서 예수께서 이르시되 갈 것 없다 너희가 먹을 것을 주라" 마태복음 14:15-16

주는 사람의 특징이 있다. 이미 주었던 것을 기억하지 않고 주지 않은 것만 기억하고 자꾸 주려고 한다. 어떤 사람에게 끌리는가? 주는 사람에게 끌리는가, 빼앗는 사람에게 끌리는가?

『끌리는 사람은 1%가 다르다』(이민규 저, 더난출판사)에 이런 이야기가 있다. 식당 종업원이 주인과 사이가 좋지 않았다. 홧김에, 주인이 휴가를 떠난 틈을 타 식당 망하라고 손님들에게 음식을 막 퍼 주었다. 그런데 식당이 망하기는커녕 손님이 더 많이 찾아오는 것이다. 막 퍼 준다는 소문이 퍼졌기 때문이다. 이래서 나온 말이 있다. "퍼 주고 망한 장사 없다."

나는 주는 사람인가, 빼앗는 사람인가? '얼굴 예쁜 여자는 소박을 맞아도 음식 솜씨 좋은 여자는 소박맞지 않는다'는 말이 있다.

퍼 주는 인생을 살자. 사랑, 칭찬, 격려, 배려, 정 모두를 퍼 주자. 퍼 주다 보면 우리 인생이 바뀐다.

퍼 주는 인생이 되기 위해서는 하나님의 은혜와 축복을 많이 받아야 한다. 남의 것을 빼앗아 퍼 주자는 것이 아니다. 하나님께로부터 받은 복을 퍼 주자는 것이다.

"주라 그리하면 너희에게 줄 것이니 곧 후히 되어 누르고 흔들어 넘치도록 하여 너희에게 안겨 주리라 너희가 헤아리는 그 헤아림으로 너희도 헤아림을 도로 받을 것이니라" 누가복음 6:38

잊지 말아야 할 것은 무엇인가?
은혜를 잊지 말아야 한다.
광야 길을 잊지 말아야 한다.
나눠 주기를 잊지 말아야 한다.

은혜 받는 성도의 마음 자세

신학교 다닐 때, 강의 시간에 교수님이 세 가지 질문을 하셨다.

"예수는 왜 믿나?"

"천국 가기 위해 믿습니다."

"기도는 왜 하나?"

"응답 받기 위해 합니다."

"예배는 왜 드리나?"

"은혜 받기 위하여 드립니다."

교수님이 다시 물으셨다.

"지금 죽으면 천국 갈 수 있나?"

"기도하여 응답 받고 있나?"

"예배 때마다 은혜 받고 있나?"

누구도 선뜻 아멘이라고 대답하지 못했다. 하나님의 은혜가 충만한가? 하나님의 은혜보다는 세상 걱정과 근심과 염려로 가득 찬 것은 아닌지 다시 한 번 돌아보자.

은혜 받을 준비를 잘하자

이 세상에 준비 없이 이루어지는 것은 없다. 비행기를 타고 여행을 하려면 제일 먼저 준비해야 하는 것이 티켓이다. 티켓이 준비되지 않으면 비행기를 탈 수 없다. 해외로 나가려면 비행기 티켓보다 여권과 가고자 하는 나라에 들어갈 수 있는 비자를 먼저 준비해야 한다.

믿음도 마찬가지다. 항상 예배에 참석하기 전에 은혜 받을 준비를 해야 한다. 우리가 드리는 모든 예배는 준비된 예배다. 찬양을 인도하는 찬양 팀은 찬양하기 위하여 기도하고 연습한다. 찬양 곡을 준비하는 인도자는 찬양할 곡을 선정하기 위하여 기도하고 준비한다. 성가대는 성가를 하나님께 올려드리기 위하여 준비한다.

구약시대에 하나님께 번제로 예배를 드릴 때는 준비해야 할 것들이 많았다. 이스라엘 백성들은 번제물로 드릴 희생제물을 준비하였고 제사장들은 각종 기물들을 준비해야 했다. 그것은 보통 일이 아니었다. 그럼에도 불구하고 구약시대에는 번제를 드릴 때마다 준비를 철저히 하고 예배를 드렸다.

예배 드리기 전에 믿음으로 은혜 받을 준비를 하라. 찬양할 때나 기도할 때나 하나님의 말씀이 내 마음에 뿌려질 때, 그 말씀을 잘 받아 내 마음에 뿌리내리고 결실을 맺을 수 있는 준비를 해야 한다. 예배 드리는 내 마음의 상태가 옥토와 같은 상태인지, 길가와 같은 상태는 아닌지, 밭은 밭인데 돌밭은 아닌지, 또는 가시떨기가 많은 밭은 아닌지 항상 점검하라.

습관적으로 예배 드리지 말아야 한다. 예배는 날마다 새로운 믿음으로 드리는 예배가 되어야 한다. 모든 예배는 내 생애 마지막 드리는 예배가 되어야 한다. 그런 마음으로 예배를 드릴 때, 신령과 진정으로 예배 드릴 수 있게 되는 것이다.

성경은 우리에게 이렇게 말씀하고 있다. "너희는 하나님의 은혜에 이르지 못하는 자가 없도록 하고 또 쓴 뿌리가 나서 괴롭게 하여 많은 사람이 이로 말미암아 더럽게 되지 않게 하며" 히브리서 12:15

은혜 받는 것에만 집중하자

집중력이 중요하다. 3시간을 일해도 1시간 동안 일한 효과도 내지 못하는 사람이 있고, 30분을 일해도 1시간 일한 효과를 내는 사람이 있다. 왜 그럴까? 이유는 집중력의 차이다. 집중력의 차이가 인생의 차이다.

요즘 복부비만 관리, 피부 관리, 손톱 관리, 모발 관리 등 관리라는 말을 많이 사용하고 있다. 심지어는 대학입시 학원에서도 압박 관리란 말을 사용하고 있다. 학원생들을 압박 관리한다는 말인데 그 광고 문구를 보고 참 한국스럽다는 생각을 했다. 우리 인생에도 관리할 것들이 많겠지만 가장 먼저 관리해야 할 것은 집중력 관리다.

아인슈타인이 한 말 중에 이런 말이 있다. "같은 방법을 반복하면서 다른 결과를 기대하는 사람들은 정신병자다."

인생의 차이는 집중력의 차이다. ADHD(주의력결핍과잉행동장애)증후군이 있다. 신앙생활을 ADHD를 가진 어린아이들같이 해서는 안 된다. 아이들보다 어른들이 더 산만하다. 행동이 산만한 것이 아니라 생각과 마음이 산만한 것이다. 아이들이 늦은 시간까지 잠을 안 자고 있으면 "지금 몇 시야? 당장 이 닦고 이불 속으로 안 들어가?"라고 소리를 지른다. 이렇게 바꾸어 보라.

"지금 뭐 해야 하는 시간이니?"

"자야 할 시간이요."

"자야 할 시간이면 뭐해야 하지?"

"이 닦고 이불 속으로 들어가야 해요."

"그럼, 그렇게 하거라."

집중력을 키워야 한다. 무슨 집중력을 키워야 하는가? 은혜 받는 것에 대한 집중력을 키워야 한다. 특별히 예배에 대한 집중력을 키워야 한다. 가장 중요한 집중은 하나님 말씀에 집중하는 것이다. 믿음은 들음에서 난다. "…믿음은 들음에서 나며 들음은 그리스도의 말씀으로 말미암았느니라"로마서 10:17

하나님 말씀에 집중하지 아니하면 마음속에 하나님의 말씀이 살아 역사하지 못한다.

은혜 받고 변해야 한다

은혜 받은 사람은 변해야 한다. 마태복음 18장에는 만 달란트의 빚을 탕감 받은 사람에 관한 이야기가 등장한다. 만 달란트는 어마어마한 가치를 가지고 있는 금액이다. 금 한 달란트가 6천 데나리온에 해당된다. 한 데나리온은 일용직 근로자의 하루 품삯에 해당된다. 하루 품삯이 10만 원이면 한 달란트는 6억 원에 해당하는 금액이다.

만 달란트면 도대체 얼마인가? 성경에 보면 만 달란트 빚을 진 사람의 몸과 아내와 자식들과 모든 소유를 다 팔아 갚게 하라고 했으나 만 달란트의 빚을 진 사람은 그 빚을 갚을 능력이 없었다. 능력이 없어 초라한 이 사람의 빚을 탕감해 주었다. 얼마나 큰 은혜인가?

그런데 이 사람이 빚을 탕감 받고 나와서 길을 가는데 자신에게 백 데나리온을 빚진 사람을 만났다. 빚을 당장 갚으라고 하니 그 사람 역시 능력이 되지 않았다. 그러자 만 달란트의 빚을 탕감 받은 사람이 자신에게 백 데나리온 빚진 사람이 빚을 갚지 않자 괘씸하다고 감옥에 가두어 버렸다.

이런 사람은 어떤 사람인가? 은혜를 입었지만 은혜 받고 하나도 변한 것이 없는 사람이다. 결과는 어떻게 되었는가? 그 역시 감옥에 갇히고 말았다. 은혜 받았으면 변해야 하는 것이 당연한 일이다. "오직 성령이 너희에게 임하시면 너희가 권능을 받고 예루살렘과 온 유대와 사마리아와 땅 끝까지 이르러 내 증인이 되리라 하시니라" 사도행전 1:8

기독교의 특징, 우리 믿음의 특징은 무엇인가? 결코 멈추지 않고 쉬지 않는다는 것이다. '정착은 죽음이다. 움직이는 자만이 살아남는다'는 말이 있다. 사단과 마귀는 우리에게 시험과 낙심과 좌절을 통하여 우리는 무기력하게 만들고 우울증에 빠지게 한다. 이것은 우리의 역동적 믿음을 중지시키려는 것이다. 무기력을 심어 주는 달콤한 유혹에 빠지지 마라. 받은 은혜를 지속적으로 유지하려면 들은 말씀에 순종하고 실천하는 믿음이 뒤따라야 한다.

지미 카터 전 대통령이 미국 침례교단 모임에 강사로 초청된 적이 있었다. 대통령을 지냈고 수없이 많은 연설을 하였지만 강사로 초청이 되면 다른 사람보다 잘 해야 된다는 부담 때문에 긴장이 된다고 한다. 그 모임에 강사로 초청된 사람이 두 명 더 있었다. 한 사람은 빌리 그레이엄 목사님이었다. 지미 카터 대통령은 속으로 '내가 빌리 그레이엄 목사님보다 더 강연을 잘 할 수 없지'라고 생각했다. 다른 한 사람은 어떤 사람인가 보았더니 놀랍게도 트럭 운전을 하는 사람이었다.

이 사람은 자신이 그곳에 왜 초청되었는지조차 모르는 얼굴로 상당히 긴장한 채 손바닥으로 자신의 무릎을 초조하게 비비고 있었다. 그래서 지미 카터는 속으로 '오늘 강연은 못해도 2등은 하겠구나' 생각했다.

강연이 시작되었다. 빌리 그레이엄 목사님의 강연에 대한 반응은 뜨거웠다. 자신의 강연에 대한 반응 역시 좋았다. 마지막 강연자로 트럭 운전사가 올라갔다. 이 사람은 얼마 전까지 예수님을 영접하지 않았던 분이었다. 그런데 예수님을 영접한 이후에 자꾸만 속에서부터 예수님의 이야기가 나오는 것이었다.

미국 본토의 트럭 운전은 몇날 며칠을 달려야 하는 일이다. 중간 중간 휴게소에서 음식을 먹고 저녁에는 술을 마신다. 그런 상황에서도 그는 자리에 앉기만 하면 예수님을 이야기하기 시작한 것이다.

처음 한두 번은 술 취해서 하는 소리려니 했는데 자꾸 반복되니까 미친놈이라고 끼워 주지도 않고 쫓아내기까지 하였다. 그런데 계속하여 예수님을 이야기하니까 어느 날부터는 먼저 예수님 이야기를 하지 않아도, 모르는 사람들이 다가와 당신이 예수님에 대하여 이야기하는 사람이냐며 그 예수님의 이야기를 자기에게도 해달라고 하는 요청을 받게 됐다.

청중의 반응은 놀랍도록 뜨거웠다. 강연이 끝나자 모든 사람들이 일어나 박수를 쳤다. 지미 카터 대통령은 책에 이렇게 썼다. 그날 세일 강연을 잘 못한 사람은 누구인지 모르겠지만 한 가지 분명한 것은 그날 강연을 제일 잘한 사람은 바로 그 사람이었다고.

은혜 받을 준비를 하라. 예배에 집중하라.
말씀에 순종하고 말씀을 실천하는 삶을 살아라.
그래야 우리의 삶이 변화되고 새로워지며 형통한 생활을 하게 되는 것이다.

지금 가장 중요한 것은

『지금 중요한 것은 무엇인가』(개리 해멀 저, 알키)라는 책이 있다. 저자인 개리 해멀은 세계적으로 손꼽히는 경영전략가의 한 사람이다. 1983년부터 런던비즈니스스쿨 전략 및 국제경영 담당 교수로 재직하고 있다.

《월스트리트저널》은 21세기 최고의 경영 구루로 빌 게이츠를 제치고 그를 선택했으며 《이코노미스트》와 《포천》은 그를 '세계를 선도하는 경영전략 전문가'로 선정한 바 있다. 그는 가치, 혁신, 적응성, 열정, 이념을 가장 중요한 것으로 손꼽고 있다.

우리에게 지금 가장 중요한 것은 무엇인가? 톨스토이는 '세 가지 질문'에서 "세상에서 가장 중요한 때는 지금 이 순간이고, 지금 가장 중요한 사람은 지금 함께 있는 사람이고, 지금 가장 중요한 일은 지금 내 곁에 있는 사람을 위해 좋은 일을 하는 것이다"라고 했다.

사도 바울은 예수 그리스도의 십자가 외에 결코 자랑할 것이 없다고 고백했다. 그것은 사도 바울에게 있어 가장 중요한 것은 예수 그리스도의 십자가라는 고백이다. 이 고백이 우리의 고백이 되어야 한다.

사람마다 각자 가장 중요하게 여기는 것들이 있다. 초등학교 시절에 가장 중요했던 것은 딱지나 구슬이었다. 여자아이들에게는 공깃돌과 고무줄이 가장 중요했다. 그때는 그것이 가장 중요했지만 지금은 그것을 중요하게 여기지 않는다. 딱지와 구슬을 중요하게 여기는 어른은 없다.

중요한 것은 늘 변한다. 그러나 변하지 않는, 인생을 살면서 우리에게 지금 가장 중요한 것은 무엇인가?

지금 가장 중요한 것은 예수님이다

뉴욕 맨해튼에 위치한 리디머교회의 담임목사인 티머시 켈러의 『거짓 신들의 세상』(티머시 켈러 저, 베가북스)이 있다. 켈러 목사가 바라본 세상은 거짓 신들로 충만한 세상이다. 뉴욕은 세계의 수많은 도시 중에 가장 많은 뉴스거리를 제공하고 있는 도시다. 누가 뭐라 해도 뉴욕은 세계의 경제와 문화와 패션의 중심 도시다. 뉴욕을 배경으로 하는 아침 방송에 세계인들이 귀를 기울인다.

문제는 수없이 많은 것이 집중되어 있어도 우리가 추구해야 할 진정한 가치와 진실은 없다는 것이다. 뉴욕만의 문제가 아니다. 어느 도시나 사람과 제품과 먹을 것은 넘쳐나고 있지만 정작 진실과 진짜는 찾아볼 수 없다. 그 대신 진실이 아닌 거짓과, 진짜가 아닌 짝퉁만이 넘쳐나고 있다. 명품에만 짝퉁이 있는 것이 아니다. 우리 삶 도처에 짝퉁은 널려 있다. 영적으로는 하나님의 이름을 대신하여 하나님의 자리를 차지하고 있는 짝퉁 신들이 널려 있다. 하나님께로 돌아갈 영광을 가로채는 우상들이 도처에 널려 있는 것이다. 예수님보다 귀하게 여기는 모든 것이 있다면 그것은 우상이 된다.

인생에 원하는 것을 얻으려고 달려가지만 예수님을 바라보지 않고 달리면 죽도록 달려도 원하는 것을 손에 넣지 못한다. 인생에서 가장 중요한 분은 예수님이다. 이것을 잊으면 모든 것을 다 잊게 된다.

'길이 아니면 가지 말라'는 말이 있다. 요즘은 길이 아니어도 간다. 가도 막 간다. 끝은 생각도 하지 않는다. 도가 지나칠 정도다. 영어 격언에 'See no evil, hear no evil, speak no evil'이라는 말이 있다. 나쁜 것은, 악한 것은 보지도 듣지도 말하지도 말라는 뜻이다. 요즘은 반대로 한다. 보지 못할 것 다 보고, 듣지 못할 것 다 듣고, 말하지 않아도 될 것까지 다 말하고 산다. 사람들 마음에 예수님이 없기 때문에 이런 일이 벌어지는 것이다.

지금 가장 중요한 것은 반응이다

자신의 인생을 결정짓는 것은 무엇인가? 그것은 반응이다. 일이 터졌을 때, 어떻게 반응하는가? 하루라도 일이 터지지 않는 날이 없다. 하루하루 터지는 일에 내가 어떻게 반응하느냐에 따라 내 인생이 결정된다.

사단과 마귀가 기대하는 것이 있다. 우리의 반응이다. 사단과 마귀는 사람들이 늘 부정적이고 파괴적인 반응을 보이는 것을 잘 알고 있다. 사단과 마귀는 그것을 노리고 온갖 일을 만들어낸다. 하루하루 일어나는 일에 어떻게 반응하는가? 부정적으로 반응하는가, 긍정적으로 반응하는가? 건설적으로 반응하는가, 파괴적으로 반응하는가? 짜증으로 반응하는가, 기쁨으로 반응하는가?

남편과 아내, 자녀 서로 간에 어떻게 반응하느냐에 따라 집안 분위기가 달라진다. 오늘 어떻게 반응하고 살아가기를 마음먹고 있는가? 아무리 세상이 우리를 흔들어도, 사람이 우리를 흔들어도 흔들리지 말아야 한다.

고등학교 다닐 때, 한문 선생님의 별명이 '최고 악질'이었다. 우리가 붙인 별명이 아니라 선생님이 스스로 밝히신 별명이었다. 물론 그 선생님은 최고 악질이 전혀 아니셨다. 그럼에도 스스로 그렇게 말씀하셨다.

하루는 수업이 끝나고 학생들이 청소를 하는데 그 선생님이 교문을 나가고 있었다. 4층 교실 창문에서 청소를 하던 우리들이 그 선생님의 뒷모습을 보고 "최고 악질!"이라고 소리를 질렀다. 그 소리를 듣고 선생님이 고개를 돌리셨다. 아이들이 놀라서 숨느라고 정신이 없었다. 그때 선생님이 멈춰 서서 학생들을 향해 웃으면서 손을 흔들어 주셨다. 우리는 최고 악질이라고 소리를 질렀는데, 선생님은 웃으면서 손을 흔들어 주셨던 것이다. 정말 멋진 선생님의 모습이었다.

신앙도 마찬가지다. "믿음은 반응이다." 아브라함이 아브라함(모든 나라의 아비)이 될 수 있었던 것은 하나님의 부르심에 반응했기 때문이다. 하나님이 아브라함에게 본토 친척 아비 집을 떠나 내가 지시할 땅으로 가라고 하셨을 때, 아브라함은 어떻게 반응하였는가? 아브라함은 갈 바를 알지 못하고 갔다. 이것이 아브라함이 보인 반응이다. "믿음으로 아브라함은 부르심을 받았을 때에 순종하여 장래의 유업으로 받을 땅에 나아갈 새 갈 바를 알지 못하고 나아갔으며" 히브리서 11:8

하나님의 부르심에 어떻게 반응하고 있는가? 믿음의 사람은 큰일이 터졌을 때, 어떻게 반응해야 하는가? 반응이 인생을 결정한다. 우리는 믿음으로 사는 사람들이므로 믿지 않는 사람들과 똑같이 반응해서는 안 된다. 오직 주님만을 바라보고 믿음과 기도와 감사로 반응하자. 그러면 축복의 문이 우리에게 열린다.

지금 가장 중요한 것은 주는 것이다

받는 사람이 복이 있는가, 주는 사람이 복이 있는가? "범사에 여러분에게 모본을 보여준 바와 같이 수고하여 약한 사람들을 돕고 또 주 예수께서 친히 말씀하신 바 주는 것이 받는 것보다 복이 있다 하심을 기억하여야 할지니라" 사도행전 20:35 이 말씀에 근거한다면 받는 사람보다 주는 사람이 더 복이 있는 것이다.

예수님 당시에 사람들이 서로 주고받던 것은 무엇일까? 다이아몬드였을까, 명품 가방이었을까, 아니면 뇌물이었을까? 아닐 것이다. 일상생활에서 얻을 수 있는 것들이었을 것이다. 무화과 열매를 거두었다면 열매의 일부를 주었을 것이고, 갈릴리 바다에서 물고기를 잡았다면 잡은 물고기를 일부 주었을 것이다. 크거나 많은 것이 아닐지라도 가지고 있던 것을 나누었던 것이다.

행복은 무엇을 충분히 소유했기 때문에 느끼는 것이 아니다. 행복은 가지고 있는 것을 만족할 때에 느끼는 것이다. 가진 것이 충분하기 때문에 행복한가 아니면 가지고 있는 것에 만족하기 때문에 행복한가? 주지 않고 받으려만 하고, 가진 것을 주지 않고 움켜쥐기만 하려고 하기 때문에 인생의 문제가 생기는 것이다. 지금 주고 있는가, 움켜쥐고 있는가?

하나님께 부끄럽고 사람에게 부끄러울 때가 많다. 가지고 있는 것을 나누지 못하고 살 때가 그렇다. 요즘에는 물질만 나눌 수 있는 시대가 아니다. 자신이 가지고 있는 재능도 얼마든지 나눌 수 있는 시대다. 줄 수 있는 것이 없다고 하지 말자. 생각만 하면 줄 수 있는 것이 얼마든지 있다. 가지고 있는 것을 움켜쥐지 말고 나누는 삶을 살아가자.

2012년 7월 오클라호마시티에 광고판을 든 한 남자가 이목을 끌

었다. 멀리서 보면 찻길에서 구걸을 하는 사람과 다를 바 없었다. 그런데 그가 들고 있는 광고판에는 '가난한 사람 도와 달라'는 문구를 쓴 것이 아니고 '나는 집도, 자동차도, 직장도 있습니다. 커피 값 몇 달러 필요하신가요?'였다. 다만 몇 푼이지만 나눠 주겠다는 것이다.

당시 65세였던 더그 이튼이 무작위 친절 베풀기로 나선 이유는 자신의 생일을 기념하기 위해서였다고 한다. 자신의 생일을 맞아 그는 뭔가 뜻있는 일을 하고 싶어 친구들에게 아이디어를 구했다. 그러자 한 친구가 "생일 나이 숫자만큼의 선행을 해보는 것이 어떻겠냐?"고 했다. 그래서 65세 나이만큼 65분 동안 길거리에 서서 가난한 이들에게 자선을 베풀기로 했다.

사람들은 "괜찮아요. 그냥 축복으로 드리는 겁니다"라고 해도 돈을 받으려 하지 않았다. 받아가면서도 "도무지 믿기지 않는다"고 했다. 심지어 어떤 사람은 "당신은 내 평생 본 가장 미친 친구요"라고 했다.

자신의 눈을 믿지 못하겠다는 듯 몇 번이고 그의 앞을 오가는 운전자들도 있었다. 처음 보는 일이었기 때문이다. 가족을 태운, 누가 봐도 궁핍해 보이는 트럭 한 대가 그의 앞으로 되돌아와서 2달러를 손에 살며시 쥐여 주고 갔다. 뜻이 고마워 축복해 주고 싶다고 했다. 돌아서는 그에게 이튼 씨는 5달러짜리를 쥐여 줬다. "우리는 돈이 아니라 축복을 주고받은 거예요." 이튼 씨는 돌아오는 길에 한 낯선 남자와 그의 딸 버스요금을 대신 내줬다. 식당에 들어가 여러 손님 식사비를 계산해 주고 나왔다. 그렇게 하루 종일, 65년 전 자신을 맞아 줬던 이 세상에 65개의 촛불을 켜놓고 왔다.

나누면 기적이 일어난다. 주면 기적이 일어난다. 예수님은 우리를 위하여 피와 살을 주셨다. 생명을 우리에게 주신 것이다. 그 은혜를 잊지 말고 늘 나누어 주는 삶을 살아야 한다.

살면서 가장 중요한 것이 무엇인가?
예수님이다.
살면서 가장 중요한 것은 어떻게 반응하느냐는 것이다.
살면서 중요한 것은 주는 것이다.

마침내 하나님이 주시는 것

1983년 벨기에 대학생 롬 하우번은 교통사고를 당해 식물인간 판정을 받고 2009년까지 23년간을 누워 있었다. 그러나 그는 온몸이 마비되어 행동 표현을 못할 뿐, 의식은 멀쩡했다. 그런 그를 '침묵의 감옥'에서 구해낸 건 어머니였다. 하우번의 어머니는 아들의 의식이 살아 있다고 믿고 날마다 말을 건넸다. 이게 쉬운 일이었겠는가?

병원 의학팀은 2006년 새로운 의학기술로 하우번의 뇌를 검사했고, 하우번의 뇌가 정상적으로 활동하는 것을 확인했다. 놀라운 것은 사고 후, 의식을 잃은 적이 없었다는 사실도 밝혀낸 것이다. 주변 사람들이 하는 말을 다 듣고 있었지만 손발이 마비돼 반응할 수 없었을 뿐이었다.

하우번은 재활치료 끝에 마침내 발을 움직여 컴퓨터로 의사소통을 하게 됐다. 첫 말은 "아버지가 돌아가셨을 때 돕지 못해 죄송하다"였다. 2000년 어머니가 들려준 아버지 별세 소식을 기억하고 있었던 것이다. 사고 후 23년이나 지나 마침내 의사소통을 하게 되었을 때, 그의 어머니의 마음은 어떠했을까?

마침내 간절히 원하던 것을 달성한 적이 있는가? 에베레스트를 오르는 등반가가 마침내 정상에 올랐을 때와 같은 느낌을 받아본 적이 있는가? '마침내'라는 말은 그야말로 마지막 끝에 다다랐을 때를 의미한다. 마침내 하나님은 우리에게 무엇을 주시는 것일까?

마침내 복을 주시는 하나님

세상에서 가장 어려운 산수는 어떤 산수일까? '길 위의 철학자'라고 불리는 에릭 호퍼(Eric Hoffer, 1902~1983). 어린 시절 시력을 잃었다가 기적적으로 다시 시력을 회복한 후 그는 독서에 집중한다. 언제 다시 시력을 잃을지 모른다는 불안감에 읽을 수 있는 모든 것을 읽어야겠다고 마음먹었기 때문이다.

그는 평생을 길 위에서 보냈다. 정규학력이나 정식 학위도 없이 20년간은 비정규직으로, 25년간은 샌프란시스코의 부두 노동자로 생활하며 독학한 사람이었지만 11권의 책을 쓰며 1960년대부터 30년간 많은 사람들에게 큰 영향을 준 철학자로 알려져 있다. 그가 한 말 중에 이런 말이 있다. "세상에서 가장 어려운 산수가 있다면 그것은 바로 우리에게 주어진 축복을 헤아리는 것이다."

축복은 어디에서 오는가? 복이 어디에서 오는가? 모든 복은 복의 근원이 되는 하나님으로부터 온다. 하나님은 복의 근원이 되기 때문이다. "하나님이 자기 형상 곧 하나님의 형상대로 사람을 창조하시되 남자와 여자를 창조하시고 하나님이 그들에게 복을 주시며 하나님이 그들에게 이르시되 생육하고 번성하여 땅에 충만하라, 땅을 정복하라, 바다의 물고기와 하늘의 새와 땅에 움직이는 모든 생물을 다스리라 하시니라"창세기 1:27-28

복을 싫어하는 사람은 없다. 누구나 복 받으라고 하면 좋아한다. 모르는 사람이라도 다가가서 "복 많이 받으세요~" 하면 좋아한다. 그런데 하나님이 주신 복을 누리지 못하고 살아가는 사람들이 있다. 하나님을 멀리하고 하나님이 계심을 부인하고 살아가는 사람들이다. 이미 굴러온 복을 차 버리고 다른 것에서 복을 구하는 사람들이다.

다른 복을 구하지 말아야 한다. 하나님이 우리에게 마침내 복을 주시는 이유도 지은 죄가 많지만 우리를 용서하시고 또 용서해 주시기 때문이다.

이스라엘 백성들이 가나안 땅에 들어가기 전까지 광야에서 어려움도 많이 겪었지만 죄도 많이 지었다. 그러나 하나님은 이스라엘 백성들을 버려두지 않으시고 먹이고 입히고 보호하고 인도하셨다. 때로는 낮추기도 하시고 때로는 시험하기도 하셨지만 마침내는 복을 주셨다. 마침내 주시는 하나님의 복을 받아야 한다.

마침내 성령을 부어 주시는 하나님

"마침내 위에서부터 영을 우리에게 부어 주시리니 광야가 아름다운 밭이 되며 아름다운 밭을 숲으로 여기게 되리라" 이사야 32:15

흐름이라는 것이 있다. 기압에도 흐름이 있다. 고기압과 저기압의 흐름에 따라 날씨가 영향을 받는다. 기류에도 흐름이 있다. 비행기는 기류를 잘 타야 한다. 기류를 잘 타면 편안하게 비행할 수 있지만 잘 못 타면 착륙할 때까지 '주여'라는 기도만 하다가 내리게 된다.

역사에도 흐름이 있다. 독재자의 광기가 지배하던 시대가 있었다. 히틀러가 독일을 지배하고 무솔리니가 이탈리아를 지배하고 군국주의자들이 일본을 지배했을 때, 세계 역사는 피로 물들었다. 공산주의 이념이 세계의 반을 지배했을 때는 억압과 폭력과 빈곤의 지배를 받아야 했다. 토지와 노동력과 자본이 시장화되자 금융 위기가 찾아왔다. 이러한 흐름을 누가 만들어내는가? 악한 영이 만들어내니 이념과 권력과 탐욕에 물든 사람들이 악한 흐름을 만들어내는 것이다.

어느 시대나 흐름을 잘 타야 한다. 우리는 오직 하나님이 부어 주시는 하나님의 영, 성령의 흐름을 타야 한다. 언제나 성령님을 인정하고 환영하고 모셔들이고 의지해야 한다. 그리고 오로지 다른 것을 사모할 것이 아니라 오직 성령의 충만함을 사모해야 한다. "술 취하지 말라 이는 방탕한 것이니 오직 성령으로 충만함을 받으라" 에베소서 5:18

성령으로 충만하여 성령의 흐름을 타면 하나님이 기뻐하시는 삶을 살아갈 수 있게 된다. 성령으로 충만해야 주님과 함께 생활할 수 있는 것이다. 왜냐하면 주는 영이시기 때문이다. 영이신 주님은 우리를 자유롭게 하신다. "주는 영이시니 주의 영이 계신 곳에는 자유가 있느니라"고린도후서 3:17

모든 성도는 초대 교회 성도들과 같이 성령으로 충만해야 한다. 성령으로 충만하지 못하면 사라져야 할 모든 것이 다 달라붙어 우리 인생을 괴롭힌다. 마침내 하나님의 영이 임하시면 광야가 아름다운 밭이 되고 아름다운 밭을 숲으로 여기게 되는 것이다.

마침내 공의를 베푸시는 하나님

사람에게서 공의를 기대할 수 있을까? 실망스럽게도 기대하기가 어렵다. 사람은 완전하지 않기 때문이다. 그렇다고 공의를 포기해야만 하는 것일까? 그럴 수는 없다. 공의는 하나님께로부터 나오기 때문이다.

하나님을 찾으면 하나님께서 마침내 공의를 이 땅에 비처럼 내리실 것이라고 말씀하고 있다. 억울하고 괴로울 때, 주님을 찾아야 한다. 주님께서 우리 삶의 모든 문제를 해결해 주시기 때문이다. 손에 칼을 들고 손에 총을 들고 원수를 원수로 갚으려고 하지 말아야 한다. 피의 악순환이 계속된다.

왜 불의할까? 하나님이 없다고 생각하기 때문이다. 하나님이 살아계심을 믿고 사는 사람과 믿지 않고 사는 사람과의 차이는 천지 차이다. 하나님이 살아계심을 믿지 않는 사람은 자신이 모든 것을 할 수 있다고 생각한다. 자기 뜻을 거스를 것은 없다고 믿으며 생활한다.

뉴욕의 한 경관이 맨발의 홈리스에게 양말과 신발을 선물한 감동적인 사연이 알려져 화제가 된 적이 있다. 뉴욕 맨해튼에서 근무하는 래리 드프리모 신참 경관은 2012년 11월 14일 밤, 타임스퀘어 근처에서 맨발로 걷고 있는 홈리스 남성을 발견했다. 누군가 맨발로 걷는 그 홈리스를 보고 비웃는 소리도 들렸다. 기온이 뚝 떨어져 추운 날씨였다. 깜짝 놀라서 다가가 신발과 양말은 없냐고 물었더니 "괜찮아요 경관님. 전 신발을 안 신어요" 하는 것이다.

드프리모 경관은 곧바로 두 블록 떨어진 신발가게로 달려가 "여기서 제일 좋은 신발을 달라"고 했다. 자초지종을 알게 된 가게의 매니저는 신발과 양말을 25% 할인가격으로 건넸다. 드프리모 경관은 날씨가 꽤 추웠기 때문에 보온이 잘 되는 좋은 신발을 사 주고 싶었다. 홈리스에게 달려간 그는 길에서 무릎을 꿇은 채 양말과 신발을 신겨 주었다.

이 장면은 지나가던 한 여성 관광객의 카메라를 통해 세상에 알려지게 됐다. 관광객은 "내가 사진 찍는 걸 그 경관은 알지 못했다. 그가 무릎을 꿇은 채 신발을 신겨 주면서 '이게 12사이즈인데 사계절용이라 발을 보호해 줄 거다'라고 얘기하는 걸 들었다. 그는 신발을

신겨 주며 환한 미소를 짓고 있었다"고 당시의 감동적인 장면을 전했다.

이 사실을 까맣게 몰랐던 드프리모 경관은 가족과 함께 식사를 하다 친구로부터 전화를 받았다. 친구는 "지금 온라인에 네 사진이 돌아다니는 거 알고 있니? 홈리스에게 신발을 신겨 주는 네 모습 정말 감동적이더라"라고 말했다. 드프리모 경관은 처음엔 무슨 소린지 몰라 어리둥절해 했다. 세상에 그런 사진이 퍼지고 있다니 상상도 못했던 일이라면서 "어렸을 때 할아버지가 '무엇이든 좋은 일을 하고 싶다면 최선을 다해라. 생각만 하려거든 아예 하지를 말든가'라고 하셨다. 아마도 그 말씀이 영향을 준 것 같다"고 겸손해했다. 불의한 세상에도 의로운 일들은 벌어지고 있다.

마침내 하나님께서 우리에게 이루어 주시는 것은 무엇인가?
하나님은 우리에게 마침내 복을 주시고
마침내 성령을 부어 주시며
마침내 공의를 베풀어 주신다.

먼저 해야 할 것은 무엇인가

19 76년 6월 27일, 이스라엘을 출발해 그리스 아테네에서 중간 기착한 뒤 프랑스로 향하던 프랑스 국적 여객기가 공중 납치되어 아프리카 우간다의 엔테베 공항에 강제 착륙했다. 여객기 납치범들은 승객 중에 이스라엘 사람들만 인질로 잡고 이스라엘·케냐·서독 등에 수감되어 있는 53명 동료들의 석방을 요구하였다.

이스라엘 정부는 고민 끝에 납치범들과의 협상을 거부하고 1976년 7월 3일 인질을 구출하기 위한 작전을 펼친다. 작전명은 '여명의 작전.' 영화로는 《엔테베 특공작전 Victory at Entebbe》으로 개봉되었다.

그러나 작전 지역이 4000km나 떨어진 아프리카의 우간다였다. 당시 우간다의 집권자였던 이디 아민(Idi Amin, 1928~2003)은 이스라엘과는 불편한 관계였다. 그럼에도 불구하고 이스라엘 특공

대원들은 4000㎞를 은밀하게 저공비행하여 엔테베 공항에 착륙, 불과 1시간 만에 전광석화와 같은 구출작전으로 인질들을 구출해냈다. 작전 과정에서 7명의 테러리스트들은 모두 사살되었고 인질 3명과 대원 1명이 목숨을 잃었으나 기적 같은 일이 벌어진 것이다. 세계 언론은 놀라움을 금치 못했다.

당시 한 기자가 엔테베 작전에 참여한 대원에게 질문했다.

"작전을 수행하는 동안 무슨 생각을 했는가? 마음속에 두려움은 없었는가?"

대원은 이렇게 대답했다.

"나의 동족이 구원을 기다리고 있다는 생각, 그리고 그들을 구원해야 한다는 생각뿐이었고, 다른 것은 생각하지 않았다."

먼저 해야 할 일이 있고 나중에 해야 할 일이 있다. 우선순위가 분명해야 강력해지고 승리할 수 있고 중요한 일을 할 수가 있다.

먼저 염려하지 말자

왜 염려하는가? 우리가 하는 염려의 대부분은 "무엇을 먹을까, 무엇을 마실까, 무엇을 입을까?" 하는 염려다. 한 마디로 잘 먹고 잘 살기 위한 염려다. 먹을 것이 없거나 마실 것이 없어서 하는 염려도 아니며, 입을 것이 없어서 하는 염려 또한 아니다. 먹고 마시고 입고자 하는 것들의 종류가 다양해서 하는 선택에 대한 염려인 것이다.

현대인들의 염려는 환경의 문제가 아닌 선택의 문제다. 영적으로 말하면 믿는 사람들의 염려는 신앙의 문제다. 하나님을 완전히 신뢰하지 못하기 때문에 발생하는 염려다. 따라서 염려는 불신앙이다. 믿음이 없는 세계는 당연히 앞날을 걱정한다.

염려하면 어떻게 되는가? 분열된다. 헬라어 '염려'라는 단어에는 '분열'이라는 뜻이 있다. 염려하면 마음이 분열되고, 정신이 분열되고, 심해지면 몸도 분열된다. 어린아이들에게서는 정신분열을 찾아볼 수 없다. 염려하지 않기 때문이다. 생각이 많아지는 나이가 되면 정신분열이 발생하기 시작한다. 염려하기 때문이다.

『느리게 사는 즐거움』(어니 J. 젤린스키 저, 물푸레)에 보면 "우리가 하는 걱정거리의 40%는 절대 일어나지 않을 사건들에 대한 것이고, 30%는 이미 일어난 사건들, 22%는 사소한 사건들, 4%는 우리가 바꿀 수 없는 사건들에 대한 것들이다. 나머지 4%만이 우리가 대처할 수 있는 진짜 사건이다. 즉 96%의 걱정거리가 쓸데없는 것이다"라는 이야기가 있나.

중국은 자전거 천국이다. 이동수단이기 때문에 자전거의 수가 어마어마하다. 그렇기 때문에 우리나라의 주차난처럼 중국은 늘 자전거의 불법 도로점유로 골머리를 앓는다.

가게 앞에 무단으로 세워놓는 자전거들 때문에 난감해진 주인이 제발 자전거를 세워놓지 말라는 호소문을 붙였지만 아무 소용이 없었다. 불법으로 세워놓은 자전거들을 고발하겠다고 경고문까지 붙여 봤지만 마찬가지였다. 여러 가지 궁리 끝에 다음과 같은 문구를 써서 붙였더니 모든 자전거들이 순식간에 자취를 감춰버렸다.

'자전거 공짜로 드립니다. 아무거나 가져가세요.'

초대 교회 성도들이 왜 자신의 이름 앞에 왜 '티테디오스' 라는 별칭을 붙였을까? 티테디오스 존(요한), 티테디오스 바울, 티테디오스 알미니우스 등 '티테디오스' 라는 말은 '결코 염려하지 않는 사람' 이라는 뜻이다. 분명히 그들은 예수를 믿음으로 모든 것을 하나님께서 공급하신다는 믿음이 있었기 때문에 그 믿음으로 염려를 붙들어 맨 사람들임을 알 수 있다. 그리고 자기 자신의 유익보다 먼저 하나님의 나라와 그 의를 구하는 자로서 걱정과 근심에서 해방된 자인 것을 증거하고 있다.

해결할 수 있는 염려가 있고 해결할 수 없는 염려가 있다. 자신이 해결할 수 있는 일이면 염려하지 말고 자신이 해결하면 된다. 자신이 해결할 수 없는 일이면 하나님께 완전히 맡기면 된다. "아무것도 염려하지 말고 다만 모든 일에 기도와 간구로 너희 구할 것을 감사함으로 하나님께 아뢰라 그리하면 모든 지각에 뛰어난 하나님의 평강이 그리스도 예수 안에서 너희 마음과 생각을 지키시리라"빌립보서 4:6-7

먼저 하나님의 나라와 하나님의 의를 구하자

하나님의 의, 하나님의 구원하심을 구하라는 말씀은 믿지 않는 사람들에게 복음을 증거하라는 말씀이다. 먹고 사는 것보다 더 중요한 것은 구원받는 것이다. 먹고살 만해지니까 구원을 우습게 여기는 사람들이 많아졌다. '부티가 나면 영티가 사라진다'고 한다. 가난한 사람이나 부유한 사람이나 가장 중요한 것은 구원받는 것이다.

그의 의를 구하는 사람은 예수님을 사랑하는 사람이다. 예수님과 함께 살아가는 사람이다. 사람들은 평생 무엇을 먹을까, 무엇을 마실까, 무엇을 입을까 하는 것을 구한다. 구한다는 것은 찾아 헤맨다는 뜻이다. 그러나 우리가 구하는 것은 찾아 헤매는 것이 아니라 하나님께 먼저 기도하는 것이다.

리처드 포스터는 『기도』(리처드 포스터 저, 두란노)에서 이렇게 말했다. "크리스천은 개인의 성공과 행복보다 먼저 하나님의 나라와 의를 구해야 한다. 그러면 성공과 행복, 이 모든 것을 축복으로 받을 수 있다."

제2차 세계대전 당시 동유럽에서 살면서 홀로코스트(유대인 대학살)를 거친 한 유대인이 가족들을 데리고 건국된 이스라엘로 들어가 생활하게 되었다. 이스라엘 정부의 이민 정책에 의해 집을 헌 채 선물 받았다.

죽음의 위협과 공포로부터 벗어나 안정적인 생활을 하고 있던 어느 날, 누군가가 자신의 집을 찾아왔다. 문을 열어보니 잘 생긴 팔레스타인 청년 두 사람이 서 있었다. "무슨 일로 찾아왔느냐?"고 물으니 이 집은 자신들이 태어나 행복한 어린 시절을 보냈던 집이라고 하면서 중동전쟁 후, 자신의 집이 이스라엘의 영토가 되는 바람에 그동안 이 집을 그리워하면서 보냈다고 한다.

두 사람은 장성하여 의사와 교수가 되었지만 옛집이 그리워 찾아 왔다며 자신의 어머니는 이 집에 돌아와 살 생각으로 아직도 이 집 열쇠를 간직하고 있다고 하는 것이다. 그러면서 잠시 집을 둘러볼 수 있겠느냐는 말에 허락하였다. 마음이 편치 않았다.

그들이 떠난 후 그는 한 가지 결심을 했다. 그리고 그들에게 함께 살 마음이 있으면 집을 반씩 사용하자고 했다. 같이 살면서 팔레스타인 사람들의 아픔을 알게 된 그는 집 전체를 이스라엘과 팔레스타인 아이들을 위한 유치원으로 바꿨다. 그리고 지금 그 유치원은 '평화유치원'이라는 이름으로 운영되고 있다.

먼저 모든 것을 더하시는 하나님을 바라보자

"하나님이 능히 모든 은혜를 너희에게 넘치게 하시나니 이는 너희로 모든 일에 항상 모든 것이 넉넉하여 모든 착한 일을 넘치게 하게 하려 하심이라" 고린도후서 9:8

한국에서 학창 시절에 데모를 하면서 재벌 기업을 늘 비판만 하던 한 사람이 중동지역으로 1년 가까이 여행을 하게 되었다. 혼자서 얼마나 어려운 여행이었겠나? 그런데 중동의 여러 나라들을 다니면서 한국의 대기업 자동차와 전자제품들을 볼 때마다 그렇게 반갑고 고마울 수가 없더란다.

한국사회의 긍정적인 면보다는 부정적인 면을 더 많이 보았던 그 사람은 나중에는 마음이 많이 바뀌어 자신이 대한민국 여권을 가지고 있는 것만으로도 자랑스럽고 감사하는 마음이 생겼다고 한다.

하나님은 우리에게 은혜를 넘치게 더하신다. 하나님의 은혜가 넘치는 곳에는 사람들의 마음속 미움이 사라진다. 은혜의 눈으로 가족을 바라보고 이웃을 바라보고 우리 사회를 바라보자. 은혜의 눈으로 원수를 바라보자. 세상 살다 보면 딱한 사람도 많고 자신도 딱한 입장에 처할 수 있다.

어떤 사람이 지하철을 탔는데 지하철에서 내려 집까지 갈아타고 갈 버스비가 없더란다. 주변을 둘러봐도 자기에게 돈 좀 빌려주게 생긴 사람이 하나도 없었다. 그런데 자신이 타고 있는 칸으로 어떤 사람이 걸어오는데 그 사람 손에 든 작은 소쿠리에 돈이 들어 있는 것이다.

지하철에서 구걸하는 사람이었다. 급한 마음에 그 사람에게 "아저씨, 집에 갈 버스비 좀 빌려주세요" 했더니 구걸하던 사람이 기가 막힌다는 표정으로 하는 말이 "쯧쯧쯧, 오죽하면 멀쩡한 사람이 나에게 돈을 다 빌려달라고 하겠어" 하면서 "얼마가 필요하냐?"고 묻더란다.

은혜가 충만하면 '오죽하면'이라는 마음이 생긴다. 다른 사람을 향하여 '오죽하면'이라는 맘을 갖자. 몇 년 전에 시위를 하면서 내걸었던 문구가 하나 있다. "제가 오죽하면 여기서 이러고 있겠습니까?" 오죽하면 저러고 있는 사람들이 있을 수 있다. 하나님이 주시는 은혜의 마음을 가지고 세상을 살아가자. 하나님은 우리에게 은혜를 넘치게 더하신다.

먼저 해야 할 것은 무엇인가?
먼저 염려하지 말자.
먼저 하나님의 나라와 하나님의 구원하심을 구하자.
그리고 필요한 모든 것을 더하시는
하나님을 바라보자.

구하라 그리하면 받으리니

1957년. 마산일보에 구혼 광고가 난 적이 있다. 광고 전문은 다음과 같았다.

25세의 총각 군인이 아내를 구함.

이름 : 전시륜

나이 : 25세

본적 : 충청북도 중원군 주덕면

직업 : 마산 육군 군의학교 하사관

재산 사항 : 내 이름으로 논 8백 평, 밭 3백 평이 있음.

생활 전망 : 미국에 가서 4년 동안 철학을 공부하고 돌아올 계획을 가지고 있음. 돌아온 뒤 철학을 해서 밥벌이를 하기 힘들다면 영, 독, 불어 세 과목 고등학교 준교사 자격증을 가지고 있으므로 시골 고등학교에서 교사

직을 얻을 수 있음.

응모자격 : 만 19세 이상, 만 30세 미만의 대한민국 처녀 및 미망인.

연락 방법 : 군의학교 면회소 또는 2주일 동안 일요일 오후 2시부터 오후 4시까지 마산의 어느 다방 어느 구석에서 기다리고 있을 것임, 또는 편지에 원하는 장소를 적어 보내도 됨.

『어느 무명 철학자의 유쾌한 행복론』에 나오는 이야기다. 응모자격에 미망인을 포함시킨 이유는 전쟁 직후라 우리 사회에 미망인이 많았기 때문이란다. 당시에 이 구혼 광고는 센세이션을 불러일으켰다고 한다. 후에 이분은 미국에서 생활하시다가 별세하였는데, 손녀가 할아버지의 영문 글을 한글로 번역해 책을 출간하였다.

살면서 우리가 구하는 것이 많다. 직장을 구하고 배우자를 구한다. 구하는 것이 쉽지 않다. 대기업에서는 인재를 구하기 위하여 동분서주한다. 전 세계의 좋은 인재만을 전문적으로 구하는 것을 직업으로 삼고 있는 사람들도 있다. 사람들은 좋은 것을 구한다. 그것을 찾아다니기도 한다. 인생이란 결국 '평생 무엇을 구하고 살았는가?' 하는 것일 수도 있다.

우리들은 무엇을 구해야 하는가? 성경은 "구하라 그리하면 받으리라"고 말씀하고 있다. 구해도 받지 못하는 이유는 무엇인가? 성경에 답이 있다. "구하여도 받지 못함은 정욕으로 쓰려고 잘못 구하기 때문이라"야고보서 4:3 우리가 이 세상 살면서 진정 구해야 할 것은 기쁨과 영적인 것과 다른 사람의 유익이다.

기쁨을 구하라

우리는 이 세상 살아가는 동안 기쁨을 구하고 기쁘게 살아가야 한다. 우리가 구해야 하는 기쁨은 하나님이 기뻐하시는 기쁨이다. 하나님은 생명을 구하는 것을 기뻐하신다.

어떤 사람이 한 개그맨에게 자꾸만 물었다고 한다. "너는 좌파냐, 우파냐?" 그래서 이 개그맨이 대답했다. "나는 좌파도 우파도 아니고 기분파다." 어느 파냐고 묻는 사회는 기쁨이 없는 사회다.

프랑스 루브르박물관에 가면 제일 많이 붐비는 곳이 있다. 레오나르도 다 빈치의 '모나리자' 그림이 있는 곳이다. 사람들이 하도 많이 몰려서 이제는 가까이 다가갈 수 없도록 해놓았다. 모나리자의 그림이 유명한 것은 모나리자의 신비한 미소 때문이다. 만약 모나리자가 인상을 쓰고 있었다면 모나리자의 그림은 지금같이 세계적인 위대한 작품이 되지 못했을 것이다. 인상 쓰고 세상 살아가지 말고 미소 띤 얼굴로 살아가야 한다.

우리는 하나님이 기뻐하시는 것을 구해야 한다. 먼저 사람의 기쁨을 충만하게 하는 삶을 살아서는 안 된다. 그것보다 중요한 것은 하나님이 기뻐하시는 삶을 살아야 하는 것이다. "이제 내가 사람들에게 좋게 하랴 하나님께 좋게 하랴 사람들에게 기쁨을 구하랴 내가 지금까지 사람들의 기쁨을 구하였다면 그리스도의 종이 아니니라"
갈라디아서 1:10

어느 직장 상사가 회식자리에서 술 마시지 않고 있는 예수 믿는 직원을 향하여 이렇게 말하더란다. "야, 넌 어떻게 술 한 방울 마시지 않아도 얼굴이 맨날 그렇게 좋으냐? 나는 매일같이 술 마셔도 인생이 괴로운데……."

주님이 기뻐하시는 기쁨을 구하라! 그러면 내 인생이 즐거워진다. 원망과 불평을 구하면 원망과 불평을 받는다. 짜증을 구하면 짜증을 받는다. 구하는 대로 받는다. 무엇을 구할 것인가?

하나님이 주시는 기쁨을 구하고, 하나님이 기뻐하시는 생명을 구하는 삶을 살아야 한다. 기쁨을 구하면 기쁨을 받는다. 쓰레기통을 아무리 뒤져도 쓰레기통에서 쓸 만한 것을 찾을 수 없다. 음식물 분리수거함을 아무리 뒤져도 새 음식은 찾을 수 없다.

기쁨을 구하는 사람에게는 기쁨이 임한다. 고독과 연민과 슬픔을 생각하면 늘 고독해지고 슬퍼진다. 기쁨을 구하며 기쁨이 충만하여 살아가자. 울어도 봤고 웃어도 봤지만 웃는 것이 더 좋다는 말을 기억하자. 예수님 충만, 성령님 충만, 기쁨 충만한 인생을 살아가도록 하자.

영적인 것을 구하라

"그러므로 너희도 영적인 것을 사모하는 자인즉 교회의 덕을 세우

기 위하여 그것이 풍성하기를 구하라" 고린도전서 14:12

그리스에는 아토스라는 이름의 섬이 있다. 그리스 정교회의 수도사들로 구성된 반자치공화국이다. 그리스 정부와는 별도의 행정, 사법권이 존재한다. 1988년에 유네스코에 의해 자연유산과 문화유산이 복합된 형태의 세계복합유산으로 지정되었다. 인구는 2천5백여 명 정도다. 섬 전체가 세계복합유산인 것이다.

섬의 대부분을 차지하고 있는 것은 수도원이다. 가장 특징적인 것은 '여성 출입금지.' 여성뿐 아니라 모든 암컷은 출입금지라고 한다. 아토스 섬을 찾는 사람들이 할 수 있는 것이라고는 '걷는 것과 기도하는 것' 뿐이라고 한다.

그럼에도 사람들은 그곳에 대한 동경을 가지고 있다. 그곳은 물질적인 것을 추구하는 곳이 아니라 영적인 것을 추구하는 곳이기 때문이다. 영적인 것을 어디에서 구해야 하는가? 아토스 산의 수도원을 찾아가야 하는가? 매일 기도원에 올라가야 하는가? 우리는 한꺼번에 몰아서 영적인 것을 구할 것이 아니라 매일의 삶 속에서 영적인 것을 구해야 한다. 날마다 광야와 같은 세상에서 영적인 것을 추구하지 않으면 우리는 하루도 살아갈 수 없다.

일본 IT업계를 대표하는 소프트뱅크의 최고 경영자 손정의는 일본의 빌 게이츠라 불린다. 기업을 창업하고 경영이 정상에 오르게 된 1983년, 중증 만성간염에 걸렸다는 진단을 받는다. 의사는 최악의 경우 5년 이상 살 수 없을 것이라고 했다. 그러나 질병도 그를 막아설 수 없었다. 그렇다면 손정의는 어떻게 질병을 극복하였을까? 그는 당시 투병생활에 대한 소감을 단 세 마디로 표현한 적이 있다. "울었다. 기도했다. 책을 읽었다."

살다 보면 울 일이 생긴다. 울 수 있다. 그런데 대부분의 사람들이 울기만 한다. 우는 것으로 끝난다. 왜 나에게 이런 일이 생겼냐며 울고, 억울하다고 울고, 분하다고 울고, 울고 또 운다.

그러나 울고 난 후에는 어떻게 해야 하는가? 기도해야 한다. 세상에 속한 사람은 우는 것으로 끝을 낸다. 그러나 영적인 것을 구하는 사람은, 하나님의 자녀는 울고 난 후에 기도한다. 기도한다는 것은 영적인 것을 구한다는 것이다.

기도한 후에는 무엇을 해야 하는가? 손정의는 책을 읽었다고 했다. 병든 몸을 돌보면서 책을 읽으며 내일을 준비했다는 것이다. 이때 그는 4천여 권을 읽었다고 한다. 울고 기도하고 난 후에는 다시 자신의 일에 매달려서 열심히 일해야 한다. 그것이 영적인 것을 구하는 올바른 자세인 것이다.

버스 놓쳤다고 주저앉아 울고 있지 말아야 한다. 지각할 것 같아서 이미 출발한 버스를 따라잡으려고 필사적으로 뒤쫓아 달려갔다. 이 모습이 눈에 띄어 국가대표 육상 후보로 발탁된 선수가 있다. 영화 같은 이 이야기의 주인공은 영국 켄트 주에 사는 제프리 밸로건이다.

밸로건은 19세 때인 지난 2005년 대학 강의를 들으러 버스 정류장에 도착했지만 버스가 출발한 뒤였다. 지각하지 않으려면 뒤쫓아 잡는 수밖에 없었다. 놓친 버스를 잡으려고 달려가는 모습을 한 명문 육상클럽 스카우터가 보고 단거리 육상 코치에게 소개해서 선수가 되었다.

그는 일간지《데일리 미러》와의 인터뷰에서 "버스 뒤를 쫓아간 것이 지금의 상황으로 이어질 줄은 꿈에도 몰랐다"며 "그런데 우스운 것은 내가 그때 그 버스를 놓쳤었다는 사실이다"고 털어놓았다. 내가 사는 자리에서 포기하지 말고 기도하며 최선을 다하며 사는 것이 영적인 것을 구하는 삶임을 잊지 말자.

남의 유익을 구하라

"누구든지 자기의 유익을 구하지 말고 남의 유익을 구하라"고린도전서 10:24

사람은 모든 일을 자기에게 유리한 대로 해석하고 생각하고 판단

한다. 즉 인간은 자기 유익과 자기 만족을 위하여 산다. 다른 사람의 유익을 구하며 살아가는 사람은 많지 않다. 그러나 성경은 우리에게 다음과 같이 말씀하고 있다. "나는 너희에게 이르노니 악한 자를 대적하지 말라 누구든지 네 오른편 뺨을 치거든 왼편도 돌려대며 또 너를 고발하여 속옷을 가지고자 하는 자에게 겉옷까지도 가지게 하며 또 누구든지 너로 억지로 오 리를 가게 하거든 그 사람과 십 리를 동행하고 네게 구하는 자에게 주며 네게 꾸고자 하는 자에게 거절하지 말라" 마태복음 5:39-42

남의 유익을 어떻게 구하는가. 상대방이 좋아하는 것을 하는 것이 더 호감을 살까 아니면 상대방이 싫어하는 것을 하지 않는 것이 더 호감을 살까? 두 번째가 더 호감을 산다. 상대방이 싫다는 것은 하지 마라. 나는 좋은데 상대방은 싫어한다. 그렇다면 하지 말아야 한다.

세계적인 가방 회사 '샘소나이트', 이 가방 회사를 세운 사람은 유대인 제스 슈와이더다. 그의 아버지는 동유럽에서 살다가 미국으로 이민하여 이곳저곳을 떠돌며 채소 장사를 시작했다. 어느 날 가게에 한 손님이 찾아왔는데, 물건을 산 손님의 가방이 찢어져서 안에 든 물건들이 다 쏟아지고 말았다.

그때 그는 '찢어지지 않는 가방을 만들어서 사람들이 불편하지 않도록 해야겠구나' 하고 다른 사람의 편리와 유익을 생각하였다. 그가 살던 미국 서부 덴버 시는 로키산맥을 찾아오는 여행객들이 새 가방을 가지고 와도, 여행을 마치고 갈 때쯤에는 가방이 터지고 찢어져 끈으로 묶어서 가는 형편이었다.

슈와이더는 터지지 않는 튼튼한 가방을 연구 제작하여, 성경에 나오는 천하장사 삼손의 이름을 딴 '샘소나이트Samsonite'란 상표의 가방을 개발했다. 결국 슈와이더의 가게는 채소 간판을 내리고 가방 간판을 달았으며 세계적인 명품이 되었다.

남의 유익을 생각하는 마음, 타인의 불편을 개선하려는 마음에서 비롯된 노력이 세계 최대 규모의 가방 회사를 탄생시켰다. 다른 사람의 유익을 구하려고 시작한 것이 결국 다른 사람뿐만 아니라 자신에게도 유익이 되었던 것이다.

성경은 우리에게 구하라고 말씀하고 있다.
무엇을 구하고 살아야 하는가?
하나님의 기쁨을 구하자.
내가 사는 삶의 자리에서 영적인 것을 구하자.
남의 유익을 구하자.

통해야 산다

시편 118편은 종교개혁자 마틴 루터(Martin Luther, 1483~1546)가 가장 좋아했던 시편으로 알려져 있다. 그는 이렇게 말했다. "이것은 내가 사랑하는 나의 시詩입니다. 진실로 이 시는 여러 차례 나에게 도움을 주었던 시입니다. 이 시는 황제도, 군왕도, 지혜자도, 모사도, 성자들도 나를 도우려 하지 않았을 때 많은 고통으로부터 나를 건져 주었던 시입니다." 시편 118편은 루터뿐 아니라 고통을 당하는 모든 사람에게 용기와 희망을 주는 시편이다.

시편의 저자는 하나님 앞에 나와 구원과 형통함을 구하고 있다. 형통하다는 것은 막힘이 없다는 뜻이다. 막히면 얼마나 답답한가? 감기에 걸려서 코가 막히면 숨쉬기가 얼마나 답답한가? 음식을 먹고 체하면 얼마나 속이 답답한가? 막힌 코가 시원하게 되고 답답했던 속이 풀리면 얼마나 시원한가? 막힌 삶을 살고 싶은가, 뚫린 삶을 살고 싶은가?

형통한 삶을 산다는 것은 어디를 가든지 무엇을 하든지 번성하고 성공하는 삶을 의미한다. 번성하기를 원하는가? 성공적인 삶을 살아가기를 원하는가? 하나님께 형통함을 구해야 한다. 하나님과 통해야 형통한 삶을 살 수 있기 때문이다.

길이 통해야 산다

요즘 시대에는 길이 통해야 잘 산다. 잘 사는 나라는 길을 잘 닦아 놓았다. 개발도상국은 길을 닦느라고 항상 공사 중이다. 못 사는 나라는 길을 닦지 않는다. 따라서 도로 사정이 매우 좋지 않다.

중국이 경제대국으로 부상한 이후 길을 닦느라고 매우 바쁘다. 세계에서 가장 긴 다리는 중국에 있다. 2011년에 개통한 자오저우만 Jiaozhou Bay bridge 대교다. 총 길이가 41.58km. 그것도 바다 위에 놓은 다리다.

통신도 길이다. 인터넷도 길이다. 한국이 IT 강국이 된 이유는 인터넷 망을 전국으로 깔아 놓았기 때문이다. 한국은 어디서나 무선 인터넷이나 통신망이 빵빵 터진다. 빵빵 터지지 않는 통신회사 기기는 구입 자체를 하지 않는다. 한국은 매일같이 도로를 닦고 인터넷 광통신망을 설치하느라 정신이 없다.

우리가 사는 곳이면 어디에나 길이 있다. 육지에만 길이 있는 것이 아니다. 바다에도 길이 있고 하늘에도 길이 있다. 사람만 길로

다니는 것이 아니다. 철새들도 길을 따라 이동한다.

그렇다면 이 길이 막히면 어떻게 될까? 오도가도 못한다. 장기간 길이 막히면 고립되고, 고립되면 생존에 위협을 받는다.

인생은 길이다. 저마다 자신이 가는 길이 있다. 문제는 제대로 가고 있는지 알 수 없다는 것이다. 자기가 가는 길의 끝에 무엇이 있는지 모르고 살아가고 있다. 그래서 가고는 있어도 제대로 가는지 확신이 없는 것이다. 지금 자신이 가고 있는 길에 확신이 있는가?

인생길은 여러 갈래다. 고속도로와 같은 길이 있다. 올라타면 잘 달릴 수 있다. 올라타면 무조건 앞으로만 달려야 한다. 후진은 없다. 사고라도 난다면 치명적이다. 국도가 있다. 고속도로보다는 못하지만 신호만 잘 지키면 그런대로 속도를 낼 수 있다. 쉬어 갈 곳도 많다. 지방도로가 있다. 속도를 내기는 어렵다. 그러나 서두를 것이 없는 사람에게는 좋은 길이다. 오솔길이 있다. 차를 타고 가기는 어려운 길이다. 그러나 쉴 곳도, 볼 것도 많은 길이다. 가다가 언제라도 돌아설 수 있는 길이다.

"지금 진행 중인 프로젝트를 두고 상사가 사사건건 참견을 해서 힘이 든다. 상사는 나를 싫어하는 것이 분명하다. 부하 직원들도 이런저런 이유로 결근이 잦아서 일이 늦어지고 있다. 두통 때문에 힘들고 밤이면 잠이 잘 오지 않아 걱정이다."

누가 쓴 글인지 아는가? 이 기록은 3천 년 전 이집트에서 왕의 무덤 피라미드를 건설하는 현장에서 현장 감독관으로 일하던 케프세프라는 사람이 파피루스에 남긴 일기 중 일부분이다. 사는 게 그때나 지금이나 쉽지 않다. 만만치 않다. 자신이 가고 있는 길에 확신을 가지고 있는 사람들도 많지 않다.

우리는 하나님께 나가는 길이 통해야 사는 존재다. 이 길이 막히면 안 된다. 사단과 마귀는 이 길을 막고 서 있다. 이스라엘 백성들이 애굽을 나와 가나안 땅에 들어가기까지 얼마나 많은 어려움을 겪어야 했는가? 사단과 마귀는 오늘날에도 하나님께 나가고자 하는 우리 인생길 앞에 온갖 걱정, 근심, 염려를 가지고 가로막고 서 있다.

많은 사람들이 죄에 넘어지고 불실에 넘어시고 욕심에 넘이겨 하나님께로 향하는 길에서 실족하고 있다. 그럼에도 불구하고 하나님께로 향하는 길에서 벗어나지 말아야 한다. 우리가 가는 길이 하나님께 가는 길이 되어야 한다.

말이 통해야 산다

말이 통하지 않으면 답답하다. 언어가 혼잡하게 된 것은 구약성경

에서 하늘에 닿을 만큼 높고 거대한 탑을 쌓아 자신들에게 영광을 돌리려 했던 인간의 교만에서부터 시작되었다. 이에 하나님은 인간의 언어를 혼잡하게 하셨다. 언어가 서로 소통되지 못하게 하신 것이다.

좀 전까지 서로 의사소통을 하던 사람들이 갑자기 의사소통이 되지 않는다. 아래에서 탑을 쌓던 사람이 위에서 탑을 쌓아가는 사람에게 바구니 좀 내려보내 달라고 소리를 친다. 그런데 그 말이 전달되지 않고 이상한 소리를 외치는 것으로 들리는 것이다. 밑에서는 시끄러우니까 벽돌을 달라는 것인가 보다 하고 벽돌을 던져 준다. 바구니를 기다리던 사람이 벽돌에 맞아 머리가 깨진다. 열받아 위로 올라가 싸운다. 난장판이 된다.

바벨이라는 말은 혼잡이라는 뜻이다. 인간이 쌓은 탑은 '혼잡의 탑'이 되고 말았다. 왜 말이 통하지 않는가? 자신의 뜻을 관철시키려고 하기 때문이다. 다른 사람의 말을 들으려고도 하지 않기 때문이다. 대화를 단절하고 사는 사람들이 많다.

하나님과 우리 사이에 말이 통해야 한다. 어떻게 하나님과 말이 통하는가? 기도로 하나님과 통해야 한다. 성경은 우리에게 이렇게 말씀하고 있다. "너는 내게 부르짖으라 내가 네게 응답하겠고 네가 알지 못하는 크고 은밀한 일을 네게 보이리라"예레미야 33:3

부르짖으라는 말은 하나님께 기도하라는 말이다. 성경은 또한 우리에게 이렇게 말씀하고 있다. "쉬지 말고 기도하라"데살로니가전서 5:17 하나님과 통하는 기도를 해야 한다.

기도해도 응답되지 않는 이유는 무엇인가? "너희는 욕심을 내어도 얻지 못하여 살인하며 시기하여도 능히 취하지 못하므로 다투고 싸우는도다 너희가 얻지 못함은 구하지 아니하기 때문이요 구하여도 받지 못함은 정욕으로 쓰려고 잘못 구하기 때문이라"야고보서 4:2-3

서강대학교 총장과 이사장을 지내셨던 박홍 신부님은 자신이 신부가 안 됐으면 조폭이 되었을 것이라고 말씀하셨던 분이다. 군사독재에 항거하여 시위를 하다가 잡혀 들어가 지옥석인 고문을 낭했다. 일대일로 하면 고문하는 사람 누구도 이길 수 있었지만 일방적으로 고문을 당했다.

그때 신부님이 기도하셨다고 한다. "하나님, 나에게 삼손에게 주셨던 힘을 주십시오." 이유는 삼손과 같이 벽을 밀어 모든 것을 허물어 버리고 싶었기 때문이었다. 참으로 인간이 할 수 있는 솔직한 기도였다. 그러나 하나님은 그 기도를 들어 주시지 않았다.

구하는 기도가 응답되지 않는다고 기도를 멈추어서는 안 된다. 하나님과의 대화를 단절하면 안 된다. 하나님과의 대화가 단절되면 우리는 살 수 없다. 하나님은 우리와 대화 하시기를 원하고 계신다. 하나님과의 대화를 쉬지 말고, 하나님과의 기도를 쉬지 말자. 언제나 말이 통하도록 하자.

믿음이 통해야 산다

갈수록 믿음이 통하지 않으면 함께 살 수 없는 시대가 다가오고 있다. 전 세계적으로 문화적 갈등의 골이 깊어져 가고 있다. 교통과 통신의 발달로 국가와 국가 간의 교류가 활발해지면서 각 나라마다 인구 이동이 많이 이루어지고 있다. 다인종 국가가 되어가고 있는 것이다. 미국, 유럽, 아시아의 여러 나라도 그렇게 되어가고 있다.

인종은 국가별로 섞여가고 있는데 문화는 섞이지 못하고 있다. 그러다 보니 문화적 갈등으로 인한 충돌이 일어나고 있다. 문화적 갈등의 뿌리에는 종교가 있다. 따라서 현대사회의 문화적 갈등은 곧 믿음의 차이에 따른 종교적 갈등이라고 할 수 있다.

믿음이 통하지 않으면 설명되지 않는 많은 일들이 발생한다. 이해할 수 없는 많은 일들이 벌어지고 참으로 어려운 일들이 많이 벌어진다. 이스라엘 백성들이 광야에서 어려움을 겪고 가나안 땅에 들어가 어려움을 겪게 된 것은 광야에서 만난 족속들과 가나안 땅에 거주하고 있었던 족속들과의 믿음의 차이 때문이었다. 지금도 중동 문제가 해결되지 않고 있는 것은 다른 문제가 아니라 믿음의 문제다.

　서로의 믿음이 통해야 산다. 종교적인 믿음뿐 아니라 함께 살아가는 사람들끼리 생각이 통하고 꿈이 통하고 비전이 통해야 살아갈 수 있다. 믿음이 다르면 함께 살아가기가 매우 어렵다. 우리 인생은 믿음을 가지고 살아가는 인생이 되어야 한다. 결국 모든 사람들이 가고 있는 길은 믿음의 길인 것이다.

　미국 네브라스카 주 오마하에는 BOYS TOWN이라는 곳이 있다. 불우한 고아와 청소년들을 돌보는 큰 규모의 고아원이다. 그 앞에 동상이 하나 서 있다. 아이가 아이를 업고 있는 동상이다. 본래는 고아원에 붙어 있던 같은 모양의 그림이었다. 그림 밑에는 이런 글이 새겨져 있었다. "애는 조금도 무겁지 않아요, 아버지. 그는 나의 형제입니다. He Ain't Heavy, Father. He's My Brother."

　우리의 믿음은 하나님이 기뻐하시는 믿음이 되어야 한다. 믿음이라도 내 믿음으로 살아가는 것이 아니라 하나님이 기뻐하시는 믿음을 가지고 살아야 한다. 그럴 때 믿음과 믿음의 갈등과 충돌이 사라지게 되는 것이다. 성경은 우리에게 이렇게 말씀하고 있다. "복음에는 하나님의 의가 나타나서 믿음으로 믿음에 이르게 하나니 기록된 바 오직 의인은 믿음으로 말미암아 살리라 함과 같으니라" 로마서 1:17

우리의 믿음은 예수님 중심의 믿음이 되어야 한다. 십자가 중심의 믿음이 되어야 한다. 예수님은 우리를 위하여 십자가에서 못 박혀 피 흘려 죽으심으로 우리를 구원하셨다. 우리의 믿음은 하나님의 아들 예수를 믿는 믿음으로 살아가야 하는 것이다.

그리스도 예수 안에서 우리는 하나다. 우리의 믿음도 하나다. 오직 하나님을 기쁘시게 하는 믿음을 가지고 하나님을 기쁘시게 해 드리는 삶을 살아가도록 하자. 하나님께서 우리를 매우 많이 변함없이 사랑하고 계신다.

무엇이 통해야 사는가?
길이 통해야 산다.
말이 통해야 산다.
믿음이 통해야 산다.
이것을 잊지 말고 늘 주님 안에서 형통한 삶을 살아가도록 하자.

CHAPTER 5

감사합니다, 고맙습니다

고난당할 때

누구에게나 고난이 다가온다. 고난에 아무리 좋은 의미가 많다고 해도, 막상 고난이 닥치면 피하고 싶은 게 사람의 마음이다. 그러나 피하고 싶다고 해서 피해지는 것이 아니다. 괴로움만 더 커질 뿐이다. 중요한 것은 고난을 대하는 마음이다. 우리는 고난의 피해자가 되지 말고 고난을 이겨내는 승리자가 되어야 한다.

발명왕 에디슨이 3대 발명품인 축음기를 발명하기 직전 실험실에 화재가 발생하여 모든 것이 다 타버리고 말았다. 에디슨의 나이 67세였다. 화재가 발생하자마자 에디슨은 늘 발명품 작업을 같이하던 아들에게 말했다.

"어서 가서 엄마를 불러와라."

"엄마는 왜요, 아버지?"

"네 엄마는 작은 마을에서 자라서 이렇게 큰불을 본 적이 없어."

큰불이 나자 아내에게 불구경시켜 주려고 아들에게 엄마를 빨리 불러오라고 했던 것이다. 불이 다 꺼지고 건물의 뼈대와 재만 남은 실험실을 바라보던 에디슨은 아들에게 이번에는 이렇게 말했다.

"혹시 트랙터 모는 사람을 알고 있니?"

"트랙터 모는 사람은 왜요?"

"불이 꺼졌으니 이제 다시 지어야지. 지금이 다시 지을 때란다."

나이 67세에 실험실에 불이 나서 다 타버렸다면 보통 사람들의 경우 이제 실험을 그만하라는 하늘의 뜻이라고 생각하고 은퇴하거나 발명가로서의 남은 인생을 포기했을 것이다. 화재 후 에디슨은 "화재도 가치가 있구만. 내 모든 실패들이 날아가 버렸으니 새로 시작하게 하신 하나님 감사합니다"라며 다시 연구를 계속하여 화재 발생 후 3주 만에 3대 발명품 중 하나인 축음기를 세상에 선보였다.

고난당할 때 기도하자

1970년 4월 11일 13시 13분, 달 탐사를 위해 아폴로 13호가 발사되었다. 그러나 발사 이틀 만에 산소탱크가 폭발하여 전력 공급이 끊겼다. 우주공간에서 세 명의 우주인이 미아가 되는 상황이 발생한 것이다. 나사 관제센터는 패닉 상태에 빠졌다. 그 머리 좋다는 나사의 과학자들과 연구진들도 무엇을 어찌해야 할지 몰랐다.

어느 누구도 해결방안을 내놓는 사람이 없었다. 전력 공급이 끊겼을 때를 예상하여 마련해 놓은 매뉴얼은 없었다. 나사 관계자들은 각자 자신의 책상 앞에 앉아 고개를 숙이고 있었다. 할 수 있는 것이라고는 하나님의 도우심을 구하는 것밖에는 없었다.

그때 NASA(미 항공우주국)의 관제본부장 진 크랜즈의 한마디가 패닉상태에 놓여 있던 우주인들과 나사본부의 다른 과학자들을 진정시켜 나갔다.

"지금 우주선에서 정상 작동되고 있는 것은 무엇이지?"

이 말을 토대로 우주선 안에 정상 작동되는 것들을 찾고 그것을 바탕으로 전력 공급을 유지할 수 있었다. 그리고 다른 어떤 도움도 받을 수 없어 북극성만 보고 지구로 귀환해야 했다. 누구도 무사귀환을 장담할 수 없는 상황이었다.

당시 미국 대통령 리처드 닉슨은 당일 오전 9시 아폴로 13호 승무원들이 살아 돌아올 수 있도록 기도해 달라고 요청하였다. 기도의 응답으로 아폴로 13호에 탑승했던 세 명의 우주비행사는 4월 17일 지구로 무사히 귀환할 수 있었다. 태평양에 안착한 우주비행사들은 미리 대기하고 있던 미 해군 군함에 의해 구조되었다.

그들이 지구로 돌아와 제일 먼저 취한 행동은 해군 군목의 손을 잡고 "하나님, 감사합니다. 주님을 찬양합니다! Thank God. Praise the Lord!"라고 감사의 기도를 드린 것이다. "너희 중에 고난당하는 자가 있느냐 그는 기도할 것이요 즐거워하는 자가 있느냐 그는 찬송할지니라"야고보서 5:13

하나님께서는 피할 길을 마련해 주시고 성령과 지혜를 주셔서 모

든 고난을 이겨내게 하신다.

　날마다 성업 중인 장난감 가게가 있었다. 이 소문을 들은 두 사람이 양쪽에 똑같은 가게를 오픈했다. 오른쪽 가게는 이렇게 써 붙였다. '최저가격 보장.' 왼쪽 가게는 이렇게 써 붙였다. '최고 품질 보장.' 원조 장난감 가게는 잠시 절망했지만 주저하지 않고 대문짝만한 간판을 만들어 이렇게 써 붙였다. '출입구는 바로 여기.' 사람들이 최저가격 보장과 최고 품질이라는 글자를 보고 출입구는 바로 여기라고 써 붙인 원조 장난감 가게로 몰려들었나.
　우리가 고난당할 때, 기도하면 고난을 이겨내는 것뿐 아니라 고난 속에 숨겨진 하나님의 뜻을 발견하고 하나님께 영광을 돌리는 인생을 살아가게 된다.

고난당할 때 말씀을 지키자

　"고난당하기 전에는 내가 그릇 행하였더니 이제는 주의 말씀을 지

키나이다"시편 119:67

화초는 참 민감하다. 자리만 옮겨도 몸살을 하고 심지어는 죽기까지 하는 것이 난초라고 한다. 가격도 비싸다. 반면에 약초는 야생에서 자란다. 비바람과 한겨울의 폭설과 추위를 견디고 자란다. 누가 돌보지도 않는다. 약초는 담겨도 삼태기나 마대자루에 담긴다. 그러나 사람에게 약이 되는 것은 난초가 아니라 약초다. 병이 들었다고 10억짜리 난초를 뜯어먹거나 삶아 먹어도 아무런 역사도 일어나지 않는다. 약초를 달여 먹어야 역사가 일어나는 것이다.

고난은 화초를 약초로 만든다. 요즘 아이들은 먹는 것은 잘 먹어도 몸이 약하다고 한다. 자랄 때 고생이라는 것을 알지 못하고 자라기 때문이다. 한마디로 요즘 아이들은 화초처럼 자란다. 그러다 보니 인내심도 부족하고 양보심도 찾아보기 어렵다.

고난을 당하면 스스로 헤쳐 나가자. 하나님께서 그러한 능력을 우리에게 주셨다. 고난을 당하면 '나에게 왜 이런 일이 다가오는가' 낙심하지 말고 이 고난을 통하여 하나님께서 주시고자 하는 뜻과 축복이 무엇인지를 기도하고 기대하며 살아가자.

134㎝의 작은 키에 척추장애, 불편한 양쪽 다리, 이 모든 결점을 이겨내고 세계의 낙후된 나라를 돌아다니며 활동하는 사람이 있다. 바로 국제사회복지사 김해영 씨다. 그녀가 태어났을 때 첫 아이가 딸이라 화가 난 아버지는 만취해 아이를 방바닥에 내던졌다. 그렇게 척추를 다친 갓난아기의 키는 더디 자랐다. 공부는 초등학교가

끝이었다. 아버지의 자살, 정신질환을 앓는 엄마 대신 동생 넷을 키우기 위해 입주 가사도우미를 시작했다. 겨우 열네 살이었다. 그녀의 유년기는 좌절과 시련의 연속이었지만 이 모든 고난을 떨치고 일어섰다. 1985년에 세계장애인기능대회 기기편물 부문 1등을 차지하기도 했다

그녀는 모든 고난을 이겨내고 아프리카에서 직업훈련교육자이자 선교사로 14년 동안 성공적인 삶을 이루며 아프리카 현지인들의 마음을 얻었다. 그리고 더욱 전문적인 국제 사회봉사를 하기 위하여 2003년 12월 미국으로 건너가 나약대학교와 컬럼비아대학원에서 사회복지학 석사과정을 마쳤다. 그녀 앞에 고난은 정상으로 가기 위한 계단일 뿐이었다.

그녀는 자신의 삶을 토대로『청춘아, 가슴 뛰는 일을 찾아라』(김해영 저, 서울문화사)에서 이렇게 말한다. "인간은 인간이라서 아름답다. 사람은 사람이라서 값어치가 있는 것이다. 자신의 인생 앞에 놓인 부수한 장애물들을 뛰어넘지 못할 때마다 사기 탓으로, 부모 탓으로, 사회 탓으로 돌리지 말고 가장 나답게, 인간답게, 사람답게 뛰어넘으라"고.

고난당할 때 선을 행하자

"선을 행함으로 고난 받는 것이 하나님의 뜻일진대 악을 행함으로 고난 받는 것보다 나으니라" 베드로전서 3:17

차범근 선수는 독일 분데스리가에서 308경기에 출장했으며 루메니게, 베켄바우어 선수와 같은 수준의 연봉을 받고 활약했다. 지금도 독일 사람들에게 차붐이라는 이름의 전설로 남아 있다.

독일에서 맹활약하던 차 선수는 1981년 소속팀을 유럽컵 우승으로 이끈다. 그러나 다음해인 1982년 요추뼈가 부러지는 중상을 입는다. 상대편 선수가 차범근 선수의 뒤에서 무릎으로 요추뼈를 가격했기 때문이다. 진단만 6개월 이상이 나왔다.

이 사건은 독일 축구계에 큰 논란을 불러일으켰고 차 선수가 어떻게 반응할 것인지는 초미의 관심사였다. 구단에서는 부상을 당해도 6주가 지나면 월급을 지급하지 않는다. 개인 보험도 들어놓지 않았다. 구단 변호사는 상대편 선수를 고소하여 보상을 받으라고 조언했다. 독일 선수들은 누구나 그렇게 하기 때문이다.

"구단에서 고소를 해야 한다면서 사인을 하라고 가져왔는데, 나도 많은 생각을 했지. 아아~ 이게 뭐 화도 나고, 이렇게 끝나면 빈털터리로 돌아가야 하는 거고. 기도도 하면서 하나님이 날 이렇게 하려고 여기까지 보내신 건 아닐 텐데……. 뭐 이런 생각도 하면서 마지막 순간에 내가 고소를 못하겠다. 신앙적인 양심으로 나는 그 선수를 고소할 수 없다"고 했다.

차범근 선수는 이 결심을 언론과의 인터뷰에서 공개적으로 발표했다.

"저는 그 선수를 고소하지 않기로 했습니다. 용서합니다."

차범근 선수의 인터뷰가 독일 전역에 방송을 타고 전달되었다. 독일 사람들은 충격을 받았다. 이제껏 살아온 자신들의 삶의 방식에 동양에서 온 한 청년이 새로운 씨앗을 뿌렸기 때문이다.

인터뷰 다음날, 차범근 선수의 집 앞에는 수많은 독일 사람들이 손에 꽃을 들고 차범근 선수를 만나기 위하여 찾아왔다. 그리고 그들은 이렇게 말했다.

"차붐을 사랑합니다!"

만약 그때 상대방 선수를 저주하고 고소했다면……. 지금도 웃는 차범근 선수의 모습이 정말 자랑스럽다.

성경은 우리에게 이렇게 말씀하고 있다. 살면서 원치 않는 고난을 당한다. 죄짓지 말자. 고난을 주는 사람을 저주하지 말자. 하나님이 원치 않으신다. 우리가 당하는 고난을 통하여 하나님께서는 합력하여 선을 이루시기를 바라고 계신다.

고난당할 때 기도하자.
고난당할 때 더욱 하나님의 말씀을 지키자.
고난당할 때 저주하지 말고 선을 향하여 합력하여 선을 이루자.

다시 시작하라

인간은 만족이라는 컨텐트Content와 불만족이라는 디스컨텐트Discontent, 두 종류의 텐트 속에 살고 있다. 어느 텐트(?)에 살고 있는가? 불만족에서 만족이라는 텐트로 옮겨갈 수 있는 방법이 있다. 무엇일까? 지금 다시 시작하는 것이다. 불만족이라는 텐트에 머물러 있으면서 다시 시작하지 않는다면 그곳을 영원히 벗어날 수 없다.

하나님이 우리에게 주신 은혜 중의 은혜는 언제든지 '다시 시작할 수 있다'는 것이다. 누구나 다시 시작한다는 것은 중요하다. 믿음이라는 것은 다시 시작한다는 것이다. 그러면 언제부터 무엇으로부터 다시 시작해야 하는가? 넘어진 자리에서 상처를 딛고 이전의 것은 생각지 말고 다시 시작하자.

넘어진 자리에서 다시 시작하자

하나님께서 우리의 걸음을 정하셨다고 했다. 우리 인생의 길을 정하셨다는 것이다. 그리고 그 길을 기뻐하신다고 하셨다. 그런데 그 길을 가다 보면 넘어질 수 있다고 성경은 말씀하고 있다.

어린 시절 한 번도 넘어져 보지 않은 사람은 없다. 중요한 것은 넘어지는 것이 아니라 넘어진 자리에서 다시 일어나 가던 길을 계속 가는 것이다. 살다가 넘어지는 것은 부끄러운 일도 아니고 이상한 일도 아니고 혼자만 당하는 일도 아니다.

신앙생활하다가 넘어질 수 있고 잘못할 수도 있다. 그래도 우리가 다시 시작할 수 있는 것은 우리가 하나님께 나와 회개하면 하나님께서 우리의 죄를 다시 묻지 아니하시고 언제든지 새롭게 다시 시작하게 하신다. 넘어졌다고 끝난 것이 아니다. 넘어진 것이 잘못된 것이 아니다. 진짜 큰 잘못은 끝까지 다시 일어나지 않고 다시 시작하지 않는 것이다. 넘어진 것보다 중요한 것은 다시 일어나는 것이다. 다시 일어난다는 것은 다시 시작한다는 것이기 때문이다. 언제나 중요한 것은 다시 시작하는 것이다.

베드로는 예수님을 세 번이나 부인했던 사람이다. 가망성이 없던 사람이었다. 예수님을 부인하고 도망친 베드로를 누가 다시 쓰겠는가? 그럼에도 불구하고 예수님은 부활하신 이후에 베드로를 찾아가셨다. 그리고 물으셨다. "네가 나를 사랑하느냐?" 베드로가 "내가 주님을 사랑하시는 줄을 주님께서 아십니다"라고 대답했다. 그러자 예수님께서 내 양을 치라고 내 양을 먹이라고 말씀하셨다(요한복음 21:15). 이 말씀은 넘어진 자리에 주저앉아 있지 말고 다시 시작하라는 말씀이었다. 예수님은 지금도 우리에게 말씀하신다. 다시 시작하라고.

미국 프로농구 선수 중에 르브론 제임스라는 선수가 있다. 마이클 조던 이후 최고의 활약을 보이고 있는 선수인데 고등학교 때부터 탁월한 실력을 발휘하던 선수다. 제임스가 고등학교를 졸업하는 마지막 경기에서 있었던 일이다.

수많은 학생들과 학부모, 농구 관계자들이 르브론 제임스의 고교 시절 마지막 경기를 보기 위하여 경기장을 찾았다. 모든 사람들이 제임스가 출전하는 다음 경기를 기다렸다. 메인 경기에 앞서 워즈워스와 클로버리프 고등학교의 오프닝 경기가 있었다.

오프닝 경기 종료 1분전이었다. 워즈워스 고등학교가 10점차로 이기고 있었다. 그런데 종료 1분을 남기고 클로버리프 고등학교 감독이 타임아웃을 요청하였다. 역전을 기대할 수 있는 상황이 아니어서 선수나 관중 모두가 의아해했다. 쓸데없이 시간이 지체되는 것보다 르브론 제임스의 마지막 경기를 빨리 보고 싶었기 때문이다.

감독은 선수 교체를 위해 타임아웃을 요청하였다. 교체되어 나온 선수가 누구인지 관심 있게 보았다. 그 선수는 초록색 10번 유니폼을 입은 작고 깡마른 선수였다. 그런데 경기장에 들어선 그 선수는 다리를 절룩거렸고 고개도 살짝 기울어져 있었다. 눈빛은 초점을 잃은 듯했으며 귀는 다 자라지 못한 모습이었다. 게다가 머리에는 뇌에 찬 물을 빼 주는 관이 설치되어 있었다. 고등학교 졸업을 앞둔 그 선수는 몸이 건강한 상태가 아니어서 의사도 과격한 운동은 삼가라고 했다. 그러나 클로버리프 고등학교의 감독은 스코어에 상관없이 애덤 서니라는 그 선수를 마지막 순간에 기용하였다.

감독은 애덤이 고등학교를 졸업하는 그 경기에 나갈 실력보다는 자격이 충분하다고 보았기 때문이다. 애덤은 연습 때 가장 먼저 체육관에 나와 가장 늦게까지 있었다. 그리고 모든 허드렛일을 도왔다.

애덤은 경기종료 1분을 남기고 출전했다. 동료가 애덤에게 공을 넘겼다. 3점 슛을 던졌다. 그러나 들어가지 않았다. 상대편 선수들은 그 모습을 보고 공을 가로채서 점수를 더 낼 생각을 하지 않았다.

시간이 지났지만 애덤의 3점 슛은 번번이 들어가지 않았다. 슛을 던지는 애덤의 모습을 보고 경기장의 모든 사람들이 응원하기 시작했다. 4초가 남았다. 마지막 슛 기회. 애덤이 공을 던졌고 그와 동시에 경기 종료를 알리는 벨이 울렸다. 애덤이 던진 공이 그물망을 갈랐고 경기장에는 엄청난 환호성이 울려 퍼졌다.

한 심판이 다른 심판을 보고 같은 말을 계속 되풀이하였다. "와우! 정말 멋졌어. 정말 멋졌어." 그날의 경기는 제임스를 위한 경기가 아니었다. 고등학교를 졸업하고 새로운 시작에 도전하는 애덤의 경기였다.

왜 하루가 주어지는 줄 아는가? 날마다 새로 시작하라고 주어지는 것이다. 우리는 날마다 하나님이 주시는 새날을 맞이하는 사람들이다. 오늘은 어제와 다르다. 날마다 맞이하는 오늘을 새롭게 시작해야 한다.

상처를 딛고 다시 시작하자

몇 살이냐고 물으면 어떻게 대답하는가? 어떤 사람은 몇 살이라고 물으면 저는 한 살이고요, 두 살이고요, 세 살이고요, 네 살이고요, 다섯 살이고요 라며 현재 나이까지 말했단다. 이유는 자기 안에 그 나이가 다 들어 있기 때문이란다. 그 나이에 무엇이 들어 있는가? 상처가 들어 있다.

어린 시절의 즐거웠던 기억을 가지고 살아가는 사람은 많지 않다. 대부분의 기억이라는 것은 어린 시절과 각 나이 때마다 받은 상처와 고생뿐이다. 이 상처에서 벗어나지 못하는 사람들이 많다.

《파인딩 포레스트》라는 영화가 있다. 길거리 농구를 하던 고등학생 자말. 자말이 사는 동네에는 자신의 정체를 드러내지 않고 살아가고 있는 노인이 있다. 동네에서도 그 노인은 화제의 인물이었지만 누구도 접근할 수 없었다.

어느 날 자말이 그의 집에 몰래 들어간다. 정체가 궁금했기 때문이다. 거기서 갑작스럽게 노인을 만나게 된 자말은 가방을 두고 도망친다. 가방을 잃어버리게 된 자말. 다음날 농구를 하고 있는 그의 등 뒤로 노인의 집에 두고 나온 가방이 떨어진다. 가방 안의 노트를 펼치니 자말이 쓴 글에 교정자국이 나 있다.

노인의 정체는 사라진 위대한 작가 포레스트였다. 가족의 죽음에 상처를 받고 40년 동안 은둔하였던 포레스트. 문단에서 그는 사라진 위대한 작가로 남아 있었다. 포레스트는 자말에게서 꿈을 발견하였지만 자말은 환경의 벽에 빠져 엄두를 내지 못했고, 자신은 세상으로 다시 나오는 것을 두려워하였다.

그러나 포레스트는 자말의 꿈을 이루어 주기 위하여 도움을 주기로 결정한다. 그 도움은 자신의 정체를 드러내야만 가능한 것이었다. 두 사람의 만남은 두 사람의 인생에 있어서 새로운 시작을 알리는 것과 같았다. 마지막 부분에 포레스트는 자말에게 다음과 같은 편지를 남기고 떠난다.

"자말에게. 한때 난 꿈꾸는 걸 포기했었다. 실패가 두려워서, 심지어는 성공이 두려워서. 네가 꿈을 버리지 않는 아이인 걸 알았을 때, 나 또한 다시 꿈을 꿀 수 있게 되었지. 계절은 변한다. 인생의 겨울에 와서야 삶을 알게 되었구나. 네가 없었다면 영영 몰랐을 거다."

우리 하나님은 우리가 당한 상처를 싸매고 치료하신다. 다시 시작하게 하려고 상처를 싸매고 치료하는 것이다. 더 이상 상처 입은 상태로 부상 입은 상태로 부상병동에서 생활하지 말아야 한다. 부상병동을 벗어나 오직 성령과 함께 다시 시작해야 한다. "야훼께서 이와 같이 말씀하시니라 네 울음 소리와 네 눈물을 멈추어라 네 일에 삯을 받을 것인즉 그들이 그의 대적의 땅에서 돌아오리라 야훼의 말씀이니라 너의 장래에 소망이 있을 것이라 너의 자녀가 자기들의 지경으로 돌아오리라 야훼의 말씀이니라" 예레미야 31:16-17

이전 것은 생각하지 말고 다시 시작하자

하나님은 우리의 과거를 들춰보지 않으신다. 나비를 보고 나비의 과거를 캐는 사람은 없다. 나비의 과거는 애벌레였다. 나비의 과거를 확인하면 속이 시원한가? 나비는 징그럽지 않다. 애벌레를 귀엽다고 말하는 사람도 있겠지만 쪼금은 징그럽다. 나비를 보면서 애벌레를 떠올리는 사람이 있다면 매력 없는 사람이다.

성경은 우리의 존재에 대하여 이렇게 말씀하고 있다. "그런즉 누구든지 그리스도 안에 있으면 새로운 피조물이라 이전 것은 지나갔으니 보라 새 것이 되었도다" 고린도후서 5:17

사람들은 과거에 관심이 많다. 과거를 들춘다. 과거를 들추는 것은 음식물 분리수거함을 뒤지는 것과 마찬가지다. 다시 시작하는 사람에게 실패의 경력은 무의미하다. 어떤 면에서 다시 시작하는 사람에게 있어 실패는 독이 되는 것이 아니라 약이 된다.

실패를 경험해 보지 않은 성공은 없다. 실패한 과거의 경력 때문에 다시 시작하는 것을 주저하는 사람들이 많다. 하나님이 기뻐하시지 않는 인생의 자세다.

지하철역에서 나이 드신 할머니가 신문을 나누어 주다가 신문이 내팽개쳐지는 큰 봉변을 당하였다. 지하철에 탔던 사람들이 흩어진 신문을 주워 주고 미안한 마음에 나누어 주던 신문을 한 부씩 가져 갔다. 신문은 복음을 실은 전도지였으며 할머니는 복음을 전하던 중이었다.

복음을 전할 때마다 열매를 거두는 것이 아니다. 거부당하고 열매를 맺지 못할 때가 많다. 그러나 그것은 실패가 아니다. 하나님은 이미 성공한 사람을 스카우트하시기보다는 실패한 사람들을 하나님의 사람으로 부르시고 성령의 사람으로 만드신다.

하나님은 실패한 사람들을 부르셔서 성령으로 충만하게 하신 후 하나님의 놀라우신 사역을 맡기시는 것이다. 많은 사람들이 실패의 트라우마에 빠져 있다. 실패의 트라우마에서 벗어나야 한다.

살면서 가장 중요한 것이 무엇인가?
다시 시작하는 것이다.
넘어진 자리에서 다시 시작하자.
상처를 딛고 다시 시작하자.
이전 것은 생각하지 말고 다시 시작하자.

내 마음을 지키려면

외국계 기업에서 일하는 임원이 한국지사 대표를 뽑는 심사에서 번번이 떨어졌다. 이해할 수도 없었고 이유를 알 수도 없었다. 승진심사의 까다로운 조건을 완벽하게 채웠기 때문이다. 한국 기업이었다면 대표가 되어도 벌써 되었을 사람이다. 그는 심사에서 계속 떨어지자 본사에 그 이유를 알려 달라고 청원을 하였다. 돌아온 답이 그를 놀라게 하였다.

"당신의 업무성과는 탁월하다. 그러나 당신은 건물 경비를 담당하는 직원에게 한 번도 인사를 하지 않는다. 청소하는 직원에게는 따뜻한 말 한마디가 없다. 부하 직원들에게는 인간미가 없다. 당신의 업무성과는 인정하지만 당신은 우리 회사의 한국지사 대표가 되기에는 아직도 결격사유가 많다."

머리로 사는가, 마음으로 사는가? 세상 사람들은 머리로 산다. 밑음의 사람들은 무엇으로 살아가야 하는가? 신앙생활은 머리로 하는 것이 아니라 마음으로 하는 것이다. 아브라함의 머리가 좋았다는 이야기가 성경에는 없다. 모세나, 선지자 이사야나 베드로의 머리가 좋았다는 이야기도 없다. 아브라함이 머리를 쓰지 않은 것이 아니다. 그러나 머리를 쓰기만 하면 어려움을 당했다. 머리 좋기로는 야곱을 빼놓을 수 없다. 그러나 야곱 역시 결정적인 순간에는 머리에 의지하지 않았다.

  우리 인생의 문제는 머리의 문제가 아니라 마음의 문제다. 성경(개역개정)에 '머리'라는 단어가 441번 등장하는 반면에 '마음'이라는 단어는 1,051번 등장한다. 머리가 갈 곳을 잃었다는 말은 하지 않는다. 그러나 마음이 갈 곳을 잃었다는 말은 한다. 자신의 마음이 어디에 있는가?

지켜야 할 것은 마음이다

살면서 지켜야 할 것들이 많다. '지킬 것은 지킨다'라는 광고 문구가 있었다. 피로회복제 광고였다. 중년의 아줌마, 아저씨들이 주로 마시던 이 피로회복제는 이 광고 문구를 앞세워 젊은층에게 다가가서 큰 성과를 거두었다. 최근 광고 시장의 특징이 있다. 사람들의 머리를 움직이는 광고가 아니라 마음을 움직이는 광고가 사람들에게 다가간다는 것이다.

  요즘 기업들은 마음이 따뜻해지는 광고를 만들기 위해서 노력한다. 이것은 세계적인 추세다. 사람들이 머리를 쓰기 시작하면 지갑을 먼저 닫는다. 그러나 마음이 열리게 되면 지갑을 열게 된다.

성경은 무엇보다도 마음을 지키라고 말씀하고 있다. "모든 지킬 만한 것 중에 더욱 네 마음을 지키라 생명의 근원이 이에서 남이니라"잠언 4:23 사람의 머리가 먼저 떠나는 것이 아니라 마음이 먼저 떠난다. 마음을 지키라는 말씀은 두 마음을 품지 말라는 말씀과 같다. "하나님을 가까이하라 그리하면 너희를 가까이하시리라 죄인들아 손을 깨끗이 하라 두 마음을 품은 자들아 마음을 성결하게 하라"야고보서 4:8

마음이 흔들려서는 안 된다. 바람에 깃발이 나부끼는 것을 보고 두 사람이 격한 논쟁을 벌였다.

"깃발이 움직였다."

"아니다. 바람이 움직였다."

때마침 지나가던 사람이 그들의 대화를 가만히 듣고 있다가 넌지시 말을 건네고 자리를 떴다.

"바람이 움직인 것도 깃발이 움직인 것도 아니다. 그대들의 마음이 움직인 것이다."

쓸데없는 데 마음이 흔들리고 사로잡혀 있음을 꼬집는 일화다.

초지일관하기가 어렵다. 모든 일에 초심, 처음 마음이 중요한 것이다. 인터넷이 일반화되면서 맛집을 찾아다니는 사람들이 많다. 그런데 소문난 맛집이라고 해서 찾아가면 생각만큼 맛이 없다. 그래서 인터넷에 맛이 없다고 댓글을 올린다. 왜 이런 집을 추천하느냐며 항의도 한다. 그러면 그 집 음식이 처음에는 분명히 맛있었다는 것이다. 그런데 지금은 왜 맛이 없느냐? 너무 장사가 잘 되어 손님이 많이 찾다보니까 초심, 본래의 맛을 잃은 것이다.

신앙생활도 마찬가지다. 처음 믿음이 중요하다. 성경은 이것을 '처음 사랑'이라고 부른다. 요한계시록에 등장하는 에베소교회는 믿음이 좋은 교회였다. 그런데 시간이 지나자 차츰 처음 사랑을 잃어버렸다. 이에 대하여 성경은 이렇게 말씀하고 있다. "그러나 너를 책망할 것이 있나니 너의 처음 사랑을 버렸느니라"요한계시록 2:4

처음 사랑을 회복하지 못하면 어떻게 되는가? "그러므로 어디서 떨어졌는지를 생각하고 회개하여 처음 행위를 가지라 만일 그리하지 아니하고 회개하지 아니하면 내가 네게 가서 네 촛대를 그 자리에서 옮기리라"요한계시록 2:5

흔들리는 것이 우리의 마음이다. 그러나 흔들려도 중요한 것은 다시 제자리로 돌아오는 것이다. 믿음은 오뚝이와 같은 것이다. 성공하는 사람의 인생도 결국은 오뚝이 같은 인생이다. 행복한 부부의 삶, 역시 오뚝이 같은 부부의 삶이다.

오뚝이는 넘어지는 것을 두려워하지 않는다. 사람들은 넘어지는 것을 두려워한다. 다시 일어서는 것이 고통스럽기 때문이다. 그러나 오뚝이는 몇 번을 넘어져도 제자리로 돌아온다. 무게 중심이 아래에 있기 때문에, 무게 중심이 흔들리지 않기 때문에 넘어져도 제자리로 돌아오는 것이다.

우리의 마음도 신앙도 오뚝이 같아야 한다. 성경은 이렇게 말씀하고 있다. "대저 의인은 일곱 번 넘어질지라도 다시 일어나려니와 악인은 재앙으로 말미암아 엎드러지느니라" 잠언 24:16

우리의 마음의 무게 중심이 하나님께 있으면 얼마든지 넘어져도 다시 일어설 수 있다. 누구나 넘어진다. 중요한 것은 넘어진 다음에 다시 일어서는 것이다. 하나님께서 일어서는 우리의 손을 붙잡아 주고 계신다.

마음에 있는 것이 무엇인가

마음에 즐거움이 있는가, 근심이 있는가? "마음의 즐거움은 얼굴을 빛나게 하여도 마음의 근심은 심령을 상하게 하느니라" 잠언 15:13

마음에 즐거움이 있으면 얼굴이 빛난다. 얼굴에 빛이 나면 주변 사람들도 알아본다. 얼굴이 좋으면 사람들이 묻는다. "무슨 좋은 일 있어요?" 그러나 마음에 근심이 있으면 어떻게 되는가? 얼굴뿐 아니라 심령까지 상하게 된다.

즐거움이 넘치는 얼굴인가, 근심이 넘치는 얼굴인가? 즐거움이 넘치는 얼굴은 더 즐거운 얼굴로 살아가기를 바란다. 근심이 넘치는 얼굴은 즐거움이 넘치는 얼굴이 되도록 하자.

세상은 마음먹기에 달려 있는 것이지, 머리 쓰기에 달려 있는 것이 아니다. 우리의 마음을 누가 즐겁게 할 수 있는가? 세상의 즐거움이 아니다. 하나님이 주시는 즐거움이다. "나는 야훼로 말미암아 즐거

워하며 나의 구원의 하나님으로 말미암아 기뻐하리로다"하박국 3:18

마음에 꿈이 있어야 한다. 마음에 있는 것이 현실로 나타난다. 악한 마음을 품으면 악한 것이 현실로 나타난다. 좋은 마음을 품으면 좋은 것이 현실로 나타난다. 마음의 밭이 중요한 것이다.

구원받는 것도 마찬가지다. 구원받는 사람의 마음이 중요한 것이다. "네가 만일 네 입으로 예수를 주로 시인하며 또 하나님께서 그를 죽은 자 가운데서 살리신 것을 네 마음에 믿으면 구원을 받으리라 사람이 마음으로 믿어 의에 이르고 입으로 시인하여 구원에 이르느니라"로마서 10:9-10 마음에 믿는 것이 중요하다. 내 마음에 지금 무엇이 있는가? 이것이 중요한 것이다.

우리 마음에 돌같이 딱딱한 마음이 있으면 안 된다. 하나님은 우리에게 부드러운 마음을 주시길 원하고 계신다. "내가 그들에게 한 마음을 주고 그 속에 새 영을 주며 그 몸에서 돌 같은 마음을 제거하고 살처럼 부드러운 마음을 주어"에스겔 11:19

마음이 부드러워야 한다. 강한 것이 살아남는 것이 아니라 부드러운 것이 살아남는다. 생태계도 마찬가지다. 강한 것이 살아남는 것 같지만 살아남는 것은 부드러운 것이다. 만약 강한 것만이 살아남았다고 한다면 이 세상은 공룡 천지가 되어 있어야 했을 것이다.

예수 믿고 성령으로 충만해지면 마음이 부드러워진다. 돌 같은 마음이 솜 같은 마음이 된다. 돌은 부딪히면 100% 깨진다. 그러나 솜은 아무리 부딪혀도 깨지거나 부서지지 않고 망가지지도 않는다. 돌같이 딱딱한 마음이 되기를 원하는가, 솜같이 부드러운 마음이 되기를 원하는가?

마음을 지키는 방법은 무엇인가

구부러지고 삐뚤어진 말을 바꾸어야 한다. "구부러진 말을 네 입에서 버리며 비뚤어진 말을 네 입술에서 멀리 하라" 잠언 4:24

　주변 승객들을 향해 난데없이 폭언을 쏟아내는 지하철 막말녀라든지 막말남이 유튜브에 많이 오르내리고 있다. 우리 마음의 상처는 대부분 다른 사람의 말에 의한 것이 많다. 상처받지 않으려면 다른 사람에게 상처 주는 말을 하지 말아야 한다. 솔직한 말일지라도 남에게 상처 주는 말은 삼가야 한다.

　살면서 다른 사람에게 많이 하는 말이 있다.

"뭐 그런 말 가지고 그래."

"웃자고 한 말인데 왜 그래."

"너도 그러잖아."

　말하는 사람이야 웃자고 하는 소리겠지만 듣는 사람에게는 정말 상처가 되는 말이 많다. 상처 주는 말보다 용기를 주는 말을 더 많이 하며 살자. "그게 뭐냐"고 말하지 말고 "잘했다"고 말하자.

　신약성경에는 더러운 말은 입 밖에도 내지 말라고 말씀하고 있다. 그 대신 선한 말을 하고 듣는 사람들에게 은혜를 끼치는 말을 하라고 말씀하고 있다(에베소서 4:29).

　바로 보는 눈을 가져야 한다. "네 눈은 바로 보며 네 눈꺼풀은 네 앞을 곧게 살펴"잠언 4:25 보는 것에 따라 마음이 움직인다. 따라서 무엇을 바라보고 있느냐가 중요하다. 감동적인 것을 보면 마음도 감동을 받는다. 명품백을 바라보면 명품백을 소유하고 싶은 마음이 된다. 내 배가 아무리 불러도 옆사람이 무엇인가 먹고 있는 것을 보면 금방 먹고 싶어진다.

바라봄의 법칙이다. 좋은 것을 바라보면 마음도 좋아진다. 죄를 바라보면 마음도 죄 가운데 거하게 된다. 주님의 말씀에 굳게 서서 세상을 바로 보는 것이 중요하다. 비뚤어진 시각으로 사람과 환경과 세상을 바라보면 모든 것이 다 삐뚤어 보인다.

좌로나 우로나 치우치지 말아야 한다. "네 발이 행할 길을 평탄하게 하며 네 모든 길을 든든히 하라 좌로나 우로나 치우치지 말고 네 발을 악에서 떠나게 하라"잠언 4:26-27 주님만 바라보고 십자가만 바라보고 계속 가야 한다. 이쪽 저쪽에서 잡아끌어도 흔들리지 말아야 한다. 마음 가는 곳에 발이 가야 하는데, 요즘 시대는 발이 가는 대로 마음도 따라간다.

우리는 구약 룻기에 등장하는 룻의 신앙을 본받아야 한다. 룻은 이방 여인이었지만 시어머니인 나오미는 믿음의 사람이었다. 나오미는 남편도 먼저 가고 두 아들도 먼저 가자 유대 땅으로 돌아가려고 하면서 두 며느리에게 친정으로 갈 것을 권한다.

그때 나오미의 며느리인 룻이 이렇게 말한다. "룻이 이르되 내게 어머니를 떠나며 어머니를 따르지 말고 돌아가라 강권하지 마옵소

서 어머니께서 가시는 곳에 나도 가고 어머니께서 머무시는 곳에서 나도 머물겠나이다" 룻기 1:16-17

그 결과, 룻은 나중에 다윗의 조상이 되는 축복을 누리게 된다. 마음을 지키려면 내 발이 어디를 향하고 있느냐가 중요하다.

성경은 이렇게 말씀하고 있다.
중요한 것은 마음을 지키는 것이다.
마음에 무엇이 있는가?
마음이 흔들리지 않도록 말과 눈과 발을 지켜 행하자.

견디는 자는 구원을 얻으리라

무한 도전을 넘어 무모한 도전을 하는 사람들이 있다. 세계 4대 극한 사막마라톤이 있다. 이집트의 사하라사막 대회, 중국의 고비사막 대회, 칠레의 아타카마 대회, 남극마라톤 대회다. 이 대회에 참가하는 선수들은 '생존용' 필수 배낭을 메고 뛴다. 그 안에는 7일치의 식량, 물통, 침낭, 의약품, 나침반, 호루라기, 헤드랜턴, 손전등, 칼, 손거울(길을 잃었을 때 햇빛을 반사시켜 자신의 위치를 알림) 등이 들어 있다. 10km 체크포인트마다 주최 측에서 물을 공급해 준다.

참가비 3천 달러 정도를 내고 기온이 50℃가 넘는 사막 250km를 며칠에 걸쳐 달리고 또 달린다. 누가 봐도 미친 짓이다. 우리나라에서 이 '세계 4대 극한 사막마라톤' 그랜드슬램을 달성한 사람이 있다. 송경태, 이 사람의 신체적 특징이 있는데 '1급 시각장애우'다. 상상이 가는가? 앞이 보이지 않는 사람이 세계 4대 극한 사막마라톤에서 완주한 것이다.

그는 도우미 선수의 배낭에 연결된 1m 길이의 끈을 자신에게 묶고 뛴다. 얼마나 어려운 일인가? 그게 가능할까? 이 사람은 눈에 뵈는 게 없기 때문에 가능하다는 소리를 한다.

어느 시각 장애우가 달리기 연습 중 전봇대에 세게 부딪혔다고 한다. 그러면 중도에 포기해야 하는 것 아닐까? 그런데 이렇게 말한다. "전봇대에 세게 부딪히는 순간, 하늘에 별이 반짝였다. 그때 나, 눈 뜨는 줄 알았다."

믿음이란 무엇일까? '견디는 힘'이다. 믿음이란 아무리 힘들고 어려워도 중간에 포기하지 않고 견디는 것이다. 하나님이 우리에게 생명을 주셨을 때, 쉽게 포기하고 죽으라고 생명을 주신 것이 아니다.

우리 주변에 실족하는 사람과 배신하고 미워하는 사람들이 많다. 또한 미혹케 하는 거짓 가르침과 불법이 난무하고 있다. 게다가 사랑은 갈수록 식어 가고 있다. 사람 사는 세상에는 이런 일이 끊임없이 일어나고 있다. 예수님은 말씀하신다. 끝까지 견디는 자는 구원을 얻는다고.

인생에 있어서 중요한 것은 지능지수(IQ)보다 인내지수다. 인내지수는 얼마나 되는가? 우리가 살면서 견뎌야 할 것은 무엇인가? 인생을 즐기기 위해서는, 성공적인 인생을 살기 위해서는 먼저 견뎌야 한다. 그렇다면 무엇을 견뎌야 하는가?

세상의 불공평을 견뎌라

"인생은 불공평하다." 미국의 제35대 대통령 존 F. 케네디가 말했다. 그런데 몇 년 전 빌 게이츠는 한 고등학교 졸업식에서 이 말에 한마디 덧붙여서 다음과 같이 말했다. "인생은 불공평하니 그것에 익숙해져라. Life is not fair, get used to it."

성공한 사람들의 특징은 인생이 불공평하다는 것을 알고도 그것을 원망하거나 불평하거나 시비하지 않고 극복한 사람들이다. 누구나 인생이 공평하지 않다고 생각한다. 실제로 인생은 불공평하다. 청소년기에 인생이 불공평하다는 생각과 말을 하루에 8.6회 한다는 통계가 있다. 문제는 이 불공평한 인생을 우리가 어떻게 받아들이느냐에 있다.

우리는 인생 자체가 불공평하다는 것을 인정하고 그것을 견뎌야 한다. 그러지 않으면 그 순간부터 인생은 괴로워지기 시작한다. 최근 한 설문조사에 따르면 10명 중 7명, 응답자의 70%가 소득 분배가 불공평하다고 응답했다고 한다.

운동 경기 중에서 가장 불공평한 경기는 농구가 아닐까 싶다. NBA 클리블랜드 백넘버 23번 르브론 제임스는 포스트 조던이라고 불린다. 신이 내린 몸이라고 평가받는 단단하고 육중한 몸, 거기다 유연함까지 갖추고 통상 네 번째 MVP를 받으며 명성을 이어가고 있다. 사람들은 그를 가리켜 괴물 같은 존재라고 말한다.

유도, 역도, 태권도, 권투, 레슬링 등은 체급이 있다. 축구, 야구,

배구 등은 단체 경기라서 키가 작을 수도 클 수도 있다. 그런데 농구는 단체 경기이면서 체급 경기가 아니다. 키가 작은 사람이나 큰 사람이나 똑같은 조건에서 경기를 해야 한다. 그래서 농구경기를 볼 때마다 키 높이를 제한하지 않는 것이 불공평하다는 생각을 한다.

하지만, 세상이 불공평하다고 해서 세상을 향하여 복수를 하려고 해서는 안 된다. 원수 갚는 것이 하나님께 있다. "내 사랑하는 자들아 너희가 친히 원수를 갚지 말고 하나님의 진노 하심에 맡기라 기록되었으되 원수 갚는 것이 내게 있으니 내가 갚으리라고 주께서 말씀하시니라" 로마서 12:19

이 말씀을 실천한 것이 다윗이다. 사울 왕이 자기를 죽이려 했을 때, 다윗은 원수 갚을 수 있는 기회, 즉 사울을 죽일 수 있는 기회가 두 번이나 있었지만 그렇게 하지 않았다. 그 대신 다윗은 오랜 시간을 도망다녀야 했다. 정말 불공평한 일이었지만 다윗은 그 기간을 견뎌내고 이스라엘의 왕이 되어 지금까지도 모든 사람들의 입에 오르내리는 왕으로 기억되고 있다.

불공평에 복수하려고 하지 말고 인생의 불공평함을 견뎌라.

최악의 상황을 견뎌라

2005년 9월 22일, LA 공항을 출발하여 뉴욕으로 향하려던 미국의 제트블루사 소속 여객기가 이륙 후 원인을 알 수 없는 랜딩기어 고장을 일으켰다. 조종사는 회항을 결정하고 연료를 버린 후 3시간 동안 선회비행을 하며 랜딩기어가 제대로 작동되기를 기다렸지만 랜딩기어는 제대로 작동하지 않았다. 결국 비상 착륙을 시도했다. 착륙 중 사고는 피할 수 없었다. 오직 대형사고가 일어나지 않기만을 바랄 뿐이었다.

이 장면이 미국 전역에 긴급 뉴스로 생중계되었다. 하지만 이보다 더 기가 막힌 것은 기내의 승객들이 자신들이 비상 착륙하는 상황을 기내에서 모니터로 보고 있었다는 것이다. 승객들은 삶과 죽음을 넘나드는 자신들의 운명을 생방송으로 지켜본 것이다. 승객 중의 한 사람은 이렇게 말했다. "내가 탄 비행기의 운명을 기내 TV로 보는 것이 비현실적으로 느껴졌다."

비행기가 지면에 착륙하려 할 때의 상황에 대하여 한 승객은 이렇게 말했다. 승무원들이 추락 상황을 예상하여 머리를 무릎 사이에 넣도록 지시했다. 당시 상황의 동영상을 보면 "Brace, Brace, Brace"라는 소리가 들린다. "견뎌라! 견뎌라! 견뎌라!"라는 소리다. 결과는 부사착륙이었고 가상 완벽한 착륙으로 평가되고 있다.

현대인들뿐 아니라 청년들이 최악의 상황을 견디지 못한다. 최악의 상황이 다가오면 피한다. '견디셔'의 삶을 살아야지 '피하셔'의 삶을 살아서는 안 된다. 신앙이란 무엇인가? 주님 안에서 견디는 것이다. 하나님은 우리를 견디게 하시는 하나님이시지 피하게 하시는 하나님이 아니시다.

예수님은 십자가를 피하지도 도망치지도 않으셨다. 예수님의 제자들은 다 도망가고 피하였다. 예수님은 말씀하셨다. "무리와 제자들을 불러 이르시되 누구든지 나를 따라오려거든 자기를 부인하고 자기 십자가를 지고 나를 따를 것이니라"마가복음 8:34 그런데 십자가가 다가오자 제자와 무리들은 십자가를 피하고 도망쳤다.

가족의 십자가, 경제의 십자가, 문제의 십자가를 짊어져야 하는데 십자가를 지지 않으려고 한다. 자녀는 모든 십자가를 부모님이 져야 하는 것으로만 알고 있다.

최악의 상황을 견뎌야 최고가 된다. 현재는 과거의 누적이고 미래는 현재의 누적이다. 현재에 빛나지 않는 사람은 과거에 견뎌야 할 것을 견디지 못한 사람이다. 미래에 빛나는 사람이 되기 위해서는 어떻게 해야 하는가? 지금 최악의 상황을 견뎌야 한다.

'무한테스트의 세계'라는 프로그램을 보면 테스트라는 이름하에 휴대전화에 온갖 고문을 행한다. 낙하시험, 진동시험, 마모시험, 충격시험, 파손시험, 방수시험 등 만 가지 테스트를 천 명의 사람이 많게는 2천 시간 가까이 실시한다. 그 결과 한국의 휴대전화는 전 세계 시장의 30%를 장악하고 있다. 최악의 상황을 통과한 제품이 세계 시장에서 통하는 것이다.

세상은 우리를 높은 곳에서 떨어뜨린다. 낙하시험이다. 우리를 온갖 문제로 흔들어댄다. 진동시험이다. 우리를 깎아대고 깎아댄다. 마모시험이다. 진로와 물질과 건강의 문제가 우리에게 충격을 준다. 충격시험이다. 때로는 인간관계와 물질과 건강의 어려움을 겪어야 한다. 파손시험이다. 세상의 온갖 시험이 물귀신처럼 우리를 잡아 끌어댄다. 방수시험이다.

이 같은 모든 시험을 오직 믿음으로 성령의 충만함으로 기도함으로써 견디고 견뎌서 하나님의 빛나는 자녀가 되어야 한다.

신앙의 연단을 견뎌라

자주 받는 신앙상담 중에 하나가 이것이다.

"목사님, 교회 다니고 예수님 믿으면 다 잘 돼야 하는 거 아니에요? 그런데 왜 나는 하는 일마다 안 되고 우리 집은 왜 이렇게 어려운 거죠?"

그럴 때마다 답변해 주는 예화가 있다.

한 선지자에게 누군가 이렇게 말했다.

"이제는 낙타를 붙잡고 있는 끈을 놓아도 되겠지요? 하나님이 지켜 주실 것이잖아요."

그러자 선지자가 이렇게 말했다.

"아니다, 낙타를 붙잡고 있는 끈을 더 굳세게 붙잡아라. 그래야 하나님께서 도와주신단다."

신앙생활을 하다 보면 연단이 다가온다. 우리의 믿음은 연단을 통하여 더욱 굳건해진다. 하나님은 우리의 마음을 연단하신다. "도가니는 은을, 풀무는 금을 연단하거니와 야훼는 마음을 연단하시느니라" 잠언 17:3

신앙의 연단을 통하여 우리는 소망이 이루어지는 축복을 누리게 된다. 그래서 바울은 우리에게 이렇게 권면하고 있다. "우리가 환난 중에도 즐거워하나니 이는 환난은 인내를, 인내는 연단을, 연단은 소망을 이루는 줄 앎이로다" 로마서 5:3-4

성경은 신앙의 연단을 통과한 분들의 이야기다. 믿음의 조상이요 복의 근원이 되었던 아브라함도 많은 신앙의 연단을 통과하였다. 이것은 이삭도 야곱도 요셉도 마찬가지였다. 신앙의 연단은 철저히 자기 자신이 견뎌내야 하는 것이다. 신앙생활을 하다 보면 자기 자신만이 견뎌야 할 연단의 몫이 있다.

신앙의 연단은 예방주사와 같다. 주사는 아프다. 어린아이들이 맞는 주사가 있다. BCG(결핵예방백신)인데 필자가 어릴 때는 1회용 주사기가 부족해서 그랬는지 주사기 바늘을 소독하기 위해 알코올램프에 달구었다. BCG 접종을 불주사라고 했다. 알코올램프에 달구는 것을 빤히 보고서 그 주사를 맞으려니 다른 주사보다 더 무서웠다. 우는 친구는 물론 도망가는 친구도 있었다.

그러나 예방주사를 맞은 사람은 질병과 전염병을 쉽게 이겨낼 수 있다. 예방주사가 아프다고 그 아픔을 견디지 못하고 피한다면 나중에 질병과 전염병으로 크게 고생하거나 생명을 잃게 된다. 예방주사와 같은 신앙의 연단을 견뎌라.

'Three dog night'라는 말이 있다. 알래스카에서 추운 날씨를 표현할 때 쓰는 말인데 날이 하도 추워서 썰매를 끄는 개를 한 마리도 아니고 세 마리 정도는 끌어안고 자야 동사하지 않고 잘 수 있는 영하 60~70도 정도 되는 밤을 뜻한다.

성공한 사람들의 특징이 있다. 수많은 어려움과 연단을 견디고 견디 오늘의 모습에 이른 것이다. 아무리 견디기 어려운 추운 날씨와 같은 신앙의 연단이 다가와도 주님만을 바라보고 십자가만 바라보고 우리의 성령님의 도우심을 받아 견디고 견디는 삶을 살아가도록 하자.

세상의 불공평을 견뎌라.
최악의 상황을 견뎌라.
신앙의 연단을 견뎌라.
견디는 자가 결국은 형통한 삶을 살아가게 된다.

깨끗이 해야 할 것들

아이들을 기를 때, 가장 많이 하는 말이 "손 씻어라, 세수해라, 이 닦아라"일 것이다. 왜 그럴까? 청결이 중요하기 때문이다. 위생상태가 나쁘면 건강도 나빠진다. 누구나 더러우면 가까이 하지 않으려고 한다. 자기 몸이 더러우면 닦으려고 하는 것이 정상이듯 신앙생활도 마찬가지다. 우리가 신앙생활하면서 깨끗이 해야 할 것이 있다.

손을 깨끗이 해야 한다

맥베스 효과라는 것이 있다. 흔히 죄를 씻었다고 할 때, 손을 씻었다는 표현을 사용한다. 동서양을 막론하고 다시는 죄를 짓지 않겠다는 의미로 손을 씻었다는 표현을 사용한다. 언제부터 이 같은 표현이 시작되었는지 모르지만 죄짓고 손을 씻는 행위를 '맥베스 효과Macbeth effect'라고 한다.

인간의 비극에 대하여 다룬 셰익스피어의 『맥베스』라는 작품은 스코틀랜드의 무장 맥베스가 부인과 공모해 자신의 성을 방문한 국왕을 살해하고 왕위에 오른 후 파멸에 이르는 과정을 그리고 있는 작품이다. 이 작품에서 맥베스의 부인은 남편이 국왕을 살해하자 자기 손을 씻으며 "사라져라, 저주받은 핏자국이여!"라고 말한다. 맥베스 부인의 손에 피가 묻어 있지 않았지만 자신의 손을 씻으며 자신의 죄의식을 떨쳐버리려 한 것이다.

문제는 손을 씻는다고 죄가 씻어지는 것이 아니라는 것이다. 폴 뉴먼 주연의 《Cool Hand Luke》이라는 영화가 있다. 주인공 눅(폴 뉴먼 분)은 술에 취해 길거리 주차기를 파손한 혐의로 교도소에 갇히게 된다. 자유가 박탈된 그곳에서 그는 탈옥을 꿈꾸고 실행에 옮기지만 번번이 실패한다. 실패할 때마다 가혹한 패널티가 부과된다. 그곳에서 벗어나 사유롭게 물하게 깨끗하게 살고 싶었지만 현실은 그렇지 못했다. 누구도 주인공 눅의 마음을 알아주지 않았다. 그는 아무리 손을 씻고자 해도 씻어지지 않았다. 그런 그를 교도소의 관리들은 규제하고 통제하고 처치해야 할 골치 아픈 대상으로만 취급할 뿐이었다.

가슴 아픈 장면이 있다. 탈옥에 성공한 주인공은 시골 교회로 들어간다. 그곳에서 하나님을 찾고 하나님께 자신이 살아온 인생을 넋두리하고 해결책을 찾으려 한다. 영화의 마지막 신을 장식하는 그 장면에서 주인공 눅은 결국 자신을 잡으러 온 사람들에 의해 총을 맞고 교회에서 끌려나온다. 충격적이었던 것은 교회 안에 비무장 상태인 그를 향해 총을 발사하는 장면이었다. 하나님께 기도하던 주인공, 하나님은 침묵하셨다. 그러나 교회 창밖을 향하여 자신을 잡으러 온 사람들에게 이야기하자 돌아온 것은 총알이었다.

손이 깨끗하다는 것은 죄가 없다는 뜻이다. 그러나 손을 씻는 사람에게 죄는 없는가? 누구라도 손만 씻으면 죄가 씻겨져 나가는가?

예수 앞에서 손을 씻은 사람이 있다. 본디오 빌라도는 예수님에게 죄를 발견하지 못했다. 그러나 유대 권력자들이 유대인들을 대동하고 빌라도를 찾아와 바나바를 풀어 주고 예수를 십자가에 못 박아 죽여달라고 하자 본디오 빌라도는 예수님 앞에서 손을 씻었다. 손을 씻으면서 이렇게 외쳤다. "빌라도가 아무 성과도 없이 도리어 민란이 나려는 것을 보고 물을 가져다가 무리 앞에서 손을 씻으며 이르되 이 사람의 피에 대하여 나는 무죄하니 너희가 당하라" 마태복음 27:24

본디오 빌라도가 예수님 앞에서 손을 씻은 것은 예수님을 위한 것이 아니었다. 정치적인 소용돌이에 휘말리는 것을 두려워하여 예수를 십자가에 못 박으라는 유대인들의 요구를 들어 주지 않으면 민란이 일어날 것을 두려워하여 손을 씻었던 것이다. 그러나 손을 씻는 행위만으로 죄를 면할 수 있는 것은 아니다.

손이 깨끗하다는 의미는 청결하다는 의미와 더불어 사람의 행위가 하나님 보시기에 옳은 것을 의미한다. 사람이 손으로 하는 것은 많다. 머리로 아무리 생각해도 실행에 옮기는 것은 손이다. 손으로 하는 우리의 행위가 남을 속이거나 때리는 손이 아니라 하나님을 기쁘게 해드리는 것이 되어야 한다.

존 크랠릭은 미국 로스앤젤레스의 변호사다. 2007년 그는 막다른 상황에 몰렸었다. 변호사 사무실은 망해가고 있었고, 결혼생활은 파경을 맞았다. 아들과의 관계는 점점 멀어져갔고 은행잔고는 텅 비었다. 남은 것이라고는 외로움과 우울증뿐이었다. 그러던 어느 날 할아버지가 들려주신 "네가 가지고 있는 것들에 감사하는 법을 배울 때까지 네가 원하는 것들을 얻지 못할 것이다"라는 말이 문득 떠올랐다.

그 후부터 그는 매일매일 감사 쪽지를 하나씩 쓰기로 결심했다. 딸의 피아노 선생님, 머리를 깎아 준 미용사, 수임료를 입금해 준 고객 등 그동안 고마움을 느끼지 못했던 사람들에게 감사 쪽지를 보내기 시작했다. 커피전문점 아가씨에겐 "내 이름을 기억해 줘 고맙다"고 썼다. 소원해진 아들에겐 "2년 전 선물 고마웠다"고 썼다.

주소를 확인한다는 구실로 전화를 했다가 아들과 점심을 같이 하기로 했다. 아들이 100달러짜리들이 들어 있는 봉투를 하나 건네주었다. 예전에 아버지로부터 빌렸던 것이라고 하면서. 다시 편지를 보냈다. "너에게 자랑스러움을 또 한 번 느끼게 해줘 고맙다"고.

손으로 쓴 감사 쪽지는 그의 인생을 완전히 뒤바꿔놓았다. 고객들은 수임료를 더 빨리 지급해 주기 시작했고 변호의뢰 건수도 급증

했다. 크랠릭은 자신의 놀라운 경험들을 모아 『365 Thank You』(존 크랠릭 저, 한국경제신문사)라는 책으로 출간했다.

성경은 우리에게 말씀하고 있다. "그러므로 의인은 그 길을 꾸준히 가고 손이 깨끗한 자는 점점 힘을 얻느니라"욥기 17:9 손이 깨끗한 사람은 점점 힘을 얻게 된다는 것은 의롭고 선하게 행동하는 사람은 점점 강하고 부요하게 된다는 말씀이다. 반대로 불의하고 악하게 행동하는 사람은 점점 쇠약해지고 파탄에 이르게 된다.

착한 행실, 선한 행실을 하나님께서 기뻐하신다. 착한 사람, 선한 사람이 제대로 대접받지 못하는 세상이라고 해도 크리스천들은 착하고 선한 행실을 그치지 말아야 한다.

마음을 깨끗이 해야 한다

동화 『토비아스의 우물』(맥스 루케이도 저, 홍성사)이 있다. 사막 한가운데 자리 잡은 작은 마을 사람들은 여느 동네와는 달리 물 걱정을 할 필요가 없었다. 그 마을의 우물 주인 토비아스가 물이 필요한 사람이라면 누구든지, 얼마든지 거저 주었기 때문이다.

어느 날 토비아스는 아들 쥘리안과 함께 먼 길을 떠나면서 우물 관리를 하인 엘제비르에게 맡겼다. 그리고 어느 누구라도 계속 물을 거저 줄 것을 명령하였다.

처음 얼마 동안 엘제비르는 주인의 뜻을 받들어 모든 사람에게 즐거운 마음으로 물을 퍼 주었다. 그러나 얼마 지나지 않아 그의 마음이 바뀌었다. 자기에게 감사를 표하는 사람에게만 물을 주기로 한 것이다. 사람들은 엘제비르가 우물 주인이 아님을 알고 있었지만, 물을 얻기 위해 매번 그에게 감사의 인사를 하지 않을 수 없었다.

시간이 흐르자 그것만으로는 엘제비르의 양이 차지 않았다. 그는 자기에게 예쁘게 보이는 사람에게만 물을 주기로 마음을 바꾸었다. 주민들은 내키지 않았지만, 물을 얻기 위해서는 어쩔 수 없이 엘제비르의 눈 밖에 나지 않으려고 안간힘을 써야만 했다.

어느 날 우물가에 한 사람이 나타났다. 엘제비르는 그도 물을 얻으러 온 사람이려니 생각하고 거드름을 피웠다. 그 사람이 얼굴을 가렸던 천을 벗었다. 그는 우물 주인 토비아스의 아들 쥘리안이었다. 쥘리안은 주민들에게 예전처럼 누구든지 마음껏 물을 거저 가져가라고 했다. 주민들은 기쁨을 되찾았다.

주민들은 쥘리안에게 엘제비르가 얼마나 나쁜 짓을 했는지 고발하면서, 그에겐 물을 주시 날 것을 촉구하고 나섰다. 도비아스의 아들 쥘리안은 엘제비르에게도 물을 거저 주는 것이 내 아버지 토비아스의 뜻이라며 종 엘제비르를 용서해 주었다. 엘제비르가 새로운 삶을 시작했음은 두말할 나위가 없다.

태어날 때는 마음이 깨끗했다. 그러나 시간이 지나면 지날수록 마음에 때가 탄다. 때가 탄 마음을 깨끗하게 해야 한다. 성경은 이렇게 말씀하고 있다. "모든 지킬 만한 것 중에 더욱 네 마음을 지키라 생명의 근원이 이에서 남이니라" 잠언 4:23

하나님의 마음과 인간의 마음이 다른 것은 무엇인가? 하나님의 마음은 변하지 않지만 사람의 마음은 하루에 몇 번이라도 변한다는 것에 있다. 내 마음을 나도 모르겠다는 사람이 많다. 마음이 깨끗하지 못하기 때문이다.

2011년에 미국 미시건 주에서 있었던 일이다. 교차로에서 구걸을 하고 있던 마이클 시카워라는 사람 앞에 한 여성이 차를 세우더니 "나에게 동전이 많은데 갖겠느냐?"고 물었다. 마다할 이유가 없는 시카워가 "좋다"고 했더니 차에서 내린 여성이 동전 한 무더기를 건네주고 갔다.

노숙자 쉼터에 돌아와 동전을 확인하던 시카워는 그 속에서 다이아몬드 반지를 발견했다. 낮에 동전을 건네주던 여성의 손에서 빠진 것이 분명했다. 순간 반지를 전당포에 잡히고 몇 백 달러 벌어볼까 하는 생각도 했지만 그러지 않기로 했다. 노숙자를 기회만 닿으면 도둑질하려는 무리로 보는 것에 비참함을 느껴왔기 때문이다. 이후 그는 구걸을 했던 자리에 매일 '출근'하였다. 동전을 건네준 여성의 모습을 기억하고 있었고 몰던 차종도 알기 때문에 다이아몬드 반지를 돌려줄 수 있을 거라고 생각하기 때문이었다.

시카워는 17년간 요리사로 일하다가 실직 후 노숙자가 되었는데 반지를 돌려주고 난 뒤 다시 열심히 살아보겠다고 했다. 예수님은 이렇게 말씀하셨다. "마음이 청결한 자는 복이 있나니 그들이 하나님을 볼 것임이요" 마태복음 5:8

마음을 청결하게 하기 위해서는 어떻게 해야 하는가? 내 힘으로 도를 닦고 명상을 하고 요가를 한다고 마음이 청결해지는 것이 아니다. 오직 주의 성령이 내 마음에 임하셔야 내 마음이 청결해질 수 있다.

얼굴이 청결한지 청결하지 않은지는 누구든지 알 수 있다. 그러나 자신의 마음이 청결한지 아닌지는 오직 주님과 자신만이 알고 있다. 마음의 청결함은 속일 수 있는 것이 아니다. 감출 수 있는 것이 아니다. 살아가다 보면 양심에도 화인을 맞는다. "그러나 성령이 밝히 말씀하시기를 후일에 어떤 사람들이 믿음에서 떠나 미혹하는 영과 귀신의 가르침을 따르리라 하셨으니 자기 양심이 화인을 맞아서 외식함으로 거짓말하는 자들이라"디모데전서 4:1-2

화인 맞은 양심, 화인 맞은 마음이 되어서는 안 된다. 언제나 마음을 깨끗이 하는, 청결하게 하는 사람이 되어야 한다.

뜻을 깨끗이 해야 한다

『히틀러의 뜻대로』(귀도 크놉 저, 울력)라는 책은 히틀러를 도와 유대인 학살을 주도했던 여섯 명의 히틀러 추종자들을 다루고 있는 책이다. 전쟁 교사자-파울 괴벨스, 2인자-헤르만 괴링, 집행인-하인리히 히믈러, 대리인-루돌프 헤스, 건축가-알베르트 슈페어, 후계자-칼 되니츠가 어떻게 히틀러의 뜻을 이루기 위하여 홀로코스트(유대인 집단 대학살)을 주도해 나갔는지를 보여주고 있다.

사람들은 말한다. 뜻을 세우라고, 높은 뜻을 세우라고. 그 말을 따라 저마다 뜻을 세운다. 그렇다면 어떤 뜻을 세우고 무슨 뜻을 세우고 살아가는가? 역사적으로 정복자의 꿈을 가지고 살았던 알렉산더, 시저, 칭기즈칸, 나폴레옹, 히틀러와 같은 사람들이 있다. 그런데 그들은 자신의 꿈을 이루기 위하여 수많은 사람들을 죽였다. 말은 세계정복이라는 뜻으로 포장했지만 결과는 사람 많이 죽이는 뜻이 되었다.

누구나 자신을 위한 뜻을 세운다. 그 뜻에 방해가 되는 것은 가차 없이 제거하고 처단한다. 우리가 세우는 뜻은 하나님을 기쁘게 하는 뜻이 되어야 한다. 예수님은 이렇게 말씀하셨다. "누구든지 하나님의 뜻대로 행하는 자가 내 형제요 자매요 어머니이니라" 마가복음 3:35

성령께서 행하시는 사역은 하나님의 뜻을 따라 성도를 돕는 사역이다. 예수님의 공생애는 하나님의 뜻을 이루기 위한 생애였다. 우리는 하나님의 뜻을 이루기 위하여 살아야 한다.

빌리 그레이엄 목사님이 1940년대 초반, 한창 전 세계를 다니며 복음을 전할 때였다. 당시 그레이엄 목사님은 고향을 방문할 때마다 반드시 흑인 거주 지역에서 작은 잡화점을 운영하는 빌 헨더슨이라는 흑인을 만났다. 그 핸더슨 씨는 체구가 왜소했다. 옷소매는 워낙 길어서 헐렁하게 늘어져 있었고 목에 맨 타이는 허리산 밑으로 처질 정도였다고 한다. 그레이엄 목사님의 증언에 따르면 그 사람은 간신히 빌어먹고 살 정도였다고 한다.

핸더슨이 운영하는 잡화점은 말이 잡화점이지 시골 구멍가게 수

준이어서 흑인들이 입담배를 사러 오는 정도의 가게였다. 동네 사람들은 대부분 그를 좋아했지만 거친 흑인들은 수시로 핸더슨을 때렸고 강도도 수시로 드는 구멍가게였다. 그런데 핸더슨은 주님을 진짜로 사랑하는 사람이었다. 성경에 박식했으며 기도를 쉬지 않고 성경 말씀대로 살던 사람이었다.

그레이엄 목사님은 그 핸더슨이 들려주는 성경 이야기를 좋아했다. 그레이엄 목사님이 찾아오면 핸더슨은 그레이엄 목사님을 위하여 기도해 주었고 성경 이야기를 들려주었다. 그러면 그레이엄 목사님은 의자도 없는 구멍가게 앞에 낡은 사과상자를 깔고 앉아 핸더슨과 대화하며 그의 가르침을 받으며 기도를 받았다. 그 이유는 그레이엄 목사님이 하나님의 뜻을 제대로 이루기 위해서였다.

깨끗이 해야 할 것은 무엇인가?
손과 마음과 뜻이다.
이것을 항상 잊지 말고 하나님이 기뻐하시는 삶을 살아가도록 하자.

만일 내가 감사하면

첫번째 추수감사절은 미국에서 1621년에 있었다. 영국의 청교도들이 1620년 메이플라워호를 타고 당시 신대륙이라고 부르던 미국 동부의 플리머스 해안가에 도착했을 때 상황은 최악이었다. 하지만 한 해를 보내고 다음해를 맞이했을 때 상황은 더 최악이었다. 영국을 출발했을 당시 102명이었는데 그중에 절반이 사망했다.

첫 농사로 얻은 결실은 사실 풍성하지 못했다. 현실적으로 계산하면 추수는 형편없었다. 추수감사절이 아니라 추수원망절이라고 해도 될 정도였다. 그럼에도 불구하고 살아남은 청교도들은 하나님께 감사 예배를 드렸다.

어떠한 일이든 세상 살면서 감사할 수 있고 어떠한 일이든 세상 살면서 원망할 수 있다. 지금까지 세상을 원망하며 살아왔는가, 감사하며 살아왔는가?

감사하면 기적이 일어난다

0.3초 만에 일어나는 기적이 있다고 한다. '감사합니다'라고 말할 때, '감사합니다'라는 말을 들을 때, 그 짧은 순간에 기적이 일어난다고 『감사의 힘』(데보라 노빌 저, 위즈덤하우스) 저자는 주장한다. 그는 '감사합니다'라는 짧은 말이 인생 전체를 바꿀 만한 강력한 힘이 있으며 각 개인이 지닌 잠재력을 끌어올리는 비밀 열쇠라고 주장하며 감사하다는 말만으로도 깊은 인간관계를 맺을 수 있고, 활기차고 스트레스가 적은 건강한 삶을 살 수 있음을 보여주고 있다.

성경은 우리에게 늘 감사하라고 말씀하고 있다. 예수님도 기도하시고 기도하신 후에 응답하시는 하나님께 감사를 드렸다. "돌을 옮겨 놓으니 예수께서 눈을 들어 우러러보시고 이르시되 아버지여 내 말을 들으신 것을 감사하나이다" 요한복음 11:41

부모는 자라는 자녀들에게 '고맙습니다'라고 인사하는 교육을 시킨다. 가까운 사람들에게는 '사랑합니다'라는 말을 가장 많이 해야 하고 잘 모르는 사람에게는 '감사합니다'라는 말을 가장 많이 해야 한다.

9·11 테러 현장에서 다른 사람의 도움을 받아 기적적으로 살아난 사람이 제일 처음 한 말이 무엇이었겠는가? 그 말은 "땡큐, 고맙습니다"라는 말이었다. 자신의 목숨을 구해 준 사람에게 '사랑합니다'라는 말보다는 '감사합니다'라는 말이 먼저 나오는 것이 당연하다.

언제 어디서나 우리는 '감사합니다'라는 말을 입에 달고 살아야 한다. 인생의 중요한 순간마다 입에서 나오는 말은 '감사합니다', '고맙습니다' 라는 말이다. 사람은 죽기 전에도 '감사합니다' 라는 말을 남길 수 있는 지구상의 유일한 생명체다. 하나님이 우리를 그렇게 창조하셨기 때문이다.

2012년 7월, 미국 솔트레이크시티에 살던 밸 패터슨이 59세의 나이로 사망했다. 사망 전 자신의 부음기사를 직접 써서 죽은 뒤 신문에 싣게 했다.

"즐거웠습니다. 많은 좋은 분과 친구가 될 수 있었던 건 제게 영광이었습니다. 감사합니다. 특히 한 가지, 아내와의 오랜 사랑과 우정은 제 영혼을 온전하게 지켜주었습니다. 말로 표현할 수 없을 만큼 사랑했습니다. 고백할 것이 있습니다. 살면서 저지른 죄를 실토하겠습니다. 1971년 한 모텔에서 금고를 훔친 적이 있습니다. 그냥 말하지 않을 수도 있었지만 가슴에서 털어버리고 가고 싶습니다. 그리고 저, 박사 아닙니다. 융자받은 대학 학자금을 갚으러 갔는데, 교직원이 내 서류를 엉뚱한 더미에 넣어놓았습니다. 2주 후 박사학위증이 우편으로 날아왔습니다. 사실 저는 대학도 졸업하지 못했습니다. 3년가량 다니다 말았습니다. Ph.D가 무슨 약자인지도 모릅니다. 함께 근무했던 모든 분께 사과드립니다. 일하면서 늘 여러분을 웃게 해 드린 걸로 대신 용서를 빕니다. 제가 병에 걸리는 바람에 사랑하는 아내의 시간을 10년 이상 빼앗아버렸습니다. 저는 도둑놈이었습니다. 아내에게서 그 많은 것들을 빼앗기만 했으니까요. 모두 고마웠습니다. 안녕히 계십시오."

자기 인생의 기적을 원하는가? 감사하자. 예수님이 예루살렘에서 사마리아와 갈릴리 사이로 지나가시다가 나병 환자 열 명을 만나게 되었다. 그들이 모두 소리 질러 외치기를 "우리를 불쌍히 여기소서" 하였다. 예수님께서 가서 너희 몸을 제사장들에게 보이라고 말씀하셨다. 나병이 치료 받았음을 확인하고 선포할 수 있는 권한이 당시에는 제사장들에게 있었기 때문이다. 그들이 제사장들에게 가다가 도중에 자신들의 몸이 나은 것을 알았다.

이때 어떠한 일이 벌어졌는가?(누가복음 17:15-16) 열 사람 중에 한 사람이 예수님께로 다시 돌아와 하나님께 영광을 돌리며 예수님의 발아래 엎드려 감사드렸다. 열 명 중에 한 사람뿐이었다. 열 명이 다 치료를 받았는데 하나님께 영광을 돌리고 예수님께 돌아와 감사를 드린 사람은 단 한 명이었다. 돌아온 한 사람을 보시고 예수님께서 이렇게 말씀하셨다.

"예수께서 대답하여 이르시되 열 사람이 다 깨끗함을 받지 아니하였느냐 그 아홉은 어디 있느냐 이 이방인 외에는 하나님께 영광을 돌리러 돌아온 자가 없느냐 하시고 그에게 이르시되 일어나 가라 네 믿음이 너를 구원하였느니라 하시더라"누가복음 17:17-19

감사드렸던 한 사람은 치료와 더불어 구원을 받았다.

감사하면 사람이 바뀐다

신학교 후배 중에 괴팍하고 터프한 후배가 있었다. 신학생이지만 신앙과는 거리가 멀었다. 기도하는 모습은 거의 볼 수 없었고 천방지축이었다. 어떻게 신학교에 들어왔는지 신학생인 것이 신기할 정도였다. 어느 날 이 후배가 기도를 하기 시작했다. 기도의 첫 마디가 독특했는데 "음악관에 화장실을 주신 하나님께 감사합니다"였다. 이유가 무엇이었을까?

후배가 스쿨버스를 타고 학교에 오기까지 25분 정도 걸린다. 그런데 그날따라 스쿨버스를 탈 때부터 배가 살살 아파왔다. 화장실이 급했던 것이다. 25분 동안 학교로 오기까지 참을 수 없는 통증이 5번이나 왔다 갔다.

배는 아프고 식은땀은 나고 해결할 방법은 없고 기도하지 않던 이 후배의 입에서 기도가 저절로 나왔다고 한다. 나름대로 카리스마가 있고 터프한 자기가 만약 참지 못하고 스쿨버스 안에서 자기의 의지와는 달리 일을 치른다면 어떻게 될 것인가? 버스 손잡이를 잡고 하나님께 간절히 기도했다고 한다. "오, 주님 제발……."

스쿨버스가 학교에 도착하기까지의 시간은 그때까지 자기 인생에서 가장 길고 고통스러운 시간이었다고 한다. 얼마나 간절했을까? 간신히 학교에 도착해 보니 스쿨버스 정류장에서 가장 가까운 화장실이 음악관에 있었다. 정신없이 달려가 큰일을 마치고 화장실을 나오는데 자기도 모르게 나온 기도가 "음악관에 화장실을 주신 하나님 감사합니다"였다.

이후로 이 후배는 그것이 얼마나 감사했던지 기도하는 신학생으로 바뀌었다. 그리고 만나는 사람들마다 기도할 때는 반드시 "음악관에 화장실을 주신 하나님께 감사합니다"라며 기도하라고 권면하기 시작했다. 사람이 바뀐 것이다.

감사하면 원망이 떠나가고 불평이 떠나간다. 원망하고 불평하는 사람이 되지 말고 감사하는 사람이 되자. 감사할 때 사람도, 환경도, 물질도, 남편도, 아내도, 자녀도 바뀐다. 바꾸는 것이 아니라 바뀌어지는 것이다.

교도소 안에 있는 사람이 교도소 밖에 있는 사람을 향해 말한다. '감사하라고.' 사도 바울이 옥중에 있으면서 에베소 지역의 성도들에게 말할 때 감사하는 말을 하라고 권면하였다. "누추함과 어리석은 말이나 희롱의 말이 마땅치 아니하니 오히려 감사하는 말을 하라"에베소서 5:4

교도소 안에서는 누추한 말이나 어리석은 말이나 희롱하는 말이 많았을 것이다. 그럼에도 불구하고 사도 바울은 갇혀 있는 상태에서 자유로운 사람들을 향하여 감사하는 말을 하라고 했다.

28세에 월남전에 군의관으로 참전했던 사람의 글이다. 맹호부대 용사들이 작전을 나간 사이, 당시 이동 외과병원 군의관들은 수술실을 모두 열어 놓고 작전수행 중 부상당한 용사들을 기다리고 있었다. 잠시 후 300m 떨어진 헬리콥터 비행장에서 거대한 몸체의 시누크 헬기에서 위생병들이 부상병들을 옮겨 나르는 모습은 눈뜨고 볼 수 없는 광경이었다. 살려달라고 울부짖는 병사들은 그래도 다소 시간적인 여유가 있는 상태라고 한다. 의식도 있고 고통을 호소할 수 있는 상태이기 때문이다. 시간을 다투는 병사들은 아무 소리도 내지 못하고 핏발 선 두 눈만 껌뻑거리고 있는 병사들이다.

그날 군의관은 그곳에서 어린 병사를 만난다. 지뢰가 터져 하반신이 날아가버린 어린 병사. 처절한 눈빛으로 자신을 바라보았지만 자신이 해줄 수 있는 것은 아무것도 없었다. 할 말을 잃고 망연자실해 있는데 해줄 수 있는 것은 그의 손을 꼭 잡아 주며 그의 마지막을 지켜주는 것밖에는 없었다. 어린 병사는 자신의 손을 잡은 군의관을 바라보며 마지막으로 입술을 달싹거렸다. 바람과 함께, 숨소리와 함께 사라진 그 어린 병사의 말을 군의관은 가슴으로 들을 수 있었다. 그 말은 '고맙습니다' 라는 말이었다.

눈물이 앞을 가렸다. 대체 내가 해준 것이 뭐라고 고맙단 말인가. 고작 그의 손을 잡아 주고 마지막 순간을 지켜준 것 외에. 그의 마지막 말은 내 평생 들었던 고맙다는 말 가운데 가장 가슴 먹먹하게 만든 뭉클한 감사의 말로 각인되어버렸다. '그래 내가 너의 몫까지 열심히 살아주마' 나는 피눈물을 삼키며 이렇게 다짐했다.

그날 내 손을 잡고 떠난 병사가 무려 일곱 명이나 되었다. 이 군의관은 후에 의사가 되었고 2001년 58세의 나이에 신장암과 대장암 판정을 받았지만 암을 이겨내고 지금도 활발하게 살아가고 있다.

감사하면 비방 받지 않는다

감사하는 사람은 어디서나 비방 받지 않는다. "만일 내가 감사함으로 참여하면 어찌하여 내가 감사하는 것에 대하여 비방을 받으리요." 고린도전서 10:30

모든 일을 할 때 감사하는 마음으로 참여하고, 감사하는 마음으로 사람을 만나고, 감사하는 마음으로 일을 하면 어디서나 비방 받지 않는다.

세상에는 감사보다 서로에 대한 비방전이 넘치고 있다. 비방하는 사람은 성공하지 못하고 감사하는 사람이 성공한다. 감사를 항상 차고 넘치게 하자. 감사하는 사람을 이길 수 없다. 감사하는 사람을 넘어뜨릴 수 없다. 감사는 요구당해서 하는 것이 아니라 마음속 깊은 곳에서 자발적으로 우러나오는 것이다. 진심으로 감사하는 사람의 얼굴은 다르다.

이해되지 않아도 감사하며 살아가자. 세상에 이해되지 않는 것이 어디 한두 가지인가? 따져서 이해해서 감사하지 말고 늘 감사를 넘치게 하는 삶을 살아가자.

1825년 러시아 반란 지도자인 콘드라티 릴레예프는 사형선고를 받고 교수형을 집행 중에 밧줄이 끊어졌다. 이럴 경우 신의 섭리라 하여 사면해 주는 것이 관례였다.

황제 니콜라이 1세는 어쩔 수 없이 사면장에 서명을 해야 했다.

서명 직전에 물었다. "기적이 일어난 뒤 그 자가 뭐라 하던가?" 신하의 대답을 들은 황제는 슬며시 펜을 내려놓았다. 그리고 다음날 릴레예프는 교수대에 다시 올라가 처형되었다. 릴레예프가 한 말은 "봐라! 러시아는 뭐 하나 똑바로 하는 게 없다. 밧줄조차 제대로 못 만들지 않는가?"였다. 그 말을 전해 들은 황제는 "그래, 그렇다면 그 말이 틀렸다는 것을 증명해야지" 하면서 다시 사형집행을 명령했던 것이다.

감사하면 산다. 원망하고 살아도 살아지고, 불평하고 살아도 살아지고, 비방하고 살아도 살아진다. 반면에 감사하고 살아도 살아진다. 그렇다면 어떤 삶을 살아가기를 원하는가? 작은 것이라도 항상 감사하면 감사가 쌓여 축복의 산을 이루게 된다. 감사하며 살자.

감사하면 어떻게 되는가?
기적이 일어난다.
감사하면 사람이 살아난다.
감사하면 비방 받지 않고 형통한 삶을 살아갈 수 있다

돈으로 살 수 없는 것들은 무엇일까

27세의 나이로 하버드 대학 최연소 교수가 되었던 마이클 샌델 교수는 『돈으로 살 수 없는 것들』(마이클 샌델 저, 와이즈베리)이라는 책에 이렇게 썼다. "세상에는 돈으로 살 수 없는 것들이 있다. 하지만 요즘에는 그리 많이 남아있지 않다. 모든 것이 거래 대상이 되고 있기 때문이다."

캘리포니아 주 산타아나를 포함한 일부 도시에서는 폭력범을 제외한 교도소 수감자들이 추가 비용을 지불하면 깨끗하고 조용하면서 다른 죄수들과 동떨어진 개인 감방으로 옮길 수 있다. 1박에 82달러.

미니애폴리스를 포함한 일부 도시에서는 교통체증을 완화하기 위한 노력의 일환으로 '나 홀로' 운전자에게 돈을 내고 카풀 차로를 이용하도록 허용한다. 에어뉴질랜드에서는 30명을 고용해 머리를

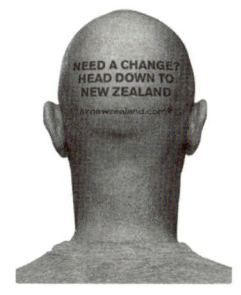
밀고 '기분 전환이 필요하세요? 뉴질랜드로 오세요'라는 광고 문구를 뒤통수에 일회용 문신으로 새겨 넣었다. 이외에도 '변화를 원하십니까? 눈을 돌려 뉴질랜드를 찾아보세요'라는 광고로 효과를 보고 있다.

모든 것이 매매 가능한 세상을 살고 있다. 그러나 진정으로 소중한 것은 매매가 가능하지 않은 것이다. 돈으로 살 수 없는 것들은 무엇인가?

생명과 구원

생명은 소중하다. 아니 소중한 것 그 이상이다. 생명은 하나밖에 없다. 하나밖에 없다는 것은 내 생명을 대체할 수 있는 다른 것이 세상에는 있을 수 없다는 것이다. 돈으로 살 수 없는 것이 생명이다. 자기 생명을 돈과 바꾸는 사람은 없다.

인간이 가장 집착하는 것이 생명에 대한 집착이다. 생명에 대한 집착은 이기적인 것이 아니라 본능적인 것이다. 갓난아이가 태어나면 엄마는 젖을 물리고 갓난아이는 본능적으로 젖을 찾아 문다. 생명에 대한 집착은 아이나 어른 할 것 없이 모두가 가지고 있는 것이다.

제주도에 있는 만장굴은 유네스코가 지정한 세계자연유산 중의 하나다. 굴의 총 길이가 7.4km다. 『마이웨이』(윤광준 저, 그책)라는 책을 보면 만장굴이 세계자연유산으로 지정되기 전에 사진작가 윤광준이 주변의 몇몇 사람과 함께 동굴탐사에 나선 적이 있었단다. 굴 안쪽에는 빛이 없고 어둠뿐이다. 만장굴의 탐사 기회는 아무에게나 오지 않는 행운이기에 탐사를 위한 준비를 마치고 설레는 마음과 경쾌한 발걸음으로 굴 안으로 들어갔다.

출구가 어디쯤인지 굴의 내부가 어떠한 형태인지 아무것도 몰랐다. 다만, 끝에 가면 출구가 있다는 현지 노인의 말만 믿고 갔다. 굴 속으로 들어간 지 30분이 지났다. 어디로 가고 있는지 방향도 알 수 없었고 끝도 보이지 않았다. 평지 길 7km를 걸으려 해도 2시간 가까이 걸린다. 하물며 깜깜한 굴 속에서 7km는 결코 쉽지 않은 거리이다.

무료해진 탐사객들이 돌아가며 노래를 불렀다. 이제 더 이상 부를 노래가 없는데도 끝은 보이지 않았다. 가면 갈수록 어디로 가는지, 제대로 가는지 알 수 없었다. 혹시 길을 잃은 것은 아닐까 하는 불안감이 엄습하기 시작했다. 가도가도 끝이 보이지 않자 일행 중에 원망과 불평하는 소리가 들려오기 시작하더니 오던 길을 되돌아 가자는 의견이 나오기까지 했다.

가자, 가지 말자 옥신각신하게 되었고 분위기는 엉망이 되었다. 그만큼 동굴 안이 두려웠기 때문이었다. 끝까지 가기로 의견을 모으고 계속 앞으로 나아갔지만 세 시간이 지나도 끝은 보이지 않았고 서로 말하지는 않았지만 모두 죽음의 공포에 떨고 있었다.

그때 누군가가 소리쳤다.

"빛이다!"

멀리 희미한 빛이 보이기 시작하자 누가 먼저라고 할 것 없이 모두가 뛰기 시작했다. 동굴 끝에 다다르자 한 사람이 무릎을 꿇고 성호를 그었다. 그러자 각자의 입에서 하나님이 나왔고 부처님이 나왔고 아버지가 나왔고 어머니가 나왔다. 모두가 죽다 살아난 심정이었기 때문이다.

그 일이 있고 10년 후, 다시 처음의 멤버들이 모여 만장굴을 탐사하게 되었다고 한다. 하지만 굴의 끝에 다다르기까지 누구도 불안해하거나 염려하거나 죽음의 공포를 느끼는 사람이 없었다고 한다.

돈 주고 살 수 없는 것이 무엇인가? 바로 생명과 구원이다. 생명은 그 자체로 위대한 것이다. 그러나 구원받지 못한 생명이라면 불안과 염려를 떨쳐버릴 수 없는 인생을 살아가게 된다. 한 번뿐인 생명과 인생, 구원받지 못하고 살아간다면 얼마나 가련한 인생인가? 어떠한 생명이라도 구원받지 못한 생명이라면 참으로 애통하기 그지없는 생명이요, 인생이다.

우리 인간은 스스로를 구원할 능력도 가능성도 없다. 생명은 소중한 것이다. 구원은 절대적인 것이다. 생명도 구원도 돈으로 살 수 있는 게 아니다. 하나님의 나라는 돈으로 가지 못한다. 예수님을 믿고 거듭나서 하나님의 은혜로 가는 나라가 하나님의 나라다.

자기의 생명을 소중하게 여겨야 한다. 자기 자신을 소중하게 여겨야 한다. 우리는 무가치한 존재가 아니다. 잊혀진 존재가 아니다. 하나님이 우리를 사랑하신다. 그래서 우리에게 생명을 주셨고 구원의 은혜를 허락하신 것이다. 우리는 구원받은 하나님의 소중한 존재다. "땅에 있는 성도들은 존귀한 자들이니 나의 모든 즐거움이 그들에게 있도다" 시편 16:3

1975년 4월 30일, 베트남 정부는 베트남 북쪽 월맹군에 의하여 패망하였다. 패망 후 베트남 사람들은 목숨을 부지하기 위하여 베트남을 떠나야 했다. 배를 타고 바다로 나왔지만 패망한 나라의 국민들을 받아 주는 나라는 없었다. 바다에서 떠돌던 사람들을 '보트피플'이라 불렀다. 그들은 생명을 구원받기 위하여 처절한 눈물을 흘려야 했다.

당시 한국의 한 선장이 보트피플을 만나면 그냥 지나치라는 회사 측의 지시를 무시하고 보트피플을 구출한 일이 있었다. 이 일로 선장은 회사를 그만두어야 했지만 당시 생명을 구원받은 사람들은 이 한국인 선장을 찾기 위하여 백방의 노력을 하였다. 배 안에 금은보화기 있었다 힌들 그들을 구원해 줄 사림은 없있지만 그 신장은 구원해 주었기 때문이다. 구원은 돈 주고 살 수 있는 것이 아님을 알 수 있고 구원의 소중함을 알 수 있다.

성령의 권능과 능력

돈으로 살 수 없는 것이 있다. 성령의 권능과 능력이다. 성령의 권능과 능력은 매매의 대상이 될 수 없는 것은 물론 사유화, 독점화,

권력화 될 수 없다.

초대 교회 성도들이 복음을 증거할 때 빌립이라는 사람이 사마리아 성에 들어가 복음을 증거하였다. 당시 그 성에는 시몬이라는 마술사가 있었는데 각종 마술을 부려 사마리아 성의 사람들을 미혹하였고 많은 사람들이 마술을 부리는 시몬을 따랐다. 예루살렘의 사도들에게는 사마리아 성에 복음이 증거되고 있다는 소식이 전해졌다. 이 소식을 들은 예루살렘의 사도들은 사마리아 성에 베드로와 요한을 보내기로 한다.

사마리아 성에 도착한 베드로와 요한이 사마리아 사람들을 향하여 성령받기를 기도한다. 그러자 모든 사람들이 성령으로 충만하게 된다. 마술사 시몬이 그 모습을 보고 베드로와 요한에게 돈을 주어 성령의 권능을 구한다. 그러자 베드로와 요한이 이렇게 반응한다(사도행전 8:18-20).

베드로와 요한이 자신의 권능과 능력으로 성령을 받게 한 것이 아니다. 하나님의 영이 임하셨기 때문에 성령의 역사가 일어난 것이다.

영이 무기력한 상태에서 무엇을 할 수 있을 것인가? 우리 심령 속에 불어야 하는 바람은 성령의 바람이다. 아직도 많은 사람들이 성령의 권능과 능력을 무시한다. 자기 힘으로 무엇인가를 하려고 노력한다. 성령의 권능과 능력을 우습게 여기는 사람은 예수님이 다시 오실 때, 자신이 행한 대로 반드시 어려움을 겪을 것이다. "인자가 아버지의 영광으로 그 천사들과 함께 오리니 그때에 각 사람이 행한 대로 갚으리라" 마태복음 16:27

오직 우리는 성령의 권능과 능력을 따라 살아가야 한다. 다른 것을 따라 살아가면 죄와 저주와 질병과 가난과 고통에서 벗어날 수 없다. 성령의 바람이 불어오면 흑암의 세력이 떠나간다. 죄와 저주와 가난과 질병이 떠나간다.

날씨가 더워지면 우리 몸은 선풍기 바람을 찾고 에어컨 바람을 찾고 시원한 바람을 찾는다. 그러나 우리의 영혼은 성령의 바람을 맞이하고 사모해야 한다. 성령의 바람을 따라 살아가야 하기 때문이다.

가정과 부모와 자녀

가정과 부모와 자녀를 돈 주고 살 수는 없다. 돈 주고 버리는 경우는 있다. 죽일 X들이다. 그만큼 소중한 것이 가정이고 부모이고 자녀다. 사랑을 돈 주고 살 수 없는 것과 마찬가지다. 소중히 여겨야 한다. 가장 소중한 것은 멀리 있는 것이 아니고 가장 가까이 있는 것이다. "아내들아 남편에게 복종하라 이는 주 안에서 마땅하니라 남편들아 아내를 사랑하며 괴롭게 하지 말라"골로새서 3:18-19

이 땅에서 잘 되고 장수하는 비결이 성경에 기록되어 있다. "네 아버지와 어머니를 공경하라 이것은 약속이 있는 첫 계명이니 이로써 네가 잘 되고 땅에서 장수하리라"에베소서 6:2-3

사람들은 부모를 공경하지 않고서도 이 땅에서 잘 되고 장수하려고 한다. 그러니 잘 될 턱이 없다. 이것은 만고의 진리다. 동서양을 막론하고 마찬가지다. 자녀에게 신경 쓰는 것의 50%만 부모에게 해도 이 땅에서 잘 되고 장수하며 살아갈 것이다.

아이들의 품성은 부모를 닮는다. 자녀들이 대부분 자기 부모를 닮지 말아야지 하면서도 자라다 보면 어느 새 닮아가고 있음을 발견하게 된다. 자녀들에게 좋은 품성을 남겨주어야 한다. 잘 나도 내 자식이요, 못 나도 내 자식이다. 부모에게는 잘난 자식, 못난 자식이 없다. 오직 사랑하는 자식만이 있을 뿐이다. "또 아비들아 너희 자녀를 노엽게 하지 말고 오직 주의 교훈과 훈계로 양육하라"에베소서 6:4

애플사의 스티브 잡스가 세상을 떠나기 직전에 남긴 말은 세 차례 반복한 '오 와우Oh Wow'라고 한다. 무엇을 보고 '오 와우'라고 했을까? 자신이 개발한 전자제품을 보고 오~와우라고 한 것이 아니라 가족들을 보고 했다고 한다. 사람들은 그것이 무슨 의미였을까라며 궁금해한다. 알 수 없다. 중요한 것은 스티브 잡스가 가족들을 바라보고 '오~와우'라고 했다는 것이다. 아무래도 자신이 이 세상에 남긴 것 중에 가장 소중한 것은 가족이었음을 표현한 것이 아니었을까 싶다.

강영우 박사의 『내 눈에는 희망만 보였다』(강영우 저, 두란노)라는 책에 미 법무장관을 역임하고 펜실베이니아 주지사로 활동하고 있는 딕 손버그 이야기가 있다.

이 사람에게는 세 명의 자녀가 있었다. 그런데 아이들이 어릴 적에 부인이 운전하는 차에 탔다가 교통사고를 당했다. 그 사고로 부인은 사망하였고 당시 네 살, 두 살이었던 두 아이는 경상을 입었지만 백일 지난 막내 피터는 뇌손상이 심해 여러 차례 수술을 받았다.

그러나 끝내 중증 정신지체를 갖게 되었다.

지금의 부인을 만나기까지 4년 동안 손버그 장관은 세 자녀를 혼자서 키웠다. 자녀를 키우며 흘린 눈물이 커다란 목욕 타월 몇 장을 흠뻑 적시고도 남을 정도였다고 한다. 한때 손버그 장관은 막내가 장애를 갖게 된 것이 저주라고 생각하고 하나님을 원망하였다. 그러나 손버그 장관은 막내 피터를 통해 하나님께서 역사적인 새로운 일을 실행해 나가신다는 사실을 깨닫게 되었다.

그 일은 미국에서 장애인 민권법을 제정하게 된 것이다. 손버그 법무장관은 임기 중에 그 법안 제정에 깊이 관여하였고 민권법 서명식이 있던 날 이렇게 고백하였다.

"교통사고로 피터가 정신지체가 되었을 때 저는 피터를 제가 감당할 수 없는 무거운 고난의 십자가로 생각했습니다. 그리고 저는 피터를 고난의 십자가로 대하고 그렇게 행동했습니다. 그러나 저는 깨달았습니다. 피터는 고난의 십자가가 아니라 저에게 남은 생을 어떻게 살아가야만 하는지 깨닫게 하고 분명한 인생의 방향과 목적을 제시해 준 하나님께서 저에게 주신 축복이었다는 사실을 말입니다."

돈으로 살 수 없는 것들은 무엇인가? 생명과 구원은 돈으로 살 수 없다.
성령의 권능과 능력은 돈으로 살 수 없다.
가정과 부모와 자녀는 돈으로 살 수 없다.